国家社科基金项目"当代中原作家群资料整理与研究"成果
河南省哲学社会科学基础研究重大项目"中原作家群资料库建设"成果
本成果出版得到淮河文明研究中心资助

中原作家群研究资料丛刊（第二辑）

吴圣刚　沈文慧　主编

YE NAN YANJIU
叶楠研究

陶广学　编著

河南大学出版社
HENAN UNIVERSITY PRESS
·郑州·

图书在版编目(CIP)数据

叶楠研究 / 陶广学编著. — 郑州：河南大学出版社，2016.8
ISBN 978-7-5649-2508-6

Ⅰ.①叶… Ⅱ.①陶… Ⅲ.①叶楠—文学研究—文集
Ⅳ.①I206.7-53

中国版本图书馆 CIP 数据核字(2016)第 199234 号

出 版 人	张云鹏
出版统筹	侯若愚
责任编辑	甘慧君
责任校对	郭永君
封面设计	侯一言

出 版	河南大学出版社
地 址	郑州市郑东新区商务外环中华大厦 2401 室
电 话	0371—60993151（人文社科出版分社）
	0371—86059753
网 址	www.hupress.com
印 刷	河南瑞之光印刷股份有限公司
版 次	2017 年 7 月第 1 版
印 次	2017 年 7 月第 1 次印刷
开 本	710mm×1000mm 1/16
印 张	16.25
字 数	300 千字
定 价	58.00 元

本书如有印装质量问题，请与河南大学出版社营销部联系调换。

编选说明

"中原作家群研究资料丛刊"第二辑的编选是在第一辑的基础上进行的,其体例和编著方式也是相同的。第二辑的编著花费时间将近一年,编著者投入的精力也是较为可观的,因为丛书绝不仅仅是已有研究成果的简单整合。首先,编著者必须通读该作家的所有作品,包括文学作品、演讲报告、论文等,形成对作家作品的感性认识及理性判断,这是编著作家研究资料的基础和前提。其次是收集研究资料,编著者通过期刊、报纸、著作、网络、访谈作家本人及其亲友故交等各种途径获取材料,尽可能做到细针密缕的程度。最耗时、最费力的工作是资料的甄别、遴选和整理,它体现了编著者的眼光和学养,决定了研究资料的学术品质。典型性、历史性、多元性是编著者选文的基本原则,每册研究资料的编著都力求能够展现作家的全部创作活动状况,研究论文选辑则兼顾专家批评和新锐批评,呈现不同时期的文学生态和文化场域。总之,整个编著过程没有捷径可走,编著者花费的多是笨功夫、苦功夫。尽管如此,丛书中的疏漏之处也肯定不少,恳请专家学者不吝指正。

每册研究资料主要分为四个部分,即"自述·访谈·印象记""研究论文选辑""作品年表""研究资料索引"。"研究论文选辑"以时间为线索,以"问题"为中心,先总论、后分论,同一"问题"相对集中,体现逻辑性和层次感,并努力体现作家作品研究的历史进程。对入选的文章,为了出版上的便利,做统一技术处理,删减了摘要、关键词,注释一律改为脚注;出于保存历史氛围的考虑,编著整理中除对一些明显的文字和标点符号的疏误做订正外,其他方面包括注释的不完整、不规范,词语使用的不当等,一律保持原貌。"作品年表"部分按时间顺序排列整理收录,截止时间为2015年12月。作家的作品只列出作品的首发、首印时间,其再版、转载情况不再列入年表,海外翻译版本尽可能列入年表。期刊、著作均按年、月排序,报纸具体到日期。重要散文、发表的重要演讲等列入作品年表,但作家编辑的书目、研究资料等均不列入。"研究资料索引"包括单篇学术论文索引、学位论文索引、研究专著索引三部分,截止时间同样为 2015 年 12 月,均按刊发或出版的时间先后顺序编排。

需要说明的是,由于各种原因,编委会没能与被选用论文的作者一一取得联系,丛书出版后,将赠送样书,以示歉意和谢意!且本丛书仅用于学术研究而非商业目的,想学界同人亦能理解支持,在此真诚致谢!如需稿费,请与编委会联系。

编委会
2017.3.31

总　序

程光炜　吴圣刚

　　新时期以来，中国当代文学呈现为多样、多态发展的趋势。在当代文学的版图中，"文学豫军"或"中原作家群"早已成为中国当代文学的重要现象和重要构成。之所以称之为"文学豫军"或"中原作家群"，是因为它呈现出群体性，是一个集合的概念。但是，这绝不意味着这个群体中的个体是孱弱的，没有独立呈现的分量。相反，正是一个个有分量的个体组成了一个有广泛影响的作家群体：姚雪垠、魏巍、李准、叶楠、白桦、苏金伞、宗璞、张一弓、南丁、田中禾、张宇、郑彦英、李佩甫、二月河、周同宾、刘震云、阎连科、周大新、刘庆邦、李洱、柳建伟、孙方友、墨白、邵丽、乔叶、计文君等，每位作家都有不凡的创作业绩，每个人都有自己的独特之处，都是文学中的"这一个"。

　　地处中原的河南，在当代中国政治、经济版图上不是核心地带，但在历史、文化地理图上却是积淀深厚的重镇。这里也在接受全球化的荡涤，也在搭载现代化的快车，但这里与中国当下的经济前沿存在着距离，呈现着现代化的滞后性。因此，河南在时代的节奏中存在着"时间差"。这使得中州大地在现代化的浪潮中还氤氲着农业文明、历史文化的气息，也使得中原儿女在这种相对的"慢节奏"中对历史、现实和文化进行思考，精神和灵魂回归这片土地，并以中原文化的思维方式进行着多种表达。走进历史、走进中原文化是豫籍作家的共同选择。无论是身居河南的作家，还是移居他乡的作家，他们的灵魂仍然栖居在家乡故土，并用他们敏感的触角细腻地联系和感受着中原文化，中原文化是他们精神发生的原点，河南历史和家乡生活是他们创作的源泉。对于这些河南作家来说，似乎只有这片故土和其中的点点滴滴才能够激活创作的灵性。正如阎连科所说："我家住在一个镇子上，那是一个很大的村庄。那个村庄是我写作取之不尽的生活源泉、情感源泉、想象的源泉。一句话，是我写作的一切的灵感之源。那个镇子奇妙无比，任何现实中的一件事情都可能是荒诞的、合理的。"正是在这种表达中，作家们完成了自己的一个个皇皇巨篇，成就了当代河南文学的气象大观。

　　"中原作家群"不仅是河南的文学现象，也是全国的文学现象；产生于中原大地的河南文学，早已超越了这一区域空间。姚雪垠、魏巍、李准的作品在中国当代文学史上占有重要分量,二月河的作品红遍全国,阎连科、李洱的作品传播域外,在九届茅盾文学奖四十余位获奖作家中,豫籍作家有八位,都说明豫籍作家的作品是全国性的,也具有世界性的分量。这足以构成河南自己的文学史。关于河南文学和"中原作家群"研究,近十年来,随着作家作品的动态性呈现,更多表现为个案化的文学研究,而当代河南文学的整体性、系统性研究则不够。这一方面与河南的经济实力及其对文化提升、带动能力的不足有关,另一方面也与学界、文学界对河南文学在当下中国文化地理学上的地位认识不足有关,特别是与本土学界的研究、推介的成绩有关。弥补这一不足,是一项浩繁的工作。但起步必须从基础开始。

资料整理无疑是学术研究中最基础性的工作。学术界目前关于河南作家的研究资料,主要是 20 世纪 80 年代出版的《李准研究资料》《姚雪垠研究资料》等有限的几种。相关研究主要体现在三个方面:一是关于"文学豫军""中原作家群"正当性和合理性的阐述,这方面的研究成果主要有孙荪的《文学豫军论》等,该文系统性地评述了"文学豫军"的由来、构成及文化特征;二是"中原作家群"形成的历史文化原因以及具体作家作品的研究。刘增杰主编的《精神中原》以论文集的形式综合了学界对于中原作家群整体把握和作家研究的成果;张鸿声主编的《河南文学史·当代卷》则是系统描述当代河南文学发展的第一部史著;梁鸿的《外省笔记:20 世纪河南文学》以"外省"的视角考察河南文学,从文化的角度寻觅和审视河南文学;何弘的《超越还是重复——中原文学论稿》试图对"中原作家群"或中原文学做出一个整体性的描述。这些研究对于解说一种文学现象的发生、发展是必要的,但都是初步的,特别是对"中原作家群"形成的历史文化原因和整体性特征的研究,远未形成对"中原作家群"完整的、核心的解说,更没有评估、揭示出"中原作家群"的应有价值。因此,就需要有人真正深入下去,沉入到纷繁的资料中去,耐心、细密地梳理,把那些能够反映和体现作家创作实绩、作品价值和当代河南文学整体面貌的资料整理出来,形成完整、系统的当代河南文学的资料体系,为文学史的生成奠定坚实的基础。

信阳师范学院文学院的一些老师近年来致力于河南文学研究,逐渐形成了自己的方向和领域,引起了学界的关注。作为一所本土的有长期人文积淀的高校,研究河南文学、推动河南文学发展是应有的责任。2013 年起,文学院整合文艺学、现当代文学和写作学等学科的十几位教授、博士组成研究团队,集中开展当代河南文学研究,并在此基础上,建立了"当代河南文学发展与中原文化建设"协同创新中心,把当代河南文学研究与中原文化建设纳入统一视野,研究的空间更加广阔。这个团队以博士为主,中青年结合,队伍整齐,潜力很大。他们首先从资料整理开始,扎扎实实开展研究工作。第一批选取"中原作家群"中影响最大、创作力仍然旺盛的十五位作家,经过近一年的努力,整理出《白桦研究》（陶广学讲师）、《张一弓研究》（吕东亮副教授）、《田中禾研究》（徐洪军讲师）、《张宇研究》（杨文臣讲师）、《李佩甫研究》（樊会芹讲师）、《二月河研究》（吴圣刚教授）、《刘震云研究》（禹权恒讲师）、《阎连科研究》（方志红副教授）、《周大新研究》（沈文慧教授）、《刘庆邦研究》（杜昆讲师）、《李洱研究》（王雨海教授）、《墨白研究》（杨文臣讲师）、《邵丽、乔叶、计文君研究》（李群副教授）十三卷,2015年5月,已由河南大学出版社出版。资料选编力求翔实、准确、有代表性,中国现代文学馆将其作为当代文学研究的重要著作,永久性收藏入馆。《人民日报》、《光明日报》、《中国青年报》、《中华读书报》、新华网、搜狐网、新浪网等国内主流媒体相继进行了介绍和报道,在文学界和学术界产生了广泛的影响。

第一辑告罄之后,团队立即启动第二辑的编著工作,又经过一年的努力,整理出了《姚雪垠研究》（禹权恒讲师）、《李准研究》（王雨海教授）、《魏巍研究》（刘家民博士）、《叶楠研究》（陶广学博士）、《苏金伞研究》（樊会芹讲师）、《宗璞研究》（徐洪军讲师）、《周同宾研究》（吕东亮副教授）、《柳建伟研究》（王丹副教授）、《孙方友研究》（杨文臣讲师）、《乔典运研究》（王海涛教授）十卷,目标是把"中原作家群"主要作家的资料完整、系统地拓展出来,真正为当代河南文学的深化研究做些基础性的工作。

由于编选者的眼界、学识、水平有限,疏漏、不足,甚至差错定然存在,敬请学界批评指正。

目 录

自述·访谈·印象记

3	叶 楠	《巴山夜雨》为什么没写坏人
5	叶 楠	努力写真实的人
7	叶 楠	杂感——由《巴山夜雨》引起
10	叶 楠	西窗剪烛话巴山
20	叶 楠	我的感受
23	叶 楠	作出我们应该作出的贡献
27	叶 楠	惊喜之余的一点想法
29	叶 楠	电影文学和电影的文学性
34	叶 楠	电影要与文学比翼齐飞（"创作自由"放谈）
35	叶 楠	我的电影文学观
43	叶 楠	我心目中的小说
45	叶 楠	努力去再发现
50	叶 楠	精美的艺术不能重复
52	叶 楠	每一吋胶片用于写人
55	叶 楠	"激活"了的潜在活力
58	叶 楠	电影缘何怪罪文学
61	叶 楠	沙蒙在风云中
67	叶 楠	种田和文学创作
69	李 军	永远为人民唱赞歌——访首届"金鸡奖"最佳编剧奖获得者叶楠
72	高歌今	从潜艇工程师到电影剧作家——记作家叶楠
75	陆其明 王金中	好作品从生活中来——访作家叶楠
80	韩小蕙	叶楠：影、视、文三栖
81	曲实强	海军的叶楠
85	李忠效	叶楠 从潜艇上走来的作家
88	白 桦	我的胞兄叶楠
90	邓友梅	含泪送叶楠
92	从维熙	祭叶楠
95	柳 萌	战士自有战士的情怀：追思军旅作家叶楠
98	夏廷献	叶楠的遗憾

101　顾　艳　悼叶楠
105　朱秀海　行色匆匆
109　黄锦志　永远的叶楠老师
115　刘　灵　叶楠初到小白楼
118　刘　灵　叶楠永别小白楼
122　马　原　与乔良、叶楠
130　滇中罗　怀念叶楠
135　黄振国　豫南籍著名作家叶楠访问记
146　万以诚　也留兴安一段情——我记忆中的作家叶楠
148　陈清泉　我给李凖、叶楠当编辑

研究论文选辑

159　陈荒煤　我爱《巴山夜雨》——给叶楠同志的一封信
162　夏　衍　一部颇有独特风格的好影片
164　高歌今　《巴山夜雨》的艺术特色
171　山　骥　却话巴山夜雨时——影片《巴山夜雨》漫评
175　梅　朵　不灭的火焰——影片《巴山夜雨》观后漫笔
179　梅东伟　《巴山夜雨》的不足之处
181　翁睦瑞　甲午风云气壮　巴山夜雨意深——叶楠电影剧作的艺术特色
186　翁睦瑞　评《巴山夜雨》的艺术魅力
193　张仲春　白桦叶楠剧作艺术风格比较
203　张跃中　独具一格的意境美——故事片《姐姐》观后
204　黄德佃　这是一次失误——简评影片《姐姐》
205　罗强烈　交响乐韵律与艺术形象的独到选择——读《大江和高山的回声》
209　丁富云　叶楠电影剧作的诗意特色
215　卢　雁　叶楠作品中的海洋意识和爱国情怀

作品年表

225　叶楠作品年表

研究资料索引

241　叶楠研究资料索引

246　编后记

自述 · 访谈 · 印象记

自述 · 访谈 · 印象记

《巴山夜雨》为什么没写坏人

叶 楠

影片《巴山夜雨》和观众见面了。

这部影片的文学剧本发表后,就有人问我:"你为什么没有写一个坏人?"我只回答说:"我写了一群人,在中国土地上生活的普通的人民,他们的心灵美。"不知道从什么时候开始,孩子们看戏的时候,总爱问:"这个人是好人,还是坏人?"作为孩子,是可以理解的,在幼小纯洁的心灵中,总是希望世界上是纯洁的,总是希望好人胜利和坏人失败,但是提出这个问题本身却是令人不安的。不正是由于对生活,尤其是对人的简单化认识,造成了大悲剧吗?在十年浩劫中,把一切事物,尤其是把人抽象地贴标签似的分成黑和红,带来的后果一直延续到现在。我们记得,在历史人物中不也是要分成决然不同的两种吗——法和儒,在文艺创作上,人物不也是分成正反两方面,而且是标着号码:1、2、3……人是这么简单吗?不是的。作为自然的人和社会的人,无论是肢体还是心灵,都留有自然界和社会给予的痕迹,而且没有决然相同的,这正是由于客观世界的丰富和复杂。植物分类学家可以把植物分成极细的类目(其实也只是个大概,差异存在于任何两棵植物之中),但没有人能把人类的心灵分出类目来,人们的心灵就像宇宙之中的星辰一样,无穷尽的数量和无穷尽的差异,这正是文学艺术丰富多彩的缘故,也正是文学艺术的闪光永不泯灭的缘故。能把天际瞬息变幻的光归类吗?能把人的心弦颤动谱写下来吗?

因此,我在写《巴山夜雨》的时候,并没预先考虑标签,而是哪个形象浮出来,就写哪个,有时并不依我的主观愿望而改变,也改变不了。

霹雷闪电,真的有雷公电母吗?当然没有。一声霹雷,一次闪电,都是很长很长时间孕育成的,它的形成有自然界很多复杂的参数。人类的一次劫难,也不是偶然出了几个坏人或很多坏人才造成的,它有很复杂的历史的社会的原因。所以我认为,一个作品中出现不出现所谓坏人,对反映生活的本质没有多大的关系。

社会和自然界的丑恶当然是有的,但由于作家的禀赋和爱好不同,如何在作品中处理它,也是不同的。能要求漫画家和风景画家一样吗?就像《巴山夜雨》中出现的画家吴凡的一幅木刻:一个小姑娘将一朵蒲公英的花球举到唇边,将要把花儿吹散,这是非常美的。如果有人说,这幅画中缺少一条眼镜蛇,理由是自然界中是有蛇的,那不是笑话吗?再如白居易的《长恨歌》,他所写的时代是"安史之乱",但他并没写残酷的杀戮,他写了死,写了贵妃的死,却是美化了的死——"宛转蛾眉马前死",这正是作品格调的一致性所要求的。白居易把"此恨绵绵无绝期"的悲剧的社会原因,留给了读者去想象,不是很好吗?《巴山夜雨》没有出现坏人,难道观众没有感到社会上有丑恶和坏人存在吗?银幕上出现的所有人物的命运、行动、语言,不正是被那个时代的丑恶所造成和制约着的吗?我经常在大海和江河中航行,我特别喜欢在客舱里听旅客们谈话,那些来自四面八方偶然相聚的人们,最容易打开心灵的窗户,他们的谈话常使我体验到人民心灵的美。

  这部作品,我原本的意思,是写人民心灵的美,如果观众看过,能从心底升起一线温暖,我就很满足了。

原载《人民日报》1980 年 12 月 20 日第 8 版

努力写真实的人

叶 楠

《巴山夜雨》是在电影界老前辈支持帮助下拍出来的。剧本初稿完成后，荒煤同志很快看了，提出了极宝贵的修改意见。瞿白音同志在去世前几天看完剧本，在病榻上表示极希望和我谈一次，等我赶到上海，瞿白音同志已经离开了人世，虽然失掉了就教的良机，白音同志为电影事业鞠躬尽瘁的精神，以及扶持后学的热心，激励我们去完成这部影片。二十年代就从事影业的老导演吴永刚同志，从剧本初稿完成开始，一直参与为剧本完善的修改工作，并担任总导演。如果说《巴山夜雨》还有可看之处，这正因为它是我国电影传统的延续。

作为《巴山夜雨》的作者，在创作中，我只是希望做到两点：一、把在生活中的强烈的感受，用最简练的形式表达出来，呈现给观众；二、在不平凡的时代，找出平凡来，在动荡的年代，找出平静的时刻，来描绘人的心灵。

因此，在构思过程中，我力图排斥过去创作的规范式的套子，放松地去想象，努力去写真实的人。我认为如果头脑中有鲜明的形象，结构是极次要的问题。在动笔之前，我并没想结构，而是追寻人物的足迹和命运。现实中的人，我是熟悉的，十年浩劫的前期和后期，我还是走过很多地方的。但使我激动起来拿起笔的，却是一九七九年的春天，触动我心弦的是一双母亲的眼睛。那是在重庆，一个部队招待所里，我见到一位牺牲了的军队干部的母亲，她的儿子在四川武斗激烈的日子里，奉命劝说武斗双方停火被误伤死去。她的眼睛像是蒙着一层凝结了的泪水，既含有忧伤，又含有承担苦难的坚毅。我认为这是一位了不起的母亲，即平凡又伟大。这位母亲既是现实中的人，又具有我国千百年来无数母亲的性格特点、品德，也有她们共同的相似的命运，这就是使我特别感动的缘故。也由于她，我的脑子里浮现出另外的一些形象，普通人民的形象，我熟悉的形象，这些人物形象，我并没在概念上把他们分类。作为我来说，给予这些人物的只有痴情，我太热爱他们了。当然，十年中，在我国的土地上是有丑恶，其实任何时候，都有美和丑，但作家在创作的时候，是有取舍的，因为文艺作品不是以概念分析社会，它不需要去分析社会，它如果真实地反映了社会的人，它就能反映出一定的社会本质。我国著名长叙事诗《长恨歌》是以安史之乱为背景的，白居易并没写战争中的杀戮，连叛军形象都没有，只用"渔阳鼙鼓动地来，惊破霓裳羽衣曲"两句诗来写动乱,但从整个诗篇不是可以看到这次动乱造成的社会悲剧吗?再者,我认为社会的劫难(包括大的战争),并不是由于几个恶人和一些恶人造成的,它有社会的历史的原因,因此作品的深刻与否,与是否有恶人无关。

《巴山夜雨》是有很多缺点的,如秋石与妻子柳姑这条线,太一般了,且与整个影片调子不协调;再如结尾,不含蓄,没有给观众留有余地;还有很多不严密处。这首先是剧本的问题,主要教训是:对有些人物(明显的是柳姑)没有着力于作为艺术形象来刻画,而是作为交代人物关系来写的。

如果说影片还有可取之处,那是导演、演员以及其他创作人员,特别应提到的是剪接和特技,他们创造了这部影片,给予《巴山夜雨》以银幕生命。

原载《电影》1981 年第 1 期

杂感
——由《巴山夜雨》引起

叶 楠

我从来写不出创作札记之类的文字，自己的创作实践少，另外，我认为作家的创作活动，是很难说清楚的，起码我对自己的创作活动是说不清楚的。这并不是说创作是神秘的，我是说它是复杂的。关于《巴山夜雨》的创作，在一篇短文里（见《十月》1980年第2期）谈了一点，不过是讲了生活中的人物形象投射到作者的心灵，引起的心灵颤动。《巴山夜雨》文学剧本发表直到影片试映，是引起了些许波澜的。首先是荒煤同志看过剧本后，立即给我写了一封热情洋溢的信（见《十月》1980年第2期），给予鼓励，并提出一些指导性意见，拳拳之心，感人肺腑。稍后一些，一个刊物发表了一篇讲话，听说没有谈什么理由，只是总而言之统而言之，判定剧本不符合生活真实，是虚假的。刚成立的摄制组处于风雨飘摇之中，差一点成了"不准出生的人"。试映以后，毁誉都有，这也是正常的。称赞也好，指责也好，怕都是因为这部片子有点异样，有点离格，就是不够标准，它有点怪。这倒是好事，文学艺术怕是最不能因循守旧的。

关于生活的真实。近几年特别强调现实主义，这是对的，因为一个时期以来，把浪漫主义等同于虚假，随心所欲地为一个什么服务，甚至于为皇帝登极服务，这当然是要反对的。其实这和粮食不够吃，还硬说"形势一派大好"是一样的。这已经不是什么创作方法问题了！但不能把文学艺术同生活等同起来，要讲真的话，自然界中的虾要比齐白石画的虾真得多，但齐画的意境、诗的旨趣是自然界的景物所没有的，当然，真的虾是可以吃的。所以文学艺术是和生活有差别的，没有差别，也就不需要文学艺术了。就是目前国外拍的属于"生活流"的影片，它也是有选择和有取舍的，它也并不是生活的翻版。近来对文学作品的指责，莫过于"生活是这样子吗？"这已经成为某些人的法宝了，是口头禅。我说，生活不是这个样子！在某种意义上说，如果一个作品和生活完全一样，没有文学艺术家赋予的思想、感情、神韵，它是失败的作品。其实，这样指责人的人，多半并不是真正谈真实性问题，而是对某些作品的调子，感到不是惯常那样，看作异端，而又有难言之隐，只好说"生活是这样子吗？"这很像一个人对一匹马的暴烈不喜欢，就说它的蹄子不像马的蹄子。这是极便当的、百发百中的，因为这个马的蹄子,不会和任何其他一匹马的蹄子完全一样的。这就像目前有些人,对新时期的变革觉得异常,受用不下,不便说别的话,就对交际舞、喇叭裤大做文章一样。这并不新鲜,在我还是孩子的时候,穿长袍马褂的大人先生们,不是道貌岸然地发议论说:"当今男女竟在大庭广众之下拉手,真是世风日下,简直不成体统!"指责《巴山夜雨》虚假的最重要论据是:"一条船上都是好人,可能吗?"甚者,指责作者在搞"阶级斗争熄灭论"。不知道什么时候开始,孩子们在看电影或戏剧的时候,每当一个人物出场,总是要问大人:"这是好人,还是坏人?"这种情形,不是很让人痛心吗!让孩子从小简单地将人区分成好人坏人,恰是让他们简单化地认识社会和社会中的人。所以,在十年浩劫中,除了"走资派"、"黑帮"等是法定坏人以外,不同观点的群众分成派,不也是互相指对方为坏人吗!不是你死我活吗!不加分析的一条线,百分比,吃"大锅饭"……都是这个逻辑。我不知道文学教师告诉学生,《红楼梦》中的晴雯、袭人、黛玉、宝钗……谁是好人,谁是坏人。在写《巴山夜雨》的时候,我没想什么好人坏人,我脑子里浮现什么人物,我写什么人物,这甚至于不是我主观意愿所决定的。一条船上非要有坏人不可吗?一列火车呢?一架飞机呢?难道说,十年浩劫都是由于出现了坏人造成的吗?现在来认识这个问题还太早,起码我认识不清,不过,我朦胧地感到,悲剧的发生是有历史和社会根源的。《巴山夜雨》所表现的那个年代,真是天下太平吗?真是"阶级斗争熄灭论"吗?不!一条航行着的江轮上,那窒息人的空气,那样被压抑了的思想感情,那样的命运悲剧,交织着的戏剧冲突,还不能说明时代的严酷性吗?非要写坏人吗!假若写地狱(如果它存在的话),那所有人物,当然都是鬼神喽。我写的是人间,人间一条哺育中华民族的大江上,大江上的一条船上的人,严格说,是一个舱间,让我在这个舱间划左中右吗?我也确没有这个本领。其实,一个作品中没有"坏人"的戏是很多的,不要说远,就以影片《白求恩大夫》为例,也是没有的,只有日本侵略军的炮火。要知道,在十年浩劫中,在一个具体单位,所有人都可能有一段痛苦的经历,但连炮火也没有,甚至于连模糊的敌人的身影也是看不到的,这就是我们十年浩劫不同于任何劫难的特点,它也就特别值得研究了。再来说真实性,我认为,一个作品是否符合生活真实,主要要看人物是否是那个时代的人,再以《白求恩大夫》为例,当白求恩临终前,一位英雄赶来了,他实现了他自己的誓言,在战场上打死了一个日军中将,缴获了中将的战刀,又将战刀送给白求恩,白求恩嘱咐把战刀保存起来,俟以后放在博物馆。"这虽然是传记片,但这样是允许的,这是作者的想象和希望,这是神来之笔。谁要追究这位英雄是谁,是否打死过一个日军中将,又赶来得这么巧,这中将的刀是否送给了白求恩,白求恩是否在临终想到了博物馆?谁就是胡闹……"(摘自我自己学习影片创作的日记,x

年 x 月 x 日)是的,作家没有想象和希望是不行的,每个作家都会给生活涂上自己想象的色彩,这是没办法的事情。《巴黎圣母院》中的爱斯梅哈尔达被绞死以后,尸体放在蒙特佛贡的地窖里,而在十八个月以后,有人发现她的尸体被另一具尸体——从骨骸上看出可能是加西莫多——紧紧地抱着,有人想把他们分开,他就倒下去化作了尘土。难道为了这样的结尾,而去责怪维克多·雨果吗?这是必然的结局,也无疑是精彩的结局。

在艺术上,路怕是多一些好,都纳入一条路是不可能的,就是文艺专制时候,也不可能,何况现在。你那条路再宽阔、再平坦,不就是一条吗!我记得,奔袭时的大兵团,是在很多条路上前进的,甚至在没有路的地上走,踩出很多路来。中国有这么多森林,还是允许各种鸟歌唱吧!

原载《电影艺术》1981 年第 1 期

西窗剪烛话巴山

叶 楠

江河源头

要找到一条河的真正源头是很困难的,它由很多支流、小溪汇合起来,支流和小溪又是由涓涓的山泉、汩汩的潜流汇集而成的,而它们又是和千万棵植物的须根、湿润泥土的无数毛细管、苔藓相连接的,然后通向地下的海洋,这个海洋又有它的多种细微的源头。一个作品的产生同样很难找到它从哪儿开始,作品中的人物可能是很多年以前见到过的;至于作品格调形成的原因就更复杂了。这与作者的经历、素养,生活于其中的山河和文化传统都有关,还可以追溯到孩提时母亲温柔的眼神和轻声吟唱的古老民歌所打上的底色。笼统地说,作品产生于哺育我们的人民之中,就像树木成长在土地之上。

霏霏细雨

不知道从什么时候开始,我发现我国古代诗人在咏风雨的诗歌中,大多以"细雨"、"微雨"、"夜雨"、"冷雨"、"新雨"……入诗,较少有人写急风暴雨。难道他们所经历的年代不够严峻吗?个人和民族的命运不够坎坷吗?不!不过他们总是愿意把自己最美好的希望,对祖国挚爱的深情,为他们生活于其中的世界,涂上一层美丽的色彩。这种美德来源于养育他们的勤劳而善良的人民。但这好像也是弱点,他们往往看不到险恶。这能怨他们吗?不!如果他们时时顾盼险恶,他们就不可能全心将爱倾注给他们的祖国和人民了!正因为如此,一旦暴风雨来临,他们往往不知所措,往往含着泪水固执地认为这是一场噩梦,是与人的本性相违背的,就是死,也是带着美好的希望离开人间。这不但是诗人,我国的普通人民同样如此:在任何情况下,顽强地去追求美好,至死不渝。这也许就是我为什么要写《巴山夜雨》的原因,同时也是影片的基调、色彩,包括定名为《巴山夜雨》的原因。

暴风雨的间隙

　　我长期在海洋上生活，遇到过很多次风暴猛雨。当狂风暴雨来临的时候，色彩、音响都是强烈的，自然界和人的动作，包括心的颤动，都是急促的节奏。这时的海蒙上蒙蒙的水汽，雨云和浪头都是灰色的，几乎是相连接的，一片混沌，各种音响——风声、浪吼……混在一起，很难分辨它们各自的音节、旋律……如果暴风雨有一刻的短暂间歇，那则是另一个样子：云在飞驰，可以看到它各种形状的轮廓，有时云块与云块产生裂隙，透出一条阳光或月光的光带；浪的线条也清晰了；还可以看到浪卷起的海草残茎；急急游着的鱼群，也偶尔穿出水面，像是银箔在浪上闪烁；风缓了下来，在舰桅上吟哦；藏匿不见的海鸟出现了，仍然带着惊恐急急扇动着翅膀。这个时候，人们才可能更真切地认识暴风雨，才能看清经历过风暴的大海的面目——这个面目可以让人们更真切地想象风暴。这就是我为什么要以一条江轮上的一个舱间，又是十年浩劫的后半期，来作为人物活动的空间、时间的原因。人们离开了城市、乡村，邂逅于江轮的船舱里，才有可能敞开带有伤痕的心扉，他们捂着自己的伤口去洗涤别人的伤口，用自己受伤的心去温暖他人受伤的心。只有这个时刻才能更清楚地看到浩劫在人们心中留下的痕迹。这比直接将一场风暴呈现给观众，也许更能引起人们冷静的思索，也许还能产生"别有幽愁暗恨生"的效果。

人 与 历 史

　　每一个地区的植物都有各自不同的禀赋，哪怕它是同一品种。我听说一位木材专家，他能从任何木材的截面来判断树种，同时能无误地指出产地来。从亘古到现今，植物是在变化的，哪怕它是缓慢地变化。但植物学家可以从现代植物的某些特性，与远古的植物找出相互的关系来，即使远古的植物只有在化石中才能找到。人也是如此。固然，各个时代的人有差异，但他身上总是可以找到与他的民族历史传统有关联的禀赋。毕竟人是生活在本民族的人群中，主要是由本民族的文化的乳汁养大的。

　　在《巴山夜雨》中有两个知识分子形象——诗人秋石和女教师。关于他们，我并不陌生。知识分子（我是指与人民休戚相关的知识分子,少数奸佞之徒不在此列）在十年浩劫中,与人民一起经历了苦难,与人民的感情更加深厚了。他们的遭遇我是清楚的,最初让我震惊的一个形象,我一直清晰地记得。那是十年中第一年的深秋,我在一座沿海城市里。一天清晨,实际天还没大亮,我走到海边。天空和海洋都是灰蒙蒙的,滨海的柏油路上尽是一些大字报的纸屑,伴着飘落下来的法国梧桐的枯叶,在清冷晨风中瑟瑟作响。路上还没有行人,所有"睡不着觉"的人,宁愿在房子里想着各自的处境,也不愿到街上找麻烦。过去每天出现在海水中的常年游泳的人,在滨海公路上长跑的男女,也全都不见了。那时候,夜晚的街道都是喧闹的,五光十色。清晨时便像涨潮落潮之间的海边,平静极了。这时,一个人影出现在街头,笔直地向我走来。她是位中年妇女,穿着黑色的裤子、黑色的外套,从外套的敞领下露出白色的衬衣领。衣服是旧的,但很整洁,也很合身。她的身材修长,这身衣服使她显得体态匀称,也很庄严,不过反衬得她那白皙的脸庞更加惨白。我好像在哪儿见过她,好像她是位讲师。她渐渐走近了,我突然发现她的发式特别奇怪。不！这与发式无关,她的乌黑的头发被剪去了一半！然而她没有用头巾或帽子遮掩它。我惊骇地看着她,她却挺着胸脯,昂首从我身边走过去,好像根本没看到我。冷峻的面孔,纤细的眉——竟使我感到是铸钢雕的；那有些呆滞的眼睛,像闪电一样掠过我的视线,刻在我心中了。我记得那双眼睛充满哀伤,但也饱含不屈的刚毅。人家毁坏了她的头发,破坏了她作为人的尊严——这种尊严是破坏不了的,只要她的心地是纯正的。她快步走着,沿着石阶走下去,走到海滩,走到水线。我也走下台阶,望着她,只能看到她的背影,一动也不动的背影,看到风掠过她那残缺了的乌发。她在想什么呢？也许在想着中国漫长的历史,也许在想她还是扎着两条短辫的小姑娘的时候,第一次在课堂上学会"中国"这两个字的那种欣喜。她在看什么呢？在她面前是朦胧的海面,她也许看到海面上出现的幻景,就像那海市蜃楼：解放军入城式的雄武的队列,青年战士那质朴的脸,人民开怀的欢笑……那时候,她也许是在大学一年级,她正在欢迎大军的人流中,她不是用鲜花、彩带来迎接,而是用一颗赤诚的心……几只水鸟飞来了,直落在她脚旁的滩头,其中有一只偏头看着她,惊悸地叫了起来,接着鼓翅飞去了……

在那十年中,我见到也听到我的很多师友的遭遇,有死去的,但大多还活着。是什么力量支撑他们顽强地活着？我想,不过是对祖国的眷恋,对美好未来的坚强信念！就是死去的人,也无不同样怀着对未来的美好祝愿。不知道为什么,想到他们我便自然也想到屈原、李白、杜甫、关汉卿、曹雪芹……数不清的像璀璨星斗般的文学巨匠；同时也想到黄河、长江、汨罗、洞庭、泰山、东海……他们与历史人物和祖国山河有割不断的血缘关系,所以我在写这些人物时,是把他们放在历史的长河中去思考的。

耀眼的火光

在溽热的夏季,常常有这样的情况:天上布满阴云,一丝风也没有,树叶一动也不动,异常闷热,人和动物都烦躁不安,但雨却降不下来。突然,大自然中有了微小的变化,比如天际有一处变得更阴暗了,出现一丝闪电,或一声闷雷,也许吹来一阵清风,顷刻间大雨滂沱。

创作似乎也是这样的。我带着动笔的欲望和无从下笔的情绪动身到四川,在成都拜谒了杜甫草堂,看了一些地方志,一直处于郁闷状态,不知道如何解脱。从成都乘小型军用飞机飞赴重庆的空中,我几乎惶惶不安起来了,在我的头脑里有不少人物形象,但他们无法动起来。当飞机在山城降落时,我感到特别疲倦,也感到恐慌。人是降落到坚实的土地上了,心却悬了起来,悬在空荡荡的空间。在重庆我又跑了很多地方,接触了很多人,依然没找到出路。有一天早晨,在我住宿的军队招待所里,来了几个人,有老大娘,有中年妇女和孩子。听说是从很远的地方来的,是牺牲了的军队干部的家属。她们的儿子、丈夫、父亲死在十年浩劫中的前期,是奉命去劝说停止武斗而被误伤死去的。她们这次是来上坟的。其中有一位老大娘,年纪已经很大了,佝偻着身子,提着一个很小的蓝底白花的包袱,手上布满突起的青筋,手指微微颤动着,她的一双浑浊的眸子像是蒙上一层凝结了的泪水,也许她曾经哭过很多次,或者背着人的时候,她还会流泪,但我却一次也没见她哭过。我在她面前感到负疚,我不知道怎样劝慰她,我说什么好呢?我想,她又能说什么呢?她确没说什么!她怨恨谁呢?她又向谁倾诉、怎样倾诉她的悲哀呢?她使我想起另外一件事,那是一九四八年秋天,我们由机关人员组成的小队伍,陷入敌人扫荡军旅的包围圈中,不知道从哪个方向能突出去。当时派我和另一个老侦察员去侦察敌情。我记得傍晚在一个叫沟林关的小镇附近,我们走近一个小村落。我们在村外一个小树林里窥视着小村,小村没有一点动静,连一个人影也没出现。我俩狐疑地交换了一下眼神,悄悄走近村子。村内是一片悲惨景象,到处是飘散的鸡毛和枯叶,尸体横陈,血迹斑斑,一点声音都没有,连风也没有,本地常见的乌鸦一只也见不着。我们站在这些翻身农民的尸体前,脱下军帽,久久地站着。看得出,敌人离开这里并不久。不知又过了多久,天际一抹红霞已经变成青黑色。村里有人出现了,当他们发现我们是什么人的时候,立即扑了过来,其中大部分是妇女,他们趴到死者身上用撕心裂肺的声音号哭着。我们的到来,使他们有了大声哀号的权利。他们像对亲人一样,对我们倾诉悲哀和仇恨,我们有语言安慰他们,我们也知道该怎么行动。可是,现在面对着这位死去儿子的老大娘,我缄默了。这是一位既平凡又伟大的母亲,她的悲痛是巨大的,但她活着,并且在村里仍然做些力所能及的农务劳作。在她的面前,像是在火光面前,一切都照亮了。我看到了过去的她,那时候——抗日战争中——她要年轻多了,在村头欢送参军的队伍里,含着笑——这笑容是爱的花朵,爱祖国、爱家乡、爱自己的儿子,这笑容充满民族自豪感,她那双慈祥的眼睛一动也不动地看着骑在马上披红戴花的儿子……马儿催动了,母亲才想到忘了给孩子带点什么……她又跑回去,然后匆匆追上队伍,给儿子兜里塞了一把枣,儿子从小喜欢吃枣。儿子脸红了,有点不好意思,但心里还是甜丝丝的……儿子扬鞭走了,母亲久久地望着远去的儿子的背影……抗战胜利了,内战爆发,千万个青年农民,为了保卫胜利果实,拿起枪……儿子在黄河边待命南渡,母亲赶来了,提着蓝底白花的小包袱来探望儿子。儿子更结实了,也更成熟了,嘴边竟有了胡髭。是呀!时间不饶人,母亲的鬓发不也出现了银丝吗?母亲打开包袱,是红枣,儿子的眼睛亮了,笑了,在这一瞬间,母亲看到幼年时儿子的情态……红枣,红枣……在我眼前晃动……红枣产生了思想,红枣上依附着人的命运,我无法控制自己的激动。就带着这样的激动思绪,我走下朝天门的石阶,踏上江轮的甲板,我想痛痛快快地流泪……构思开始了……江轮开航了……

人物间的纽带

江轮在长江航行,江岸在缓缓后移,一个个灯标从船舷漂过,船尾螺旋桨搅起的浪花,一丛丛地连接起来,向后滚动。我的思绪就像这浪花一样在想象的空间展开、飞翔……在江轮上,我遇到几位作家,我们坐在舷廊里,看着弥漫着浅雾的江面谈着话。我常常文不对题地说出莫名其妙的话来,他们原谅了我的无礼。我尽量压抑激动的情绪,因为我要和船员——那船长、机匠、民警——谈话,又要饱餐令人心旷神怡的既熟悉又不熟悉的扬子江秀色。但谈何容易,这就像开足马力的航船,一时很难刹住一样。思索总把我带入回想,我又想起十年浩劫中第二个年度的秋天,又是秋天,又是海边。头天刮过大风,滩头上残留着小鱼、贝类动物的尸骸,还有些木块、海草。夏日海滩上的喧闹,随着秋风的袭来,和滩头上的彩色大布伞一块消逝了。海水是琥珀色的,海鸥呷呷哀鸣着。浴场上用木板搭的更衣室都锁起来了,上面的油漆已经失去了原来鲜艳的色彩,有些地方剥落了,刷上的红色标语,在含盐的海风侵蚀下,没有一条完整的,海滩被人遗忘了。我听到一种声响,这是海风轻轻摇动一扇更衣室的门,竟有一间更衣室的门是没有上锁的。我轻轻拉开门,往里看去,室内光线很暗,在一个角落里,似乎有什么东西在蠕动,定睛一看,首先看到的是一双明亮的眼睛。这双眼睛既含有惊悸,又含有警觉;既有孩子的纯真——这是人最宝贵的财富,又有成年人才有的慎重判断对方的思虑。我看清了,这是一个只有五、六岁的小女孩,她的眼睛连眨也不眨地盯着我,我感到她的眼光特别冷,我的心紧缩了。再仔细看,还有一双眼睛,是一只小狗的眼睛,不友善地看着我,它的前腿挺得很直,随时准备跃起来捍卫它的小主人,它之所以没有扑过来,完全是因为小女孩紧紧抱着它的脖颈,怕它闯下祸来的缘故。我问小女孩:"你怎么在这儿?家在哪儿?"小女孩根本不回答我,倏地站了起来,猛地夺门而出,小狗也跑了出去。我从更衣室走出来,心情很沉重,想起战争年代,那时候我所见到的各种孩子,都不是这个样子。他们的眼睛是炽热的,就是受到天大的委屈甚至不幸,他们也会抓住我们的军服哭诉,就像对亲人一样信任。可是这个孩子!海边一位拾海菜的妇女头也不抬地对我说:"她妈死了,她爹让人关起来了!"这是我意料中的。孩子走远了,沿着潮水线,风撩动她破碎的衣襟……这时候,在江轮上,她又出现了,我好像看到她倚着舱门看着我,用她那冷冷的眼睛。我站了起来,她又跑走了。我在舷廊上走着,她时时闪现在我的眼前,又时时隐没了去。是的,她能走上江轮,出现在机舱,出现在厨房,出现在……她也许就是跟着那位老大娘走上江轮的……她还会遇到什么人呢?她会遇到民警,遇到厨师,因为她饿……这时候,我很明白,人物之间产生了相互关系,这个纽带就是小女孩。当江轮继续向前驶进的时候,更多的人物出现了,而且人物和长江的景色融合在一起了……

自然景物的魅力

我特别喜欢乘船航行,无论是在海洋上,或者在江河中,还是在湖泊里。因为在航船周围的景色是变化无穷的,那波光水色,岸壁洲渚,什么时候,哪怕是同一条航线,都不会相同的,每一次都会发现新的美。大自然用它的财富养育了人类,同时也用它多姿的外貌陶冶着人类的精神世界。

江轮在三峡里航行着,两岸像是画卷一般在人的眼前展开和移动着,没有人不被这雄伟而又绮丽的山河所感染的。不仅如此,它还会引起人们的联想,诸葛武侯、李白、杜甫、昭君……这些名字都和景色联系着,也就更增添了它的魅力。有多少歌咏长江的诗篇呵!却都是不相同的,各有各的美,因为每一个诗人都有各自的经历、命运和气质。因此,我认为大自然虽然非常美,但需要人的心灵去感受它。人的心灵也是极其美的,每一首诗都赋予自然以感情的色彩和音响。文艺作品离不开大自然的形象,就像人离不开大自然一样。在不同的心绪下,人对自然景物有不同的感受,于是就产生出"感时花溅泪,恨别鸟惊心"这样的名句。我坐在后甲板上,凝视着三峡滚动的江水,那由光折射造成的纹路,还有那漩涡,和我想象的形象叠印在一起了。突然,我发现红枣和水流一块旋转了起来,我的心颤抖了,那闪光的红枣是母亲的心呵!我找到了用视觉形象表现母亲对死去的儿子追念的最恰当的表达形式。在江河湖海上航行的人,由一个地方到另一个地方去,他们有对既往的留恋和对未来的向往,因此在他们视线里出现的一只飞鸟、一朵云霞、一盏标灯、一丝涟漪、飘扬的彩旗、抖动的旗索,都会使他们感到亲切和美。我想让观众看到这些,于是写了朦胧的神女峰、霏霏细雨的舷廊、皎洁的明月、孤独的江轮、滚动的江水、闪烁的标灯……这一切都是和人物的思想感情紧紧交织在一起的,它们的出现是要凭艺术家的感觉的。如果不理解意境的形成和自然景物有重要关系,如果不理解人物不是在任何景物中都能达到美的和谐,那就不是艺术家。

美好的心灵

我喜欢旅行,虽然目前在我们的国家里,旅行特别不方便,但我还是愿意到各处去,我总感到有很多美好的事物在遥远的什么地方等着我。事实上也是这样的,尤其是在人民中。难道不是这样吗?当你走进一艘轮船的舱间或者是火车的车厢,你会遇到你从未见到过的人,很快寒暄起来,谈起话来,也很快打开了心灵的窗扉,亲近了起来。也许一位西北来的老大娘拿出核桃来,一位山东大哥掏出莱阳梨来,带着笑真诚地邀请大家尝尝家乡的特产。就是在十年浩劫中,也还是这样。我记得就在武斗最激烈的年头,在福州的火车站里,我已经坐进将要北上的列车,不知道为了什么,站台上发生了械斗,也弄不清械斗的是些什么人,呐喊、尖叫、木棒铁器砸击肉体的响声连成一片。在这些声音中出现了嚎哭声,这是一个孩子惊怖的哭叫,车厢里的人一起在叫:"孩子!孩子在里面!"但却无法可施,因为车门早已上锁,谁也出不去。这个孩子怎么会被卷进这疯狂的人流里?人们不知道。这时候,月台上有一位民警,那个年头,民警早已不能正常地履行职责了,谁也不知道他怎么会出现在这里。我看到他皱皱眉,拉拉帽檐,冲进混乱的人群中。真是奇迹,不一会儿,他竟然将踩挤得半死的孩子抢了出来。但他的制帽却不见了,头上淌着血。这位民警就是我在《巴山夜雨》中的民警老王的原型。我在祖国大地上,遇见过多少具有美好心灵的人呵!就像繁星一样,数也数不清。那西双版纳密林中,把青春年华献给绿色海洋的植物学家们;在四季含笑花树前和我谈美的傣族少女;和我一起在大兴安岭森林中的舞火旁喝轮酒的鄂温克猎手们……写到这里,我还想记下一件事,就是我和鄂伦春猎手在大兴安岭的一次狩猎。那是在深秋,当我们准备上马出发的时候,来了一位年轻的鄂伦春猎手,他的名字叫柯布铁,我和他只在前几天的旅途中见过一面。他仔细地检查了我坐骑的鞍具和行李,发现马背上缺少狍皮被,他说:"没有狍皮被不行!"就跑回去,把他的狍皮被给我抱了来,拴在马鞍后面。当我在山野里露宿的时候,躺在温暖的狍皮被中,听着寒风吼叫,我知道了狍皮被的价值,也知道了柯布铁心灵的价值。就在那一次,应该提到的另外一个人,是位鄂伦春妇女,她叫阿托红,是自愿跟我们去打猎的。她的职责是负责这小小狩猎队的生活,打水、做饭、看守营地……她教我怎样用桦树皮点燃篝火,怎样张挂蚊帐,怎样在马鞍上揉面,怎样野炊——不用任何炊具做熟发面饼,怎样照顾马匹……她不大会汉语,也不大爱讲话,只是默默地用行动教会我在森林里生活。后来我才知道,她是几个孩子的母亲,丈夫有病不能干活,还需要人照顾;自己有病,不久前还动过手术。这样一位妇女,竟跟我们在山野里度过大兴安岭风雨交加的寒夜。我们回来那天,落雪了,这是大兴安岭第一场雪。她在我们的马队中前后窜着,照顾每一个人,大粒大粒的硬雪籽打在她红扑扑的脸上,她全然不顾,手晃动着鞭梢,驱赶着坐骑,矮小的身躯在小跑着的马背上跳动着,留意我们穿过沼泽、越过小河……青翠的针叶林将换上银装;桦树上金黄色的叶子,稠李子树上赤红的叶子,将完全脱落;色彩斑斓的草地也将被大雪掩盖,严寒将降临在大兴安岭上;但我心里却是温暖的,这种温暖驱赶我的忧伤、苦闷,使我振奋起来……难道不应该写阿托红吗?写千千万万普通人民,写他们美好的心灵,写他们为美好理想所做的斗争和劳动,这是作家的天职。

出色的集体

　　如果你在森林中跋涉,如果你留意的话,你永远不会厌倦,你看不到重复,没有完全一样的花朵,没有完全一样的叶子,山石、小溪……都没有完全一样的,各自有独特的个性,就是一棵长得曲扭了的河柳,也有它特异的美。文学艺术作品恐怕也应该是这样的,这首先要求文学艺术家有自己独特的个性。所以,一般地讲,创作劳动是个人劳动,就像一株花一样,它独自吸收泥土中的水分、养料,开出花朵来,这花朵不同于其他任何一株。但有一些艺术却不是一个人能完成的,比如电影。虽然如此,但它仍然要由一个人的思维来做总构思,并千方百计统率摄制组去完成这个构思,把文学形象体现于银幕。这个人就是导演。他是乐队指挥,他是海轮的船长……所以人们常说:"电影艺术是导演的艺术。"为此,我从来不看分镜头剧本,不干预导演的活动。《巴山夜雨》影片完成以后,我是很愉快的。导演吴永刚、吴贻弓和我的想法比较相近,甚至于人物在船上活动的地位,和我的想象大部分是一致的。难得的是影片的节奏,我常把节奏比拟为海鸥的飞行轨迹,它飞翔的速度、姿态、方向组成了美妙的曲线。《巴山夜雨》的节奏是平滑圆润的、自然的,它构成了诗的意境。人物的眼神、泪水,红枣的闪光,由这些体现的人物感情,和滚滚的江水、漩涡、航行的江轮、移动的群山、霏霏的细雨交织在一起,达到了诗的和谐。这当然和剪辑、摄影、特技分不开的,他们的劳动化成诗的美。演员是值得称赞的,他们的表演是纯朴的,构成了统一的风格。张瑜是极有才能的演员,她扮演的人物刘文英,难度是很大的。刘文英不应该是一个被人厌恶的形象而同样是一个可爱的形象,她完成了。尤其在两场戏中,很见功力。那就是当她知道小娟子的来历以后,推门走进去,怀着悔恨的痛苦,想去亲近孩子,赎回自己的过错。可是,小娟子不理她,船长、民警不理她。这种难堪使她极为悲痛,这是一种脱离人群的悲痛。她哭泣着离开了舱间,但她的心却向人民靠拢了,她没说一句话却把内心的活动告诉了观众。再一场戏就是她央求船长救救秋石,希望船长——在这以前对她还是有戒心的——也希望群众相信她是真诚的,她做到了。能让观众看到人物的心灵,是演员最难得的才能。李志舆深沉含蓄的表演,使人物达到一定深度,对完成剧本主题,起了重要作用。仲星火、欧阳儒秋、林彬、强明、石灵等都准确地塑造了剧中人物。值得崇敬的演员方伯同志,像战场上牺牲在前线一样,死在《巴山夜雨》拍摄过程中。虽然还有几个镜头没拍,但他塑造的善良的厨师,不是留在观众心里了吗?青年演员卢青塑造的老红卫兵宋敏生,极符合我想象中的人物性格。张闽扮演的杏花,是一个动人的形象,这个形象会刻在观众的心上,虽然这位演员是第一次上银幕。茅为蕙是全组最小的演员,扮演的角色却极重要,如果说其他人物是一颗颗珠子,她是将珠子穿起来的金线,她完成得非常好。张复生扮演的船长,连我这个老海员也感觉他是真的船长,如果让他指挥江轮,我信得过他。拍摄一部影片,就像是组织一次战役,在这次战役中,从指挥员到战士,成功地完成了任务。这是个出色的集体。

任其自然

  如果你走进热带雨林,就会发现这里是一个复杂的奇妙的植物世界,那多层结构,乔木、灌木、草本植物、孢子植物,还有那在林中闯荡的藤本植物,树上再生长树,森林上还有森林。它们之间的安排极其合理,各得其所,却完全没有经过人的干预,它们的现状是各自的天然特性互相影响的结果。如果人去干预它,会破坏它的生态平衡,最终产生严重的后果,首先是毁坏森林。一个文艺作品也是这个样子,虽然文艺作品是人的思维的产物。我说的作品和热带雨林一样,是指作品中的人物活动和人物之间的关系,像雨林中植物一样,需要任其自然,不能强迫他们去做他们不应该做的事情。作家预先产生的意念,有时是违背人物性格和行动规律的,这一点在写作时可以感觉到。往往写到这里,笔变得不是那么流利了,人物形象变模糊了,假如还照预定的意念写下去,结果就产生败笔。原因大半是违反了事物本来的规律。《巴山夜雨》有败笔,如对柳姑这个人物,我没让她活起来。再如结尾扔手铐一场,是很拙笨的处理。影片放映以后,很多热心人提出多种方案,几乎都比现在高明,可是已经无法修改了。假若我们的电影,双片试映,广泛征求多方面意见,而又允许补拍,那将能弥补很多过失。现在只有以愧对观众的心情来检讨了。

结 束 语

  这篇文字将要结束了,它是心灵的回顾——西窗剪烛,梦回巴山。时间已过午夜。我推开窗户,夜很静,一点声音也没有,时间却在悄悄地流逝。不过,我感到幸福,九月我曾在大兴安岭,那里已是飞雪的冬天,我又从大兴安岭飞往海南,海南却依然是夏季。八〇年我竟度过了两个夏天和两个冬天。我想到今后,我又要去哪里呢？去哪里还不都一样吗！在我们祖国的大地上,将有无数美好的事物在等待着我,就像那无数的星星,在遥远的天际闪烁着温暖和希望的光辉。

原载《电影文化》1981 年第 2 期

我的感受

叶 楠

中央特别关心电影,令人振奋。但电影和文学艺术其他各个部门是有关联的。这个事业和现实社会的政治生活、经济状况也是分不开的。解决电影问题,不可能孤立地去解决。中央决定开一系列会议,是非常必要和正确的。

几天来,学习了中央文件和中央领导同志的讲话,很兴奋,很感动,也明确了一些问题。我想谈几点学习后的感受,和由此而想到的问题。

一、这次学习——我是指从开始批判《苦恋》以来的一系列学习。

关于《苦恋》,以及批判资产阶级自由化、思想战线的领导软弱涣散,中央领导有多次讲话,并有多次中央文件下达。全国人民是很关注的。这一段,我一直在下面,下面是有震动的,开始有紧张感。这是由于过去政治生活有不正常的先例造成的,很多基层干部和群众认为,这次对《苦恋》进行批判,接着可能会有一次运动,可能会整一些人。但实际上却不是这样,没有形成一个运动,也没有整一个人。这很有说服力,这对全党和全国人民有不可估量的影响。它说明,中央说话是算数的,说明我们的中央的确恢复了党的传统,说明了三中全会以来党的政策的正确和连续性。个人认为这是一件了不起的范例,值得今后的史家为此大书特书。

二、题材问题。

题材的多样化是文艺当然也是电影繁荣的必要条件,这是中国电影发展过程中多次证明了的。但领导根据形势的需要做某些提倡,是对的。不过,我认为不能绝对,不能一刀切。中央是很明确的,执行起来往往就变样,事实上,现

在下面有些地方,已经把"少写"变成"不写"了。这里有两个创作中的实际问题:

1. 写当前的社会生活,对作家来说,有一个认识问题,对一些新情况、新现象不易把握。

2. 写当前的社会生活,完全和过去决然分开,是很难的。如今年我下去生活,有个打算,了解青年,写青年。但我发现各种青年的命运、性格形成,都毫无例外地与十年"文化大革命"有关。我完全避开,是困难的;不避开,要考虑电影厂通过问题。

近几年,是我国很重要的一个历史时期,无疑会产生许多优秀作品。但是,不是马上。当然,我并不是说绝对不行。如果作家在生活之中,具有较高的洞察力,是可能很快写出好作品来的。我也准备努力去做。

其实,客观地说,电影创作已经有很多题材上的局限。如军事题材,由于军费开支一项,各厂不轻易问津。再如大型历史片,同样由于经费,不能拍摄。经济已在起着限制题材的作用。另外,由于电影的特性和局限性,本身不及小说的题材范围大。

因此,在题材上希望放宽尺度,重视怎么样去写。就是写当前生活的作品,也同样可能写成不好的作品来。

三、电影的数量质量。

胡主席提出明年生产一百部影片,我认为可以完成,再多一点也可以。问题是,与此同时,要抓质量。群众不满意的,主要是质的低劣。

电影的质量当然和数量有关,没有数量就没有质量。

电影搞上去,关键在领导,重要的是厂一级领导。因为除一般企业领导的工作外,他要实施艺术创作的领导:掌握党的文艺方针,选剧本,组织电影摄制创作人员……每一个环节发生问题,都影响电影生产的速度和质量。加强厂一级领导,是党领导电影事业的关键所在。

四、对领导的要求。

1. 通气——经常将党的方针政策、各条战线的情况,让创作人员了解。

2. 组织创作人员学习——政治和业务两方面。

3. 提供创作条件。

① 阅读图书和资料。胡主席曾提出兴办创作资料馆,这是非常正确的措施,但未见实行。现在,不要说资料借阅,连出版图书,也无处借阅。在京作家艺术家,连北京图书馆的借书证都不能得到。

② 看电影资料片。这已是老大难问题了。这个问题不解决,谈不上电影事业的发展,也谈不上中国电影走上世界。建议立即制定有效措施。

③ 党和政府召开的有关各条战线的重大会议,应吸收作家旁听。如研究农业、科技、教育等,以便作家了解全面情况。

④ 组织作家艺术家下去生活,解决差旅费、生活点,并提供调查便利。

⑤ 解决作家艺术家居住条件,这不是生活问题,它关系到工作和创作。有很多人由于居住条件太坏,无法进行创作和工作,宝贵的时间在流逝。

4. 正确对待年轻的文艺工作者。他们有优点,也有缺点。而且应该看到,未来是他们挑起重担来。不要一时是捧杀,一时又是打杀——好像毛病都出在他们身上。

5. 不要"打"(不是指正常批评)干活的人,应该"打"的是不干活品质又很恶劣的人、伺机整人的人。

原载《电影通讯》1981年第12期

作出我们应该作出的贡献

叶 楠

我最近刚从西藏回来。自六月份去四川,后去西藏,前后三个多月。在农村和连队,接触了不少农民和战士,感受颇多,还来不及思索整理。

在西藏的时候,人民群众已经得到党的"十二大"即将召开的消息,都很关心,很兴奋。当然,不像过去某一个时期那样,只是作为节日来对待这次大会,而是既有热切的希望,也有冷静的思考。人民群众成熟了,对党有了更多更新更深刻的认识。他们在共和国建立以来的生活实践中,认识到国家政治生活与每个家庭、每个人的命运有着密切关系,因而更关心政治,更关心国家命运。

西藏有个很小的民族,现在还不叫民族,叫僜人。解放初期,他们处于很原始很贫困的状态:没有衣服穿,刀耕火种,结绳记事。民主改革以后,生活有了巨大的变化。特别是近几年,丰衣足食。他们的粮食有很多盈余,现在仓库里,还保存着三年前的稻谷。新盖的住宅,宽大敞亮,每家的长房像一节硬卧车厢,又比硬卧车厢宽大得多。他们居住在察隅曲河谷两侧。那里海拔较低,又濒临印度洋温暖湿润的气流前端,寒、温、亚热带植物都汇聚在那里,苹果和香蕉在一起生长。近几年又开辟了茶林。但他们不把水果作为商品,而是留作自己食用和款待客人。他们在自己的经历中,很清楚是和非的界限。他们也在作历史的回顾,他们兴高采烈地谈到自己的生活变化和进步:不再缺衣少食了,不再种鸦片了,不再杀牛杀猪杀鸡敬鬼了,儿童们进了学堂。他们对光明的前景有充分的信心。随着物质生活的提高,他们现在迫切要求丰富的精神文化生活。这一点,西藏如此,四川也如此。物质生活毕竟不能代替精神生活。

对于国家的强盛、安定,边疆各族人民有更切身的感受。他们迫切地希望国家民族积蓄力量,包括物质的和精神的。他们希望自己的国家民族更强大。历史告诉他们,国家不强盛,他们将处在一个屈辱的地位。

党的十二大提出:"我们在建设高度物质文明的同时,一定要努力建设高度的社会主义精神文明。"这是符合人民愿望的。

人民也在总结经验,他们从亲身感受来认识事物。人民对党在三中全会以后,踏踏实实地、勇敢地做出的一系列壮举,是热烈欢迎和由衷地拥护的。他们赞颂解放思想、实事求是、落实政策和工农业方面的种种措施,特别是农业。农村八亿农民生活的稳定和改善,意义是巨大的。这对国家的前进、力量的积蓄来说,是重要的前提。去年四川遭受水灾,损失很大。许多地方被水冲了,一些农民的长期积蓄,付于流水。这样的灾情,在过去,恢复起来,是极困难的。可现在恢复很快,百分之八十的农民又盖了新房。今年丰收,那里已看不到灾难景象。这是党的政策正确的结果。

建设高度物质文明和高度的社会主义精神文明,是全党全国人民的任务。我们电影工作者,同样要奋发精神,为全面开创社会主义现代化建设新局面,贡献力量。

对于电影,人民群众肯定了近几年的成绩,但也有意见,还有少数人看法极端。有不同看法也是自然的,我们国家大,幅员广,思想认识不平衡,是正常的。我听到的反映不少,尤其是对今年的电影不满意。有一个少数民族观众说:"我们很多电影,虽然描写的地区、故事,人物的职业、外貌、年岁……都不同,但却好像都是一样的。"这句话很精辟,说明我们没有真实地再现生活中丰富斑斓的图景。他说:"我们草原上的花还是各种各样的,而你们的电影却是差不多的。"这很值得我们深思。这是由于创作人员没有深厚的生活基础,以空幻的想象代替真实的结果。生动的形象总是不同的,僵死的概念化的虚假形象则总是相类似的。

我的感受是:

人民群众要求的是真实地反映生活,而不是虚假地编造;

人民群众要求的是表现美好的事物,鞭挞丑恶,而不是表现丑恶;

人民群众要求的是寓于形象中的哲理,而不是概念的说教;

人民群众要求的是有积极意义的艺术品,而不是单纯的商品;

人民群众要求的是精品,而不是粗制滥造的废品。

人民的要求是正确的。

我国是个大国,我们的偏远城市和乡村还很多。不少地方文化生活贫瘠,看不到电视,看不到戏剧。有些地区,连书也买不到,收音机收听效果也不好。唯一能享受的文化生活是电影。在藏东南,为了看一部电影,人们翻山越岭,走几个小时。坐车、骑马、步行,简直像盛大集会。可是常常看后感到失望。我们有愧于人民,在他们文化生活干渴的情况下,送去的不全是或不是好的精神食粮。

电影如何搞得更好一些?我不懂理论,只能从实践中谈一点感受。

我认为电影也有个总结经验的问题。这点很多人谈过。问题是很容易反复,很容易重犯以往的错误。大家都提到建国后电影有个很好的开端,也有过繁荣局面。银幕上第一次出现了崭新的形象和生活场景,是非常了不起的。但据我学党的十二大文件的体会,我们不但要继承优秀传统,还要前进。社会在前进,生活在前进,完完全全重复过去的老路,是不行的。我们的生活不可能再回到过去那个时代了,要走更好更宽广的道路,更快地开创新局面。电影也一样。我认为,电影的创作路子还是宽阔些好。这应该是不成为问题的。但最近却听到一些议论,隐约透出一点信息——路子窄一点好。这是不可思议的。本来生活是丰富和多样的!人也是不同的!仅从我国的民族来说,在云南旅行,三、五里路的距离就可以看到不同的民族。自然界也是斑斓多彩。我国的高原是世界独有的,任何国家的高原不能与之相比。藏东南的山水以奇绝著称,它强烈地吸引了我。虽然我年过半百,仍然去了。自然界的景象,不能给我们一定的启示吗?云杉、高山松有苍劲挺拔的美,而高山草甸的小花也有绚丽的美,雪线附近的雪莲,也有它独特的风韵。自然界的植物以多种属和各种不同群落构成它们的世界,文艺创作反映的题材——人,也应是多样的。

新中国成立以来,我们拍了不少激动人心的好影片,在今天仍旧有它的魅力。如军事题材影片《上甘岭》、《董存瑞》,历史题材影片《林则徐》,革命斗争历史题材影片《青春之歌》,当代题材影片《邻居》……就连《我这一辈子》也是非常有意义的影片,有保存的价值。这些影片中,既有叱咤风云的人物,也有普通人。《归心似箭》不是激动过很多人的心弦吗?同样起着纯化人们心灵的作用。

鲁迅先生的《阿Q正传》,写的并不是所谓大题材,人物也并不是高大的,它却反映了一个时代。而且从阿Q这个形象来说,还不仅仅是一个时代。斯大林看了十七次米哈伊尔·布尔加科夫的剧本《屠尔宾一家的日子》的演出,这个剧本中的人物全是白匪。作者正是通过塑造这些白匪,来说明革命必胜!最近读了何士光同志写的小说《种包谷的老人》,他写了一位几乎不被人注意的老农民,一个孤人。但他是一个有顽强的生命力的人,他经历过坎坷,却永远热爱生活,永远不止息地劳动着。他像一棵顽强生长在高原上的芳草,这不也很好吗!它激励人们为争取美好的生活去劳动,去关心人。

当然,我们主要要写我们时代光辉的人物形象。但我认为问题的关键不在这里。近几年,我们不是也有很多写当代重大历史事件的剧本吗?各种大战役、大的变革。也写了很多著名人物,但写得不生动,制作也很粗劣。结果事与愿违,效果往往不好。思想性和艺术性是不可分割的,事件的重大、人物的无与伦比,并不一定能拍出好影片来。高山的挺峻,是因它的天然外貌给人感官造成的印象,它不是一个符号。

这次在成都,到一个部队去。这个部队在西藏工作了二十余年,事迹非常动人。四川文联专门请部队领导给青年人作报告。开始这位部队领导很担心,怕青年人接受不了。因为,他要讲的内容,是艰苦奋斗、勇敢献身的精神。而有些青年太重视物质生活了，不相信精神的力量。但是，讲下来，却效果极佳，反应强烈，很多人热泪盈眶。很多做理论工作的同志大吃一惊，没想到竟会这样。可见青年人是能能接受美好的思想的，能接受共产主义理想的。问题是，你讲的是不是共产主义思想？你如何讲的？是活生生的人、生动的事迹，还是用拔高了的概念为纲，用活人去适应纲，结果歪曲了生活，变为虚假和神话？后者，谁也不会接受的。这位部队领导不过是讲了真实的人和事罢了！讲话尚如此，何况电影！

建国三十多年来，由于内容很坏而被否定的电影极少；艺术性不高、格调低的电影，被观众遗忘或责难的电影是很多的。不要提一些"左"的口号来医治电影存在的病症。要踏踏实实地研究问题，要踏踏实实地学习、生活和创作实践。最近影协组织了不少研究电影创作经验的会议，对电影工作人员很有帮助。我对去年《电影艺术》、《大众电影》在北京体育学院召开的"电影创作理论座谈会"很留恋。大家一起互相交流，彼此促进。我们有的人虽然搞电影，但艺术趣味不高，美学观有问题。他在那里很虔诚地精心制作他认为最美的东西，实际是丑的；他认为肯定会受欢迎，结果相反。这样就需要大家一起磋磨。

目前，我国正处于历史性转变时期。我认为对创作来说，不是那么容易。正因为是转变时期，生活现象是复杂的，各种决然不同的思想行为同时存在。农民中有很多人在水灾中舍身救人、献身忘我，在日常生活中帮助孤贫户；但也有的人，富裕了，将钱放在罐里，埋进泥土中。城市的照相馆，既招徕孩子们照一张挎冲锋枪像雷锋那样的照片，又吸引姑娘们照一张跳芭蕾舞的照片——站在一个贴有芭蕾舞演员舞台照（头是挖空了的）的硬纸板后，就成了。脸没变，身材是袅娜的——无论她本身身材如何。一块多钱，可以成为奥杰塔。有些城市青年，以牛仔裤为美；西藏农民、牧民姑娘则千方百计弄一顶草绿色军帽，压在盘起来的发辫上。完全旧式出殡的队列，用录音机代替笙管锣鼓组成的乐队，放着外来的流行曲。书店橱窗里既有《雷锋日记》、《彭德怀自述》，也有《山口百惠自传》。对于这些新的纷繁的生活现象，电影工作者需要去认识它、判断它。要努力学习，深入生活，才能把握它。正因为是历史性转变时期，就有可能出现伟大的作品。

让我们响应党的十二大的号召，在全面开创社会主义现代化建设的新局面中，作出贡献。

原载《电影艺术》1982 年第 12 期

惊喜之余的一点想法

叶 楠

今年大部分时间在外地生活，有时在极偏远的山区，几乎没看到今年的国产电影。从报纸和人们议论中听到，似乎今年国产片质量不佳。回北京以后，首先看了《泉水叮咚》，觉得还不错。一位第一次拍片的导演，能拍出有新意的影片，是可喜的。接着看了《城南旧事》和《都市里的村庄》，这已经不仅是可喜了，而是感到震惊，不啻在眼前出现了闪电雷鸣，中国电影真的起飞了，中青年导演接近成熟了。这两部影片的题材、风格不同。但这两部影片的导演，追求的主要点是一致的，都是力图用电影手段来完成电影作品，竭力使银幕再现的场景和人物接近生活，使镜头自由地伸入社会生活中去。也许有人说，这两部影片，有这样那样的缺点。但导演的以上追求和取得的成绩，将会在我们电影事业的进程中，起到积极作用，这个作用在今后的岁月里，将会日益鲜明地表露出来。

我们坐在银幕前面，看着这些有追求探索的导演的作品，不由地感叹说，如果有基础很好的剧本，他们将会拍出多么好的影片啊！在世界影苑中，将毫不逊色！

固然，电影质量的关键是导演，但剧本毕竟是基础。就是从这些比较好的影片看，仍然是说明了这个问题。

现代电影，对编剧提出了更高的要求。我自己感到了它的艰巨性。

电影银幕图像的逼真感，是与虚假的形象相矛盾的。它要求真实，所以要求编剧熟悉自己所要写的人物和社会，而且要求是极具体的。电影除视觉形象外，加以其他艺术手段，可以让观众有身临其境之感。因此，编剧自己进行创作的时候，要看到形象，要感受到气氛和进行的节奏。如果不是这样，那成果将是未知数。将一个自己都没感受到的或没逼真地感受到的作品，交给导演，是不妥当的。要求真实，不容许随心所欲地编造。在电影院里，不是常常听到，观众对银幕上出现的巧合、人为激化的戏剧矛盾、人的超人的行为、不符合人物性格的语言……报之以哂笑吗？说实在的，按照生活本来的面貌来写电影剧本，来塑造人物（当然也同样需要选择、提炼、集中、概括，也需要想象），要比编造难得多。但献身电影事业的编剧，应该走的是艰难、追求真实的创作道路。

现代电影要求电影编剧以电影思维来进行创作。因为电影剧本是为拍摄服务的,固然,它也可以是阅读的读物。关于电影剧本是否需要文学性,有人说过很多了。我是属于赞成要文学性的。但我不同意有些同志,把剧本的文学性理解为细致的描绘和人物的心理描写,一句话,接近小说的写法。电影要求的简练、含蓄,时间空间的变化,以及蒙太奇……是和传统的叙事文学不一样的。它的刻画人物的手段有独特性。如《城南旧事》中宋妈的丈夫,出场次数和语言都很少,但他给人留下了印象;《都市里的村庄》中的摇铃人也是。这在电影剧本中,关于这些人物的文字是很少的。他们之所以能留给人以印象,是和环境气氛、人物关系、造型、人物形象的直感、演员的表演等有关。电影剧本作为读物,读者是以想象的银幕来对待的,是能够理解的。遗憾的是,并不是所有电影工作者都能理解的。

不是有这样的剧本吗!陈旧的思想,陈旧的故事,陈旧的写法。就是导演大师来拍它,依旧是平庸的影片。

让我们共同努力,使我们的电影事业大踏步前进!

原载《电影通讯》1983年第1期

电影文学和电影的文学性

叶 楠

电影和电影文学

是否有电影文学，在我们国家里，还是个有争论的问题。本来是没有问题的，起码从五十年代开始，都认为电影文学的地位是毫无疑义的。作家协会里曾经有过电影文学方面的部门。一般地说，电影剧本是一剧之本，俨然是电影之基础云云。这几年不同了，对电影文学的看法有了分歧。有人认为，根本不存在什么独立的电影文学。电影剧本只是脚本，只是为拍电影用的原材料或半成品。于是，过去的观念发生了变化，或者说，对电影文学——曾经认为是文学的一个部类，或分支，产生了动摇。

这种变化是怎样产生的？我认为，这和当前电影理论现状有关，与世界电影现状也有关。世界上生产电影的国家，如何看电影文学呢？我没有专门进行过研究。根据一些资料和自己去国外的一些感受和了解，大致情况是这样的：大多数国家确不承认电影文学，他们没有这个概念，也很少有发表电影剧本的刊物，或专门出版电影剧本。那么，他们的电影是怎么拍出来的呢？他们的电影作为艺术品，名副其实的是导演的作品。从意念萌生到构思，直到形象显现于银幕，全是导演。所以外国电影，无论是节目单上、报纸上、海报上，只要提某个电影，都是赫然写着 XX（导演）电影。他们的电影艺术品，可以说是一次完成——由导演完成的。至于编剧，有些影片，根本没有编剧。但大多数影片是有编剧的，不过，编剧的工作是在导演的意图下进行的，有些干脆是写写台词或作一些导演口述的笔录，也有提供故事梗概的编剧——靠卖故事为生。所以，在他们创作过程中，很少有所谓编导矛盾。因为，他们根本没有我们现在这样的电影剧本。电影是导演的思维支配电影摄影机来完成的，并不先经过编剧将想象的银幕形象变成文字，再由导演从文字化为银幕形象。再进一步看，国外的商业片（包括一般大报不登节目预告的黄色电影）似乎是不必要有剧本的，更谈不上什么文学。兴之所至，拍将下来，或者自然地记录。还有一种影片，是导演艺术家为了新的探索,拍摄带有试验性的影片,大部分不需要剧本。譬如,我看过两个短片,一个是银幕上只出现三个字母——LUX(法国一种很有名的香皂的商标就是它),这三个字母在影幕上跳跃、旋转、翻跟斗……直到全片结束,另一部短片是一位女性和一具骷髅的哑剧表演,由亲昵到厌恶,直到女性用酒瓶砸碎骷髅的脑袋,才算全片结束,据说是反大男子主义的。在长片中标新立异者也有。全片从始到终,银幕人物形象一直在闪动,光线也时明时暗,对眼睛确产生强刺激。这样的影片,先写剧本怕也写不出来。至于真正的艺术片,在世界上有影响者,有两种:一种是来自文学,由已有好声誉的或已成名著的小说、戏剧或诗歌改编,改编者根据导演的想法写成;另一种是导演的创作,他即使不写剧本,也非有腹稿不可。当然,我说的各国,并不全是如此。苏联就是例外,在苏联是有电影剧本的。导演写剧本、编剧写剧本同时存在,且作家写小说又写电影剧本的,大有人在。

我国,起码从五十年代到现在,电影的完成过程,依然是以先有剧本(且开始构思到完成,全然与导演无关),然后再制作影片的方式为主。导演是再创作者。也就是说,它的生产过程(艺术品完成的过程),很类似造船。一般情况,船舶设计工程师,不一定是造船的执行工程师,大多不是。这样生产出来的影片,不是导演独自完成的艺术品,起码原始素材、原始构思及完成的剧本(就算它是半成品),不是导演的创作,甚至于他预先是一无所知的。

究竟哪种创作方式最好呢?我认为,若按艺术的创作规律看,最理想的情况是,编剧本身是导演,或者说,导演是编剧。因为,艺术创作以合作形式出现,一般地讲,弊多于利。很简单,再默契的两个人,对形象的想象,不会完全相同的。甚者,犹如两股道跑车,生产出的影片不伦不类。当然,集编导于一身,是要有条件的,这和艺术素养、电影生产体制、经济条件、电影生产的技术水平有关。我国有很多导演自己是编剧,如孙瑜、吴永刚、张骏祥、谢铁骊等,都自编自导过,且拍出过很好的影片。苏联的瓦西里·舒克申是作家、编剧、导演,还是演员。他制作的影片总是成功的,这不是偶然的。我主张电影创作是这种方式好。当然,这有一个理想和实际可能的问题。这是因时因地因人而异的,主要是因人而异。

我国情况,在短期内,怕仍然是以老方式制作电影为主。这不是个理论问题,而是一个实际问题。也许有那么一天,银幕艺术品的完成,犹如我国过去的口头文学一样,不需要文字做中介,直接以口述来完成——电影以银幕形象作为一次完成的成品出现,于是就没有了电影文学这个问题,电影就是电影艺术品,独立的、纯粹的(但愿如此)。

但,在目前我认为,确有电影文学——那就是具有文学特征的电影剧本。

它与其他文学部类一样,描写了人物形象和心灵、环境和意境,它有要表达的思想内涵,它有情节、细节……而这一切是通过使用文字手段来实现的。它是为了拍成电影而写的,但这不妨碍它单独存在并拥有大量读者,读者承认它是可读的文学作品。我们已经出现和正在出现的许许多多的电影剧本,正是这样的电影文学。电影文学之在现代的中国,确实是存在着,这是事实。

电影的文学性、戏剧性……无情节……

电影的文学性,是近年来探讨的问题。主张电影要加强文学性者,其本意,我是明白的。他的担心,他的告诫,无疑是正确的。反对电影有文学性的,似乎并不反对"电影文学性"立论者的良好意愿,不过是认为这种提法不妥。我觉得,电影是一种独立的艺术,以提电影的艺术性比较合适。当然,我也清楚,"电影文学性"的立论者概念中的文学性,也还含有思想性的意思。

其实,争论之焦点在于:提高电影质量的关键是什么?有人认为有些电影工作者对电影本性认识不够,或根本无认识。于是,认为拍出的影片,有电影和非电影之分,进而提出电影新观念。另外有人认为,有些电影工作者,对文学艺术的普遍规律认识不够,素养差,只追求所谓电影技巧,从而提出加强"电影的文学性"。我认为,这是文学艺术共性和电影艺术个性,在当前电影创作中,应该着重强调哪一方面的问题。从我们的队伍现状看,两方面都需要强调,走极端是不行的。

电影是一门独立的艺术,但它从诞生开始,直到现在,以及将来,它是无法与文学艺术各部类决然分开的。这种关系是血缘关系,且永远互相发生着影响。电影的表现手段,有些或大部分直接源于其他艺术。一个电影艺术家,不懂文学、戏剧、音乐、美术……能创作出优秀银幕艺术品,是不可想象的。我们这一代电影工作者,不客气地说,基础是薄弱的,不但文艺素养差,文化科学知识也是很差的。不加强文化科学知识,提高电影质量是不可能的。从我国电影队伍来看,每部影片的格调,都与主要创作人员的文学艺术素养积累有关。尤其是要延续自己的艺术生命,不学习、不吸收各类知识,特别是不学习其他艺术,是不可能的。我们的影片暴露出来的缺点,大部分与创作人员文化有关,更不要谈艺术素养了。高楼大厦不可能建立在地基很浅薄的地面上,这是很浅显的道理。

当然,作为一门独立艺术的电影,是有它独特的个性的。这和创作手段、供人欣赏的形式有关。电影在发展中,逐渐形成自己的个性,而且在实践中,继续显露出自己特有的魅力。我认为,它的特殊,在于完成艺术使命中,最完善地运用声画手段。这一点,各派理论,莫不是在研究它。

在这里,我想谈谈几个自身有感触的问题。其一是与"戏剧离婚"。世界上,电影,不仅电影,确有反对"戏剧性"的说法。我认为,所指并非戏剧性本身,而是反对虚假和人为的编织。其实这也是所有艺术不可容忍的。连戏剧也在反对这种"戏剧性",如:人物关系、事件的巧合,巧到生活中不可能发生;矛盾的解决,情节的设置,到了荒唐的地步,等等。这种"戏剧性"电影当然是要反对的。因为这首先和电影声画的逼真性是相矛盾的,是电影所不能容许的。所以,我认为,电影不应该笼统地反对戏剧性。相反,离开戏剧性,电影也就不能存在了。当代世界上优秀影片表明,戏剧性不是弱了,而是强了。只是不是那种外在的、看起来矛盾很尖锐的戏剧性,而更多的是趋向内心,因而更深刻,更震撼人心,更真实了。当然,创作这样的艺术品,要求创作者对生活有真知灼见,要有功力,要花费更大精力。

其二是,现在有人主张"无人物,无情节",甚至于"无细节"的电影,一种"纯情绪"影片。情节、细节是人物在生活,没有它们,自然不存在人物。至于情绪,也是不存在的。情节恰是情绪之源。情绪来自人物的内心。影片中的人物不能表现出情感,不能通过情节、细节、行为表现出情感,观众如何有情绪呢?我参加过两次国际电影节,这种电影很少见到过。其中,就有前面提到的三个字母——LUX的影片。这部短片映后,确有人鼓掌。我问过一位外国电影艺术家,认为怎么样?他耸耸肩,笑一笑:"他表现了他一个人的情绪。"去年秋,我在里斯本看到了《索菲亚的选择》,这是偶然看到的。事先,我没看到评介,只是在一家影院门口,看到了《索菲亚的选择》的广告,上面写有"十三岁以下儿童可看"。是儿童片吧?不是。有人说,这是影片洁净度的标志。另外,买票的人排队直排到街的拐角,形成长龙。我们进了影院,影院内观众全满。这在里斯本是极罕见的。影片是英语,葡文字幕。说实在的,这部影片的演员,尤其是女主角的表演,可以说是卓越的、绝妙的。不懂语言的观众是完全看得懂的。影院内寂静无声(除银幕声响以外),座无虚席,犹如无一观众。影片结束,观众久久没有,或者说没能站起来。我回到旅馆,一夜都没能合上眼睛。它有一种撼动心灵的力量。我认为,这是最优秀的一部反纳粹影片,强烈控诉了纳粹摧残人类的罪行。是有人物的(以至我永远也忘不掉),有情节的,有细节的,自然是有情绪的。在黄色电影充斥电影市场的里斯本,这部影片获得的成功,引人深思。在里斯本和巴黎,我参观了几个博物馆,最吸引观众(世界各国观众)的美术作品作者,仍然是达·芬奇。《莫娜·里萨》前面永远不愿离去的人群。我也看过一个现代派绘画展览,不乏具有丰富想象的作品,其中有一幅画——几块石头排列在一起,也是自己的情绪的表现。这是一个极端例子。但可以肯定,所有的画,终不能具有《莫娜·里萨》的魅力和生命力。我站在罗浮宫的画廊里,想到我在莫高窟看到的情景:多少人(包括欧美的旅游者)不远千里,为了看一眼中国古代艺术圣坛,来到中国的戈壁,很多人眼眶里涌出泪花。这晶莹的泪花折射出他们内心的波澜。

　　文学艺术的闪光是永远不会泯灭的。它的不会泯灭,是因为它创造出的活生生的人物、有灵魂的人物,超越了国家,超越了时代,在人民中永存!这就是文学艺术的闪光。

原载《电影创作》1984 年第 1 期

电影要与文学比翼齐飞("创作自由"放谈)

叶 楠

"文学和电影是有距离的,是有时差的。"这是近年来常听到的一句话。它有多种含义。似乎是文学和电影理应有距离,由于电影声画的逼真性,文学可以表现的,电影则不能,或者是要等一个时期。也似乎是一种责备的意思,电影界在文艺队伍前进的步伐中,总是落后几步或一步于文学。无论是什么意思,距离和时差是有的,这是事实,是所有人都承认的。

"电影是大家都要看的,小说则不尽然。"这也是常听到的一句话。它的含义也是明明白白的。在电影队伍里,谁都明白,指的是,看的人多,遭到的干预和责难,自然就多一些。这句话却道破了文学和电影有距离的原因,起码是原因之一。试凝眸回想,每次运动,多是从电影开始的,或是首先被射的矢的。十年动乱的前夕,江青不是"看电影,找黑线"吗?似乎电影是万恶之首。这已经成了一种惯性。近几年,一有风吹草动,很多人都要留意电影。各种大会上,慷慨陈词,指责电影之声不绝。似乎社会上一切不好的风气,均由电影负责。就在不久前,电影在文化部门中,被定为错误最严重的单位。于是乎,电影逐渐寻求安全之路,或改编有定论的小说,或编写远离现实生活,思想内涵平浅之作。这怕是电影和电影文学走向平庸的原因之一。这种情况的继续,会导致电影的衰落。

在作家代表大会上,听到了胡启立同志代表党中央对大会的祝辞,我是异常兴奋的。兴奋之余,自然想到电影。中央给文艺界,包括电影界,指出了光明的坦途。中央的令人振奋、令人欢欣若狂的声音,必然会使电影走向空前的繁荣。当然,这需要电影界自身的努力和拼搏,如花似锦的前程,不可能是等待就能赢得的。

有中央精神的强劲的春风,电影事业将在文学艺术的千帆竞发的局面中,奋勇鼓帆前进。它终会与文学的距离缩短些,直到与之比翼齐飞。

原载《当代电影》1985 年第 2 期

我的电影文学观

叶 楠

电 影 文 学

有没有电影文学？这还是一个有争论的问题。

这个问题的产生似乎是和电影艺术是不是一种独立的艺术有关。好像电影艺术是一门独立的艺术，就不应有电影文学。拍电影所用的剧本对电影来说，只是一个半成品，仅仅为拍电影而用。因此，不存在什么电影文学。同时，电影是导演的艺术，这种艺术品是导演在银幕上完成的，它不是文学作品，也不是口头说唱。

另外的证据是，世界各国大多数导演在拍电影前，并没有我们通常所指的电影文学剧本；完成影片以后，也没有什么完成台本，更没有或很少有供发表所谓电影文学剧本的刊物。

我认为，电影的确是一门独立的艺术。作为拍摄电影的剧本，对银幕艺术品来说，它不是完成品。写电影剧本是为了拍摄的目的，电影的拍摄是以导演为主（这视每部电影具体情况而不同），或者说最终是导演完成的艺术品。很多国家的导演在拍摄电影前后，并没有我们通常所说的电影文学剧本。

但是，我认为在中国，起码是五十年代到现今，有电影文学。

我国的电影生产情况和其他电影国家不同，主要是他们一部电影最初的（原始的）意念和构思和将来电影的样式，萌发于导演的头脑之中。至于脚本是否由导演自己或由经过导演授意的编剧来完成，则无关紧要。因为整个银幕的预想形象，已在导演头脑之中，甚至于有很多细节已经产生了，所以他们的剧本不一定详尽。大多数导演要求编剧给他写的是对话。导演头脑中的形象，几乎是直接完成于银幕，不需要先用文字来塑造和描绘出银幕形象，再把文字描绘的银幕形象搬上银幕。所以，他们没有电影文学剧本。我们看到的比较详尽的电影剧本，是银幕形象向文字描绘的形象的转换。写好这种电影剧本，也需有再创作的过程。这种电影是真正的导演的作品。

我国的电影生产则不同，大多数情况下都是先有电影剧本，而且出自编剧之手。往往要求写得很详尽，要用文字去描绘银幕形象和声音，要写得符合银幕组接，要写出情绪气氛和节奏来。这种剧本在到达导演手中之前，导演对剧本所写的一切一无所知。无论是人物形象、思想内涵、场景，还是剧本所写的特定生活，他都是生疏的。至于他对编剧所想象的影片样式、调子等，更无从得知。导演只能根据剧本去熟悉剧本中的一切，服从（或不服从）剧本的构思，重新（或不重新）调整结构、节奏……再去完成银幕形象。一句话，编剧将以文字来描绘的银幕形象，提供给导演，再由导演经过再创作，完成于真实的银幕，于是就有了电影剧本。

这两种电影生产情况，从艺术创作规律看，无疑是前者为优。编剧和导演在禀赋上、认识生活上……不可能没有差异。两人想象的银幕形象总是不会一致。但是，我国长期形成的电影生产程序，并非短期能够改变的。所以在一定时间内，还要有电影剧本。

由于我国长期存在电影剧本，而且它确是用文字来叙事、写人、表达思想情感，它当然是文学作品，而且是叙事文学作品。何况它拥有大量读者，有众多的，并不比一般文学刊物发行量小的一些发表它的刊物。电影完成以后，电影剧本仍拥有读者。因为，电影剧本和电影表达的手段是不一样的，看银幕形象和读文字，感受也是不一样的。另外，电影和电影剧本不可能完全一致，有时甚至风格、品调迥异，不可以相互替代。试举一例，电影剧本《约会》，朝鲜和日本共拍出过三部电影，人物、故事、情节，甚至对话，均无变化，三部影片却不尽相同。

在中国，电影文学确确实实存在着，这是事实。它不是一个理论上要争论的问题。

电影剧本的特性

在我国，电影剧本既是文学的一种，那么它与一般文学作品，有什么不同呢？

我认为它与一般文学相比共性多于特性。因此，电影编剧在创作的思想、生活、技巧准备上，没有什么特异于小说作者之处。但是，它也确有不同于一般文学的特点，这就是它是提供拍摄用的，要服从电影的特性。

关于电影的特性，世界电影理论家的专著浩如烟海，议论不尽相同，而且理论本身也处在不断发展之中。这是因为电影在实践中也不断发展的缘故。所以,它不可能有一成不变的电影观念。由于艺术家不同的世界观、禀赋,也不可能有一个统一的电影观念。即便是电影本身,也离不开一般文学艺术规律。

我认为,有些人所说的电影特性,并不都是电影独有的,如蒙太奇。我认为所有文学艺术作品,既然不是毫无遗漏的生活记录,它就有取舍选择、有虚构和创造,就有个组接问题,有个处理空间和时间和谐的衔接的问题。当然,组接不单纯是为了衔接。文学艺术家的匠心在于组接产生的意义、诗意和旋律。

杜甫的名句:"朱门酒肉臭,路有冻死骨。"这就是两个无声画面的组接。组接产生了强烈的对比,揭示了封建社会的阶级关系。

柳宗元的五言绝句《江雪》:"千山鸟飞绝,万径人踪灭。孤舟蓑笠翁,独钓寒江雪。"通过景物的组接,形成美妙的意境。如果你把它当做一组电影镜头来看的话,你能感到镜头的动势。也可以把这首诗用长镜头来处理。这首诗在时间空间上有连续性。当然,镜头的流动轨迹和速度是需要匠心的。

最能说明文学艺术需要有机组接的,莫过于白居易的《长恨歌》了。像"渔阳鼙鼓动地来,惊破霓裳羽衣曲。九重城阙烟尘生,千乘万骑西南行。翠华摇摇行复止,西出都门百余里。六军不发无奈何,宛转蛾眉马前死。花钿委地无人收,翠翘金雀玉搔头。君王掩面救不得,回看血泪相和流。黄埃散漫风萧索……"如行云流水,蜿蜒飘逸。"鼙鼓"、"霓裳"既是强烈戏剧性对比,又有悲剧契机的内涵。"翠华摇摇"准确地描绘了虽是逃亡仍是华贵的帝王之貌。"宛转蛾眉马前死",有巨大的内心冲突和悲痛,何况是在不发的六军队列面前。"花钿"、"翠翘金雀玉搔头"之类的细节的选择,视觉形象的鲜明性,都是让人惊叹的。这里,时间、空间不是连续的,但它的气势和情绪跌宕是连续的,无一丝间断感,像是一条曲折的波纹。这也恰是电影所需要的。

白居易的另一首叙事诗《琵琶行》中,有两句诗是我最喜欢的。那就是:"钿头银篦击节碎,血色罗裙翻酒污。"我所以喜欢它,正是我以电影眼光来看待它。这两句诗,有鲜明的视觉形象,有动人的音响。它不是静止的画面,你感到(或者说看到)罗裙在翻飞,酒在飞溅,钿头银篦在敲击、在断裂。甚至可以看到五陵少年的酒态,可以听到琵琶声和喝彩声。色彩斑斓、气氛热烈。没有这两句,后面的"江口守空船"、"青衫湿"就不会如此感人至深了。诗人就是以大的跌宕、对比,来完成他的意旨的。如果有大手笔,把这两句诗搬上银幕,绝不会次于《猎鹿人》那场婚礼。

我认为我国的古诗,在组接方面是非常讲究的。

我国古典小说,也有非常精彩的组接。如《红楼梦》中常常被人提到的有关黛玉之死的章节。一边是喜乐红灯的婚礼,一边是凄凉潇湘待毙的孤女;一人是痴迷若梦以假为真,一人是哀痛欲绝焚稿断情。"当时黛玉气绝,正是宝玉娶宝钗的这个时辰……只听得远远一阵音乐之声，侧耳一听，却又没有了……唯有竹梢风动，月影移墙，好不凄凉冷淡。"这是多么好的电影片段啊！它不正是电影中经常讲的平行蒙太奇吗？

我说这一篇，并不是完全否定电影有其特性。只不过是说，电影所有的并不全是电影独有的。即便是电影独有的，也多是吸收其他文学艺术之精华，在电影创作实践中创作发展的结果。

就像以上所举诗文片断的例子，要拍电影，或者改为电影剧本形式，还是需要进行创造性的劳动。

关于电影的特性，有很多理论是建立在光电磁技术发展的基础上的。这只能是一种研究电影的途径，譬如有人从照相来引申。我认为，创作人员重要的任务是研究电影如何更好地完成鲜明的丰富的形象。从这一点出发，我们不能不注意到电影的声画的具体性和逼真性。电影的优势和局限性，也都由此决定。

《夏伯阳》中，白匪保罗兹金上校和勤务兵波塔波夫在司令部车厢里那场戏中，保罗兹金在弹贝多芬的《月光曲》，波塔波夫脚下踏着擦地板的刷子，在擦漆布地板。他看起来，动作很古怪，像是一个幽灵，波塔波夫的动作和《月光曲》完全合拍，但又绝对的不和谐，两人的地位、两人的内心、两人此时此地的行为，绝对的不和谐，银幕的声画造成的效果是强烈的。这是其他文学艺术达不到的（如果不改动的话）。这一片断，在舞台剧或小说中，将会使人感到不满足，舞台剧必须增加语言，小说必须增加其内心描绘。但电影这样就够了。在电影中，人物的内心，是由观众从形象去想象得来的；而在小说里，人物的形象则是读者从人物的行为和内心的描述去想象的。有人说，小说需要读者去想象；电影有强制性，不需要想象去补充。这种说法，显然是不完全的，小说也有强制性，人物的内心世界，往往由作者夹叙夹议，阐释得很清楚了。

上面提到的《夏伯阳》中的那个片断，如果让没有读电影剧本习惯的人去读它，也许会感到索然无味，或不同程度的不满足，因为他想象不出银幕的效果。遗憾的是，电影队伍中，也有人不尽理解。

我记得，《巴山夜雨》初稿写出之后，上影厂长徐桑楚同志对其中老大娘在江上抛洒红枣的细节很感兴趣，并一再强调拍好它，他感觉到银幕可能出现的效果，他理解它。

我在《黄沙掩不住的刻痕》中，写了一个红军小战士。他在第一次遇到一位裕固族姑娘的时候，由于裕固族姑娘不理解他的行为，恐惧中出于自卫抽打了他一鞭子，在他额头留下了一道伤痕。仅这一个细节，充其量只能说明，那个年代少数民族人民常常遭到汉族统治者及其爪牙们的欺凌，因此才使她有此反抗的行动。随着剧情的发展,小战士与裕固族姑娘在戈壁上有几天结伴艰苦跋涉,在共同生活中,裕固族姑娘不但对小战士有了了解,对红军也有一些了解。她与他建立了阶级的感情,最后,小战士被敌人射杀了,裕固族姑娘又看到了鞭痕,是她给他留下的那道额头上的鞭痕,她的悲痛心情是可以想见的。电影剧本就是要写这个不是直接述说,而可以让人想见的情节和细节。但是,如果,前面的鞭痕不强调,观众连看都没看到,后来又没再出现,最后,就是有再大的鞭痕特写,也不会有感染力。相反,前面得到了强调,后面却模模糊糊或不去表现,这个细节只是一般细节,变成无意义或意义不大的细节了。

在同一个剧本中,我写在旅途中,饥饿威胁着三个旅伴,其中两个是红军(其中一个是重伤号)。当时的环境是国民党骑兵到处搜索他们。这时裕固族姑娘离开他们去寻找食物,当她回来时两手空空,表情悲愤,什么话也没有说。怎么能说明她去了以后的遭遇和什么也没得到的原因呢?我写她的裙裾破碎了。就是这个裙裾的前后对比,说明一切。裙裾破碎了,两手空空,加上她的表情,就够了。至于说,她遇见了匪兵、恶犬,还是豺狼,则无关紧要。但是如果不强调走以前的裙裾完整,特别是回来时的裙裾破碎,这个情节对人物塑造,意义就小了,甚至会造成观众的困惑。在小说中,作者可以用文字(可以简短也可以详尽)清晰地交代,电影中,则是镜头首先得清晰。

我还得举一个《夏伯阳》的例子,就是别其卡(夏伯阳的通信员)去抓舌头前,和安娜(纺织女工、游击队员)的那场戏。安娜装好机枪,别其卡心不在焉地打开窗户。从这里开始,远处传来手风琴忧郁的俄罗斯曲调,直到别其卡与安娜告别走去,一直延伸到下一场——晨雾笼罩着小河⋯⋯这乐曲在这里有迷人的魅力。我不想来解释它在这里的意义,也无法解释和说明。这是一种艺术感觉,对创作人员和观众都是如此。《甲午风云》中的邓世昌在抗敌之志不遂的时候,独自弹琵琶,曲调为《十面埋伏》,这一情景给人印象之深,和上例相同。这不是纯音乐的功能,这是音乐和画面结合所产生的效果。这当然不是孤立的声画片段所达到的,而是全局铺陈的结果。

所以,如果艺术家选择得准确的话,在画面上出现一片颤动的叶子,或一声雁唳,就可以使观众心灵颤抖,甚至催人泪下。

我认为,处理组接不同的画面(包括镜头的移动)和声音,使它们和谐、连贯,使它们产生意义,使它们形成引人入胜的故事,使它们有清晰的节奏,使它们有耐人寻味的想象余地,形成使人心灵颤动的意境,塑造出活生生的逼真的人物形象,这就是电影。

正因为是这样的,一个电影编剧对电影的完成是无能为力的。编剧不能规定镜头的位置、视角、运动方向、运动速度——镜头的轨迹;也不能规定光线——往往起神奇的作用；更不能规定人物的动作，预测出演员的面部神经和细胞运动，等等。所以，电影使很多编剧入迷，又使他们苦恼。

但是，编剧写剧本的时候，应该怎么办呢？他仍然要考虑这一切，考虑有关声画的一切。不但考虑，而且自己应该看到和听到（当然是在想象中）。编剧永远是在想象中制作永远无法让人们看到的电影。

对电影编剧的要求

编剧将自己想象中的声画图象（电影中的声音是和形象联系着的），用文字描绘出来（有很多东西是无法用文字描绘的），就成为电影剧本。它仅仅是电影的草图。无论结果如何，这种劳动不是无意义的。在我国目前电影生产情况下，它有着重要的价值。

电影剧本要服从总的艺术构思和主旨，对人物进行塑造，对文字描绘的画面和声音进行艺术组接，使它们达到浑然一体的和谐，这就决定了编剧创作的特殊性。

电影编剧同其他文学艺术创作人员一样，要有深厚的生活基础。不但如此，由于电影要求声画的具体和逼真，编剧观察生活要更细致一些。在生活中，要捕捉最有表现力的声画素材。这些素材应该是与作品的主题，与所写人物有关联的。它们应该有时代特征，一般来说，应该是美的。当然，在进入构思中，对这些素材还要进行提炼和改造。

我仍以《巴山夜雨》为例，其中《我是一颗蒲公英的种子……》这首歌在电影剧本中，它是一个声音的元素。它在故事中，有纽带作用，且与三个人物的性格和命运关联着，同时又有时代的特征，无疑它又是美的。结尾时，又与漫天飘舞的蒲公英的带小伞的种子（画面）揉在一起，形成一种激动人心的意境。虽然这里是浪漫主义的处理，但是观众并不感到突兀。我在生活中进入构思的时候，想到的、着力思索的是蒲公英（画）和诗歌（声）的银幕体现，丝毫也没想用文字对人物内心进行描绘。

小说作者和诗作者则不一定是这样。他们在观察生活后，可以着重去琢磨如何用文字剖析内心。有一种小说写得非常好，它主要是描绘人物的思想活动、感觉。它也描写客观世界的形象和人物的动作，但这是为了加强心理的刻画。比如一个人骑在马上触景生情，浮想联翩。这里可以把感觉写得极准确，但是，这样写电影是不行的，如果就这样把它体现在银幕上，谁也不会看懂，除非加上冗长的解说。这样一来，势必更加沉闷、拖沓，事与愿违。

这就是说,小说作者在生活中,通过观察去体验人物的思想感情,用文字叙述出来;而电影编剧在观察体验之后,考虑的则是画面、声音,由它们将人物思想感情传送给观众。

正因为如此,电影编剧笔下写出的东西,应该都能够通过银幕表现出来,而且写出镜头的起始、运动、终止和连笔。电影编剧不能像小说作者那样,无休止地讲述。

小说《这里的黎明静悄悄》,无疑是很好的小说。它的开头,作者是这样讲的:"第一七一铁路会让站上,如今只剩下十二户人家,一个消防棚,还有一座又矮又长的,本世纪初用圆石垒成的仓库。水塔在最近一次轰炸时倒塌了,往来的火车不再在这儿停留……这是一九四二年五月。车站西方,交战双方挖壕深达两米,终于展开阵地战……东方,德寇夜以继日地狂炸着运河和穆尔曼斯克铁路……北方……南方被围困的列宁格勒仍然坚持着顽强的斗争……"作为电影来说,小说描绘的就显得不具体了。"坚持着顽强的斗争",怎么顽强法?什么样的斗争?无法表现;"一七一"、"最后一次"、"火车不再在这儿停留"、"一九四二年五月"、"东方"、"西方"……文字是具体的,但对银幕作品说,太含混了。这段文字还没告诉人们,镜头是怎样移动的等等。

说这些,仅仅是为了说明小说和电影的区别。电影剧本中就得写上对声画极肯定的文字。

电影剧本的节奏和旋律(我认为有,任何好的电影都有),和音乐是一样的,不过不是用音符构成的,而是用画面和声音构成的。节奏和旋律则要靠作者的艺术感觉,这里没有任何程式可循。

要写什么样的剧本

究竟什么是现代电影?几十年电影发展,众多的试验,结果告诉我们应该肯定什么。

我认为:

一、还是要有鲜明的、活生生的人物形象

既然如此,电影仍然需要情节和细节。情节和细节是人物完成自身形象的

轨迹,不可能抛弃情节和细节。是否有纯情绪电影?我没看到过。没有情节和细节,情绪是没有的。

二、要真实

真实是现实主义所要求的。真实不是生活的翻版。它也不排斥戏剧性。不过,它不能容忍那种陈旧的、人为的戏剧性。如:一种巧合(巧合到生活中不可能发生),偷听人谈话后而真相大白;拾到一封信,而后幡然悔悟等等。舍去这些惯用的套子,按生活本身规律来写剧本,当然要难得多,要付出的劳动大得多,而且往往不被人理解。

三、要有深刻的思想内涵

有深刻思想内涵的电影,是有生命力的,是拥有众多观众的。我在欧洲看到的凶杀色情片,虽然在挖空心思,花样翻新,还是吸引不了观众。相反,如《索菲亚的选择》这类内容深刻的影片,震撼着观众的心灵。

深刻的思想内涵,不是简单地图解一个意念,哪怕这个意念非常正确,也是不行的。作品的深刻性和人物形象的丰满有关。

四、要有独特的风格

艺术要求一个作品本身完整,并与其他作品迥然不同。

1985 年 10 月
摘自《电影艺术讲座》,中国电影出版社,1986 年

我心目中的小说

叶 楠

小说如所有的文学艺术一样，是多种多样的，就像大地上开放的花朵，不但颜色、花序各异，其禀赋也是不同的。它们——小说和花朵，有相同之处，它们的神韵和风姿，都和基因、一方水土滋养有关。它们都具有坚韧的生命力，有土有水的地方，都会有花开放，哪怕是在高原雪线附近和雪线以上，或是在沙漠或海洋之中；有人的地方，就有小说，哪怕是在只有几座桦皮帐篷的密林里，那里有更加迷人的小说，当然可能是口头传诵的，它同样是小说。

真正的小说是心灵的闪光，它的产生是无法说得清楚的。

很多艺术的品类——戏剧、电影……是由合作产生的，要达到完美，就不仅取决于参与创作的艺术家的才能，还有他们之间的默契。而小说在所有叙事文学艺术中，只有诗歌和它相同，一般是由作家自己独立完成的，它具有完全的独立的自由的品格。一般来说，一件文学作品，很难产生于两个以上的人的头脑之中，哪怕都是天才的头脑，因为每个人的想象，不可能是相同的。

小说有它发展形成的个性，善于叙事叙情，可以有诗一样的意境，也可以有音乐的节奏，同样可以如电影一样，绘声绘色，也可以营造戏剧那样尖锐的冲突和气势，营造梦一样的氛围。文学的文字，是无所不能的……

只有在创作文学作品的时候，你才能品味文字的神奇和美，特别是我国的文字，每一个单字，都有它的历史和它的故事，都有它的具有独特含义的形象，都有它的独特的声响，都有它独特的个性，这是其他文字少有的。它们的组合，并不逊于油画家的颜料，并不逊于作曲家的音符，不但可以描绘任意场景和人物，不但可以表达难懂的哲理，还能描绘生命和非生命的心灵之声，还几乎可以谱写巨型交响乐章。君不见汉赋、唐诗、宋词、元曲，从传奇到《红楼梦》，不但赏心悦目，不但色彩斑斓，而且诵之如歌吟，闻之如雅乐。虽说外国人由于不识中国的文字，对中国文学茫然而懊恼，但中国的文字和中国文学的光辉，并不因此而黯然失色。

只有小说作家的心灵，可以浸沉于独自营造的奇妙世界中驰骋，体验那个世界中的欢欣、忧郁、悲哀……忽而放声大笑，忽而热泪横流……这是一种享受，体验各种情感就是享受，一个人总是在一种情绪中度过漫长的时空流程，哪怕始终都是欢乐的情绪,那生命也将是苍白的。

　　我总是在尝试着写好小说,我感到每次写一篇小说,就像是一次远游,在旅程中,我会不意地见到:横在我眼前的一道彩虹,一颗最早出现在天际的星辰,一朵开放在路边的娇艳的野花……我会不意地听到:云中鹤唳,林中鹿鸣,或是神秘的天籁声……都会使我心灵战栗,因为,这一切都是新颖的,给我的感受,也都是新颖的,永远不会重复的。如果没有了新的感受,我想,定是我的想象力枯竭了,我就得停笔,我的生命也将终结。

原载《春风小说半月刊》1995 年第 6 期

努力去再发现

叶 楠

　　追溯事物的本源，并不是易事，何况有关灵魂的文学创作呢？比如去寻找一条河的源头，你会发现，没有确切的一个唯一的点。它是源于草丛中流出的涓涓细流？那细流又是来自何处呢？是岩层中或深厚的土壤里涌出的泉水，是来自植被群落的根须，或是来自高高的雪山上消融的积雪和坚冰？

　　我常想，我头脑中记忆的硬盘上，最初的贮存，究竟是些什么呢？我说不清，好像是些柔软的彩色光晕、香甜的声音、温暖的气味。它们构成了令我感到惬意的安适的温馨的气氛。这大概是我感觉到并记印下的母爱。

　　回想，在最初，我是怎么样与文学创作结缘的呢？记忆的硬盘上，似乎只留下叠印在一起的色彩和交织在一起的声响：雨丝，小草上的露珠，横架天际的霓虹，清澈的小河，冲向天穹的云雀，在水面露出嘴的小鱼，轻盈柔软的雪花，黛色的山影，田埂上的一朵小花，一座字迹剥落的碣碑，一柱红烛，一具飘摇的风筝，舞台人物飘动的靠旗，舞龙汉子冒着热气的汗淋淋的胸脯，敞着怀一面哺乳一面放肆大笑的女人漂亮的脸庞……庙堂木鱼声，节庆的锣鼓，送葬行列的抢天呼地的哭号，街头盲卜者的琴弦，卖唱女喊出的悲凉的歌声，我在病中听到的母亲为我叫魂的急切的呼唤声……

　　我的童年和少年，家、国都处在苦难的年代。我开始走进小学的课堂，是1936年，到了1938年，我已经成为逃离家乡的城垣到山野中避难的难童了。山野和战争万象，成了课本。我既结识了莽林、莽林中的野兽飞禽，还过早地学会识别迫击炮、掷弹筒、机关枪和步枪，过早地看到战争的烽烟，看到日本侵略军剖腹、砍头、活埋、机枪扫射杀戮平民的血淋淋的场面，也过早地失去了父亲——遭日寇捕捉活埋而惨死。

　　我是目睹父亲被日本宪兵抓走的。父亲被日本宪兵扭出房门的时候，拚死挣扎着回头望了我们一眼，使我们得以看到他最后的容颜——淌血的脸上，还强漾出温柔的笑，而我们回报他的却是声嘶力竭的哭号。

　　一副"大成至圣先师"的牌位。我母亲拉着我们弟兄，让我在这个显赫的牌位前磕头，向我的伯父——一个穷秀才、塾师磕头。

　　"大爷，你兄弟惨死，我目不识丁，我只能尽力不让他的遗孤饿死，可不能教他们读书识礼。今天就把孩子交给大爷了,望大爷看在你死去的兄弟的份上,教孩子成人,孩子有不是之处,任凭大爷责打……"母亲流着泪,也朝伯父跪了下来。

这是我父亲遭杀戮,全家沦为顺民以后的事情。由于国仇家恨,母亲不让我们进日伪学堂读书,又不甘心使我们荒废学业,于是,送我们去塾间就读,当时我9岁。

塾间读的书,当然是四书五经,虽然是生吞活剥,但因这是我最早接触到的我国古代文史文献,还是能从读起来艰涩的古代文字中,感悟到文字的美和文字营造的文学的迷人氛围……

外面不时传来令人心悸的"蠹橐"的皮靴声,这是日本占领军巡逻队通过街道时发出的,这声音时时提醒人们:你们是亡国奴!

母亲和我们围着孤灯——那种用灯草做芯的油灯,听我们读书。

"砰砰……"急促的敲门声。

不等去开门,日本官兵就破门进来了。这是突击性查户口。日本军官把书夺过去,让翻译审查书的内容。其实,这是一种石印的用韵文写的小书,讲的多是劝善的带宗教性质的故事,比如"韩湘子"、"目连救母"等。年长以后,我才发现,这些唱本可能是源于《敦煌变文》的。翻译告诉他们书的内容,军官无话可说,核对了人丁,就走了。在沦陷区,只有这类书,才允许存在。

只有当我们为母亲读这些唱本的时候,母亲的面容才有了光彩,才流露出感情变化的波澜——那年月,面容总是布着阴云。这些书,都是她向邻里讨借的。她几乎每日夜晚都要儿子们给她读唱本,虽然其中的故事她都晓得,再听,她仍然为书中人物命运所感动,我想,重要的怕是她要听自己的儿子来读这些书吧!她能得到双重的欣慰。

"隔过去。我能懂。"我常常遇到咒语和生僻字而停顿的时候,母亲总是这样宽容地说。

我给母亲读书,也从母亲的情绪上看到世上还有一种能撼动人的心灵的力量,这就是书本的力量,这就是文学的力量。

这些唱本也是我最早的文学启蒙课本之一类……

一弯清冷的月亮,高悬在拂晓的空中。这是我记忆中,最寒冷的月亮。

"孩子,当娘的实在是舍不得你们远离我,这是不得已,你们得读书。走吧!趁着天还没有亮。"母亲拉着我们的手说。

母亲背过脸去,她是不愿让我们看到她夺眶涌出的泪水,或者是怕时间再久了,她会由于软弱而真的留下我们。

我走了很远,回过头,在如水的月光中,仍然看到的是母亲的背影……

这是1941年冬天,在沦陷后的家乡小城郊外的萋萋荒草浸漫的道路上。

因为母亲听人说,孩子在塾间学的诗云子曰,将来不能实用,就设法送我们逃出日军占领区,去到非沦陷区上中学。为了让孩子从日军铁蹄之下逃脱,为了孩子念书的大义,忍痛舍弃舐犊之情,把孩子送到音信不通烽烟四起的异乡,一去将难卜生死,作为母亲来说,并非易事,她几乎无法承担得起骨肉分离的痛苦。那年我11岁。

到现在,我想起那天早晨的月亮,我还能感到有一种凄清的寒意。我在文学创作的道路上,最大的遗憾是,从没有写出过这种令我心灵战栗的月亮,我写不好它。

大地在日本侵略军的战车履带下颤抖……树木、断梁折檩、牲畜和人的尸体,在洪水中,随波逐流……干裂得呻吟的土地……扑面的蝗虫……充塞道路的鹑衣百结的难民群……这是做流浪学生时期,记忆中留下的最鲜明的图景。

在战乱中的异乡,虫鸣鸟转,花开花落,都能勾起化解不开的浓重乡愁。

我以为一个人的灵魂,是在童年就铸就了的。对于我来说,也许是家、国罹难,过早地历经了生离死别,过早地品尝了人生的艰辛,还有母亲的善良的禀赋和她的爱,才对文学产生亲近感,或者说是一种迷恋,个人的灵魂附依的角落。文学毕竟能照亮和剖析灵魂,也能给以灵魂警示和慰藉的。

在学校中,我从来就是把课堂传授的知识,作为外加的任务来学习的,也从来都觉得是轻易的。而在课外读物的海洋中漂游,那才是自己灵魂所渴求的,而且它是那么博大精深。

我写下来的文字,第一次用铅字印出来,是在1947年秋天,那是两首诗——《耕牛》和《时钟》,是同时寄给开封的《河南日报》和上海的《青年界》的。内容几乎全忘了,记得是表现一种郁闷中的企盼情绪。我虽然是从写诗开始我的创作实践,但很快我却放弃了它。我认为,写诗歌是太难了,诗的起码要求是通篇洋溢着醇厚的诗意,还要像音乐一样,有严格的铿锵的节奏和优美的旋律。我国古代诗歌,在我面前已经立起了令我无法逾越而沮丧的无数高山。我觉得我还是写散文作品的好,当然,写好散文同样是艰难的,好的散文作品,同样要有诗的魂灵。虽然我写了,但我从来没想过以写作为终生职业,写就是去完成。

我进入军队,正是解放战争最激烈的时刻,战争对于我来说,是崭新的世界。在战火的光亮中,更真切地体味感情的激荡,更真切地看到人性的光辉和阴影。战火既能摧毁人的肉体和精神,也能激发人的内在的智慧和能量。那时候,虽然戎马倥偬,工作也距文学创作甚远,我还是写了些短小的随笔之类的文字,记录下瞬息即逝的战地印象。

新中国成立以后,我进入海军学校,学习机械工程,后来也就自然在技术岗位上工作,这是责任,我并没因工作偏离我的爱好而懈怠。由于频繁的海上航行、纷繁的技术事务,我不得不辍笔了,但仍然没能使我忘却文学,这是难以抵御的引诱,它毕竟是童年萦绕我的梦。

重新提起笔,是很偶然的,那是在海上航行了7年之后。正因为这海上的7年,使我有可能执笔完成《甲午风云》电影剧本的创作,我把我7年中对海洋肤浅的认识,倾注在这个作品之中。后来,我依然在海上航行,只是在短暂的空闲时刻——这种时间是很少有的——写,只能写一些短小的散文作品,偶尔也写小说,不过是出于一种难以抑制的想倾诉的愿望,大多是捕捉些带有大海气息的一朵浪花、一丝云霞。

海上航行10余年后,终于泊系到岸边了,系到文学的系缆柱上。然而,却赶上了10年比海洋上更猛烈的暴风雨。我也无所作为地系泊着,在风雨中颠簸着。

云收雨霁,我才拉起船帆,循着我试航过的电影剧本创作之路。我所以选择电影文学创作,那是因为我认为电影是迷人的艺术。比如,银幕上适时地出现一片颤抖的树叶,它就能牵动人的心灵。我奋力以银幕思维来观察生活,来表现人的感情波澜,来创作剧本,接连写了《巴山夜雨》、《鸽子树》等一系列电影剧作。

然而,我渐渐发现,电影不是作家能够完成的,作家手里是笔,不是摄影机,你越是谙于电影,就越是有不能彻底完成作品的苦恼,再好的两个以上的艺术家,想象是不可能相同的。从事独自能以文字完成的文学体裁,才是作家的使命。于是我转向文学创作,也并不排斥偶尔写写影视作品。虽然如此,我对长时间写过电影剧本,并无悔意。电影艺术的发展,也转而丰富了文艺创作技巧,文学也同样需要有蒙太奇和自由变换的时空,也需要鲜明的色彩和声响。这和我曾经有10余年的航海经历一样。虽然从事的不是文学,但博大的海洋本身给我的灵魂的濡染、启迪是非常重要的,和壮观的山川一样,能增添文学的底蕴。

到今日,我仍然觉得,文学创作,似乎首先是自己需要。如果人们喜欢我写下的文字,那是说明我所表现的,拨动了人们的心弦。

我现在感到遗憾的是,好像我是刚刚认识文学,也是刚刚能洞察这个世界,刚刚发现些什么,就时日不多了。这种感觉是近几年的事。就像我对海洋的认识,过去我多以职业需要去看它,认识多是技术性的:它的深度、不同的密度层、透明度、浮力、波浪的长度和对舰艇船壳的扭力……当我离开海洋多年之后,我再回到海洋,我感到震惊,我发现海洋原来是这个样子呀!它是多么神奇和绚丽呀!这种新鲜的感受,我都写进了一篇题为《苍老的蓝》的文字之中了。这显然是情感历程延长而发生的视角、视距和洞察事物的穿透力的变化的缘故。这就像我重新见到初恋时的情人,发现我过去没能看出她的美和珍贵的感情,从而惊讶和懊恼。对我过去处理的素材所写出的文字,都有这种追悔之意,觉得压根儿是不应该那样去表现它们的呀。

追悔是永远的,也是无济于事的,只有努力去再发现,在不多的余年里……

摘自《紫苑》,远方出版社,2006年;原载《解放军文艺》1996年第1期

精美的艺术不能重复

叶 楠

你如果看到从殷墟出土的甲骨文,你会惊叹,你会叫绝。它的造型、线条和承载的内涵,只能以"美哉奂矣!"来赞美。从甲骨文,你会真正认识到,我国的文字不仅是具有丰富含义的符号,还是美妙的艺术品。保留在甲骨、青铜器、陶器、石器、缣帛和竹简上的文字,是幸运的,竟能保留至今,使后人得以目睹先民辉煌的艺术成就。然而,在我国漫长的历史长河中,中华民族曾创作出不胜数计的艺术瑰宝,绝大多数,却无法保留至今,除了战祸、灾难等原因遭毁坏以外,还有很大部分,是由于没有保存手段而消失,特别是表演艺术,只能在很少的诗文中,留下名目,或简略的描绘,再就是绘画中留下极少的静态的一鳞半爪了。

古代的傩戏、百戏、参军戏、南戏、杂剧,以及歌舞、说唱等表演艺术对今人来说已遥远而朦胧。盛唐时公孙大娘的舞蹈,李龟年的歌声,善才的琵琶,元代杂剧表演艺术家朱帘秀的舞台艺术等,我们永远见不到和听不到了。从杜甫、白居易对唐代名艺人的表演赞美备至、梦绕魂牵的怀念来看,足见当时的表演之精美绝伦。它们的消逝是巨大的遗憾,然而,这是无可奈何的事情。

录音技术的出现,才有可能记载音响。我国戏剧唱片的出现,大约是本世纪初的事。然而,由于社会条件等原因,并不是所有表演艺术家的声腔都能记录下来,特别是活跃在中小城市和乡镇的艺术家们;甚至电影出现后,能以胶片留下舞台形象的,也如凤毛麟角一般。共和国成立后,戏剧空前繁盛,一大批戏剧演员处于鼎盛时期,如璀璨的繁星,交相辉映。然而,他们的表演也没能系统地记录下来,录音倒是比较普遍,而用胶片录像者,也只是如《群英会》、《野猪林》、《还魂记》、《团圆之后》、《天仙配》、《茶馆》等少数剧目。这些录像虽然大多是艺术片,但依然与舞台演出效果不同,再也不可能重现演员和观众直接交流的心灵沟通,但毕竟已经很难能可贵了,因为我以为,由电影手法改造了的戏曲——戏曲艺术片,哪怕是电影大师们的创作,经过蒙太奇切换,应用实景,固然易于观众接受,也往往要破坏舞台表演的完整性。原苏联莫斯科小剧院的很多著名话剧表演艺术家是比较幸运的,他们上演的很多名剧都是忠实地以戏剧纪录片的形式拍摄的,尽量保留舞台的真实。

近来,有幸看到电视台播放了"京剧音配像精粹"系列舞台电视片,极感欣慰。这是我国整理京剧艺术精品和弘扬、普及京剧艺术的重大举措，也是京剧爱好者的福音，有了这批录像制品，便于人们研究、欣赏、学习、珍藏，多少弥补了一些缺憾。

当然，这些录像制品，也无法达到尽可能的完美，我们只能聆听到老艺术家的吟唱，而不能一睹老艺术家精湛的形体表演和神采。比如，叶盛兰舞台上的风流倜傥（文小生）和英武刚劲（武小生）的神韵，即便是得他真传的公子来扮演，也无法再现了。再如黄梅戏名演员严凤英，不但音色独特、甜美，其身段舞姿之优美、表演之灵性，也是很难有人能替代的。至于梅兰芳的雍容华贵，马连良的潇洒飘逸，李少春的恢宏大度，童芷苓的娇媚，就连关肃霜跑圆场台步迅疾轻盈无声竟拉直了靠旗，也是很难再有后来者了。演员是表演艺术的灵魂，某种意义上讲，表演艺术即演员。优秀的演员与他成功创造的人物，有时在观众心目中，具有等同性，是分不开的。如于是之与他所饰《茶馆》中的王掌柜便是，即便再有一位有很高表演造诣的演员来饰演这个角色，也很难得到观众的认同。再如《四进士》同是周信芳与马连良的代表作，都很精绝，风格却迥异。

艺术是奇特的，严格说，是无法重复、无法拷贝的，真正的优秀艺术是唯一的。比如，贝多芬的《第九交响乐》，我们虽然能欣赏到很多大指挥家和名乐队的不同风格的创造性演奏，我们却无法听到贝多芬在完成这部巨大乐章后，自己在钢琴上的第一次演奏了。那将是不同的，他所处的时代，他的心境和感受，是独特的，他又处于灵感和想象力勃发的巅峰和完成艺术品的喜悦之中，那种情状，必然如同神助。在他的手指下流淌出的音乐，简直是他灵魂的歌唱和呼号，那不是技术能达到的。完美的表演艺术是艺术家独特的表现，是奇绝的，不可重复的。后学者只能形似，而不能达到神似。所以，尽可能忠实地保留艺术家的表演成果，是极为重要的，是在记录历史、记录民族智慧的精华。所以说，制作"京剧音配像精粹"系列工程，已经是功德无量了，应向为此项工程辛劳的艺术家及支持者、组织者们鞠躬致谢。

这项工程是弥补缺陷，在弥补的同时，我希望重视保留当代艺术家表演艺术的成就，不要再给后人留下缺陷了。另外，除了京剧，我国还有昆曲、赣剧、川剧等众多的剧种，还有戏剧以外的很多表演艺术门类，我认为，都需要做类似的工作。有眼光有魄力的音像制作者们，应该与艺术史家、艺术理论家携手，精心整理制作中国表演艺术家声像（大量应是纯录音）系列制品（特别是光盘）。这将是纪念碑式的工程，它是历史的需要，四海华人的需要。

原载《中国电视戏曲》1997 年 4 月第 2 期

每一吋胶片用于写人

叶 楠

我国的革命历史题材影片,在建国以后的前十七年中,曾经在影坛上有过非常重要的地位。新中国成立以后,电影事业的奠基和发展,是和革命历史题材影片分不开的。出现过不少优秀的银幕作品,如《白毛女》、《青春之歌》、《小兵张嘎》、《董存瑞》……它们曾经激动过亿万观众。但"文化大革命"一场浩劫,文艺凋零,革命历史题材影片当然不能例外,而且是摧毁的主要对象。粉碎"四人帮"以后,特别是党的三中全会以后,文艺复苏,革命历史题材影片,确实在某些重要方面有所突破,也有一些很好的影片出现。可是,就这一类型的影片来看,我们还期待着更加引人震动、更加令人难忘的史诗般的作品。

我国的革命历史之灿烂、艰巨、曲折,反映革命历史之重要,这是毋庸置疑的。现在重要的问题是,要拍出优秀的银幕艺术品,征服亿万观众。不能拍出出色的革命历史题材影片的原因在哪里呢?固然,有客观因素,譬如,我们的创作人员(包括编、导、演),没准备好。但我认为首先是主观认识,在思想上没有从过去的传统的桎梏中解放出来。我们过去,长年来形成的见诸文字和不见文字的框框太多,如路线问题。似乎是错误路线不能写,或某些人认为的错误路线不能写;那一方面不是革命的主要方面,不能写。又如胜利和失败,似乎是只能写胜利,只能写高潮,不能写失败,不能写低潮。引申到不能写牺牲,甚至于不能写流血。还有,要写一种思想,要写一种过程强调得过了头,使人物成了体现思想、说明事件的工具。这些主张,把题材限制到最狭窄的地步,逼进了死胡同。

虽然,这些错误主张,是受到了或深或浅的批判的。它们的影响却部分地留在人们头脑中,一时很难彻底消除。

过去,在我们所走过的道路上,在革命历史题材的创作上,最被忽视的是人,是活生生的人。能留下的影片,尚能使人不能忘怀的影片,恰恰是有比较动人的人物形象,人们感到可亲近的可信的人物形象的。

一部影片,优秀的影片,震撼人们心魄的力量在哪里呢?绝不是影片图解出的历史编年表、重大事件,以及某种概念的口号,而是人物形象本身。

真正的艺术大师,是在人物形象上,是在影片的思想内涵上下功夫。我们的差距，首先是在影片的思想深度上。过去，我们一直认为，我们在幅员如此广阔的土地上，进行着伟大的革命事业，因此，我们的文学艺术作品，所表达的思想，一定是最深刻的。这是一种错误。毫无疑义，我们的事业是伟大的，在世界历史的进程中，有极重要的地位和意义。但这是历史，这是现实。反映伟大历史和现实的文学艺术，并不必然是伟大的。这要由文学艺术家认识客观世界的睿智和艺术才能来决定。

一部反映革命历史的影片，其思想深度，不是绝对与所选择的事件意义重大与否成正比。苏联影片《攻克柏林》，其用意显然是概括卫国战争中，普通人民与国家命运的关系、与领袖的关系。影片的跨度是卫国战争全过程。但它远不及苏联影片《只有"老兵"去战斗》思想深刻。其原因是，前者，企图以编织的情节、巨大的场景，来图解意念，人物却苍白无力。而后者，虽只写了一个野战机场中的一个飞行大队在卫国战争中的一个小片断，甚至没有表现一次空战，更没表现一个战术过程或战斗方案之争，也没有完整的故事。编导演的任务，只是着力于揭示在这场战争中人——苏维埃人的高尚的灵魂。哪怕生命之躯死亡了，这种灵魂是不可征服的。

由于革命历史题材影片反映的内容，总是和历史上重要时期、重大事件，甚至领袖人物有关，创作者往往要在说明背景和事件上，费去大量胶片。如果不是把背景和事件仅仅看作人物行为的必要的舞台，就会只看到过程紧接着过程，交代紧接着交代。写战争，则炮火烟尘；写地下斗争，则只写情节。写人物的篇幅就极少了。历史背景是要交代的，但要极其简洁。高明的办法是，不作专门交代。要在影片的造型（整体造型）上下功夫，要在音乐、美术、服装、道具、节奏、表演上下功夫，以各种手段达到重现历史的目的，使人有文献感。影片毕竟不是讲史，在结构影片时，就要考虑到，要忽略于刻画与人物无关的事件交代。

在革命历史中，很多故事、人物，是带有传奇性的，甚至是有浪漫主义色彩的。这对结构影片，本来是有利的一方面。但往往作者过分迷恋和追求离奇，反而造成虚假，人物成为虚幻的影子，从而降低思想性。传奇性题材应追求真实和平淡，平中见奇是需要功力的。

如何处理革命历史中真实的人，是一直在争论着的课题。我认为，首先应明确的是，艺术不是讲史。它要求的是艺术的真实。它所遵守的原则是：重大的历史事件中，人物的作用和倾向是不能改变的，但仍允许作者有想象虚构的余地。这些想象和虚构，必须符合人物内在的发展规律，也就是说要符合人物思想性格的发展规律。在这个问题上，要借鉴《史记》对人物的描写。《史记》既是史书，又可以算是文学作品，这在世界上也是少见的。

在革命历史题材影片中,往往要求全,要求完整地反映一个事件的全貌,要求体现战略战术思想,要求阐明思想路线。对于一部影片来说,是不能胜任的。何况艺术片的任务不是这些。我们已经拍摄过的,试图这样做的影片,都不能算是成功的。今后仍这样要求的影片,也将是很难成功的。

所以,我认为,革命历史题材的影片,仍然是要写人。要用每一吋胶片去写人。这是我们面临的重要课题。

摘自《历史·战争·电影美》,解放军文艺出版社,1984年

"激活"了的潜在活力

叶 楠

1966年夏,我乘船离开参加一年多社教的鲁南乡村,回到工作所在地,这是奉命火速赶回来的。当船靠上码头,感到我所在的这个城市,发生了异样的变化。这不仅是指政治气氛之浓烈——标语、旗帜、扩音器中不断播放的战斗的歌声……最令人心悸的是人的变化,很熟悉的人变得陌生了,一副公事公办的模样,不苟言笑,即便交谈,语言中也失去了情感色彩,把个人的、生活的内容过滤了去,所用的都是报纸上的语言。所有工作停顿了,学习、批判、声讨、红海洋、街头辩论,直到街头械斗。"文化大革命"轰轰烈烈地展开了。这一次运动是迅猛的,我也预感到将是旷日持久的,我突然感到走进了黑暗的无尽头的甬道之中。

解放战争结束以后,我很幸运,得以接受高等教育,学习机械工程。1954年毕业以后,我满怀热情地投入工作和再学习,当时我有一个令自己陶醉的计划,比如,在工作中,自学几种非母语文字,自学与机械有关的几门学科,使自己成为本职顶尖的专家,以精湛的技艺报效新生的共和国。然而,随着时间的推移,政治运动越来越频繁,越是勤奋地工作和学习,越是带来责难和批判——单纯技术观点、严重脱离政治、白专道路等。运动不但使你的身心得不到安宁,也侵占了无数学习和工作的宝贵时间。作为知识分子、技术干部,没有宽裕的时间,不能专心致志地学习和钻研业务,不能在本职工作中施展自己的才能,是极为痛苦的。这是一种对知识、对个人价值追求的饥渴感。这种饥渴感,一直伴随着我。恰在"文革"前夕,我脱离了技术工作岗位,从事专业文学创作。作为我自己来说,其原因之一,就是以为创作毕竟是个体劳动,也许能多有一点自己支配的时间,也许能有些成就。虽然这条路狭窄而多荆棘,也许可以走得通也说不定。然而"文化大革命"的突然降临,首先就堵死了这条路。当时,社会是喧闹的,个人的内心却是无比寂苦的。创作是不可能了,也无书可读。记得有个时期,我是以运算数学题(从四则直到微分方程)来挨过无所事事的时光的。熬到1974年,掌握权柄的人忽然想起文艺创作来(当然是为特定政治服务的),于是,有机会去到长春电影制片厂。当时已经好多年没人居住的小白楼(长影招待所),突然又有了几个文化人。如作曲家郑律成、词作家乔羽、作家玛拉沁夫、周原、陈屿等,这些都是那个时候政治漩涡的边缘人,都是刚刚摆脱了作为专政对象,暂时搁置,或者说是被遗弃的人,聚在一起了。每一个人都有一个永远没有人能首肯的创作选题或剧本初稿,在那里做无休止的修改。我们常常带点侥幸地自嘲说,我们是一伙还有一个避难所的难民。但是,我们是当时极少数文化人中的幸运者,我们毕竟还可以切磋一些艺术问题和聊点家常,虽然互相不无戒心。最使我感到幸福的是,长影图书馆资料室是对我们开放的。这不啻沙漠中的旅人,面对蓝莹莹的甘泉。后来,我创作的电影文学剧本《傲蕾·一兰》,就是得益于那里的藏书。我们就在那里迎来全国各条战线,包括文学艺术界的共同的黎明,"四人帮"被粉碎了!

那是暗夜被晨曦撕开的时刻,灿烂的黎明即将到来,人们也自自然然有一种更高的期待。到了 1978 年岁末,那时候,我正在上海对《傲蕾·一兰》剧本做投拍前的修改,一天,韶华突然出现在我的面前,兴高采烈地打开他的笔记本,向我讲述了还没公开传达的党的划时代的十一届三中全会决议的精神,我们的期盼终于得到了超额的满足。当时,这是意外的惊喜,我也就产生了一种强烈的展翅高翔的欲望,虽然这时我已满头白发,我却感到我仍然能飞起来,尽我极限之力。我怀着这种心情,与以汤晓丹为首的摄制组,前往东北边陲之地。主创人员从导演、摄影、作曲、美工直到化妆,几乎都是 40 年代甚至是 30 年代从艺的年近 70 的老人,然而他们不辞辛劳,奔波于林莽之中,却依然精神矍铄,不逊于壮年。从他们身上,可以看到我国的文艺工作者是多么的可爱可敬,给予他们工作权利,给予他们相对的创作自由,他们就焕发出如火焰喷射般的创作和工作热情。所有人都在为补偿逝去的时日而百倍努力,我也毫不例外。从那时候起,我就没有停歇过。为了创作,我去过大漠、海洋、莽林,几乎走遍我国边陲之地,继《傲蕾·一兰》之后,创作了电影剧本《绿海天涯》、《巴山夜雨》、《金锚飘带》、《姐姐》、《雪山上耀眼的晨星》、《鸽子树》等十几部电影剧本,也还尝试过商业片《木棉袈裟》等及 40 余集电视剧的写作,同时,不间断地写小说及散文作品,结集 10 余部。虽然,比起很多作家,我的成就是不足道的,然而,这却是我自己在往昔的年月不敢奢望的。现在,虽然年近古稀,也依然每日笔耕不辍,依然并没感到疲惫,飞得不是那么迅疾了,但仍然在飞。

我常想,改革开放以后,我们国家,所以能以空前的速度,取得了辉煌的成就(包括文学艺术),人民生活水平得到显著的提高,国力得以有极大的增强,其根本原因,我认为主要是全国人民得到了工作、学习的权利,得到了生产、创造物质和精神财富的自由,从而极大地激发了亿万人的潜在的活力,"激活"了的潜在活力的量是巨大的。这就像电脑庞大的软件系统中的那个"激活"整个系统的特定的"键"被触动了,全盘系统就被"激活"了。准确选择、触动"激活"我们国家人民心灵的那个键,是由一只巨大无比的手来完成的。

  我希望,我们国家的人民的心灵,永远处于被"激活"状态,国家也就永远年轻,永远具有强大的生命力。

原载《文化月刊》1998年第12期

电影缘何怪罪文学

叶 楠

　　由于国产电影票房不够丰盈,且不乏亏蚀者,于是,媒体不断报道有关电影景况所以如此的议论:如财力不足、观众爱国热情不够、缺少优秀的创作人员等等,甚至还埋怨怪罪文学没有提供可改电影的好作品。这些话还都是出于电影界大导演之口。这不奇怪,大概是因为电影状况如此,最为焦灼的人就是作为"电影创作之中心"的导演,他们似乎要给国人有个交代。然而,我认为,这些出于实践者之口的议论,都是隔靴搔痒,离要害甚远,甚至于我怀疑是故意环顾左右而言他。如财力不足,这是由于投资者鉴于电影制作不出大盈利的作品,而不愿大投入。资金是由市场和利润决定走向的,这是市场经济铁的规律。在种种议论中,最不应该的是竟扯上文学,埋怨小说没有提供好作品,甚至于有人把小说概括为两字:没劲!撇开这样对当前小说的评价是否确切不论,仅这种联系——小说与电影的因果——就不妥。这里犯了一个常识性的错误:小说与电影是两种不同的艺术,精彩的小说,并不必然就能改编成为精彩的电影,电影也并不完全依赖小说而存在。电影的兴衰与小说没有直接的必然联系。

　　电影和小说虽然同是艺术,但它们的艺术表现手段很不同。小说是以文字为表现手段,而电影是以多种手段达到具象的表现。电影虽说可以攫取所有艺术——摄影、绘画、音乐、戏剧、文学,甚至于使用最新高科技手段,营造具象逼真、直观、有趣的电影艺术世界。但它是电影,它的直观、逼真带来的是具体。正因为其声画具体,也就挤走了观众的想象的可驰骋的广大空间(与小说相较)。另外,小说和电影的欣赏方式也是不同的,小说的读者是按心绪流动的节拍自由地阅读、想象;而电影观众受银幕画面强制,是随着银幕画面流动的同步欣赏,削弱了想象的补充。比如,肖洛霍夫的《静静的顿河》,这无疑是世界公认的优秀的文学名著,当苏联电影大师格拉西莫夫本此拍摄出了影片《静静的顿河》,无疑是苏联影界盛事。当时,我有一个苏联朋友,是一位很文静的工程师,他对此相当冷淡,竟无意去观赏电影。我问其故,他说:"怎么能设想和很多人坐在影院里去欣赏《静静的顿河》这部名著呢?怎么能去接受格拉西莫夫指定的一个阿克西妮亚呢?《静静的顿河》这部作品,是应该独自一人静静地阅读和想象的。"一般人也许认为他的性格乖僻,然而,他是有一定道理的。由于小说和电影的不同,名著的移植是不可能不稀释和衰减的。重要的是:不同手段营造的艺术,不可能完全地转化,特别是思维的流程是不可具象的。而很多优秀的小说,震撼人的力量恰是人物内在的思想感情,它却是不能清晰地以图像描绘的,即便看起来是可以具象,但可读和可视,感觉是不一样的。如《静静的顿河》的结尾,当葛利高里将阿克西妮亚埋葬以后,肖洛霍夫是这样描写葛利高里的:"太阳的光芒照得葛利高里的没戴帽子的头上的密密的白发闪着银光,从苍白色的、因为一动不动而显得很可怕的脸上滑过。他好像是从一场噩梦中醒了过来,抬起脑袋,看见自己头顶上是一片黑色的天空和一轮耀眼的黑色太阳。"这是震撼心灵的片段,经典的片段,惊天地泣鬼神之笔。可是,那一片黑色的天空,耀眼的黑太阳,是葛利高里当时的主观感觉,而不是客观世界的真实,如果电影如此表现,真的出现黑太阳,由于电影的逼真性,由于太阳的黑色不是自然的颜色,作为局外人的观众,会感到突兀、不解,因为他们不可能立即转到葛利高里的心绪和视角。文字阅读,却有充裕的时间进入人物的内心世界。再如我国的古典小说《红楼梦》,可算得文学经典吧?曾经有过不少不同的艺术移植改编,只有越剧《红楼梦》有较大的影响,也只不过上演了一场缠绵悱恻的爱情悲剧而已。我认为,严格的意义上说,《红楼梦》不能搬上电影银幕和电视屏幕,虽然多次移植过,也顶多起到普及《红楼梦》故事的作用。如《红楼梦》的"凸碧堂品笛感凄清　凹晶馆联诗悲寂寞"一回,主要写的是中秋之夜,黛玉与湘云两个在凹晶馆品笛联诗。曹雪芹倾情以浓郁的笔墨,绘出这两位旅居客寄他人檐下的女子互怜、互爱,互相慰藉,互相展示内心才华的情境,也绘出了朦胧月色下的景物、袅袅悠悠的笛声,化不开的凄清氛围,营造了凄清却又极美的意境。可以设想,这一切是很难搬上银幕的,因为,它主要是由文学手段营造的,情景、诗意和谐地交融在一起了。电影也许可以再现月夜及环境,但无法将三十五韵联句移植于银幕之上,而三十五韵联句恰是这一回的灵魂。

也就是说,不是任何小说都可以移植为其他艺术的,或者说,不是任何小说经过移植,都可以得到完美的结果的。一般讲,一部小说越是具有小说的特质,越是不适于移植为其他艺术,即便适于移植的小说,是需要改编者根据艺术形式的转变做相应的再创作,这同样需要想象力和才华。如《水浒传》中的《风雪山神庙》一回,应该说是《水浒传》的华彩乐段,但影视和话剧移植它,是极困难的(曾经有过电影《林冲》,此一回毫无光彩)。可是,昆曲艺术家却依据昆曲的手段,以委婉、苍凉、动听的音乐(包括极富有文学性的唱词)和劲舞及表演,创作了(可以说是)不朽的《夜奔》,塑造了一个命运多舛、有家不能归、有国不能投的悲愤英雄林冲的形象。

不错,世界出现电影以后,有很多由小说改编而成的名片,这并不是小说专门为电影需要而写作的,主要归功于导演(或制片人)独具(极重要的独具,那些老是重复别人的思想的人,只能是匠人,而不是艺术家)慧眼,以及改编者再创作的才华。比如,日本电影导演今村昌平拍摄的电影《楢山节考》,是由深泽七郎的不长的一篇同名小说(小说名,我译为《楢山小调考》)改编的。拍成的电影与原小说情节相去较远,今村昌平看中的是小说风俗所表现的超时空的人类共同的人性和生存状态,他攫取了,又强化了它。我和今村昌平谈论过这个作品,他说:"这种古老的风俗是由中国传到日本的。"(我孤陋寡闻,到现在也没有在我国古书中查到)此片是世界名片,所以成为名片,首先是由于今村昌平具有慧眼,选择了这篇并不惹眼的小说。同时,他不像有些平庸的导演,追求风俗之奇特,而是追求风俗所揭示的深邃的内涵。

严肃的小说作家,按照小说的规律,进行探索写作,他们是为能给文学增添一些新的意义而呕心沥血,他们并没同时思考是否可以供电影采用(这和电影创作人员创作中,并没设想可供改为小说一样)。说当今小说没意思,说它没劲,是不公允的。实际情形是,当今一直都有很高水平、很精彩、很有趣的小说问世。比如长篇小说《白鹿原》,比如《尘埃落定》……至于优秀的中短篇小说,不胜枚举,我可以列出一长串篇目。当然,这是按小说的特质做评价的,至于适合不适合移植为电影的再创作,那要看电影家怎么看了。

电影艺术既是艺术品,又是商品。

作为商品,目前它的生产体制却是与社会主义市场经济是不适应的。

作为艺术,它的创作,又受到个人的行为(不是法律)制约。有时一个对电影一窍不通的某公,可以对影片中的人物什么时候该笑——是粲然一笑,是忍俊不禁,是狞笑,还是纵声大笑——都要进行干预。现实生活中,一架桥瞬间消失在滚滚的浪涛中,银幕上却不允许出现房子倒塌。

不是要保护和支持国产片吗?最好的保护和支持,是要按邓小平说过的:作家写什么,怎么写,是作家自己的事(电影艺术家的创作同)。不然,国产片与外国影片永远处于不平等竞争状态之中。这就谈不上国产片与国外影片抗衡,于是,只好以外国巨片繁荣我们的影院了。这才是决定电影事业兴衰的问题所在,然后才是电影艺术家(不是小说家)的想象力和才华。

电影请不要怪罪埋怨文学!大卫·里恩、斯皮尔伯格和很多成熟的导演大师,从来不怨天尤人!他们绝对自信!因为他们是天才,他们具有自己的独特的睿智的识见和深厚的功力。

原载《文学自由谈》1999年第2期

沙蒙在风云中

叶　楠

　　一般的说法，人按年龄段分辈分。辈分间，对世界的认识，就不可避免地有了差异，这就是所谓的代沟。可是，我觉得，我和比我年长的一代，似乎并没有太大的隔阂，即便说有，也不是那种不可逾越的深如山涧的沟壑。不少老艺术家是我的老师，也是我的朋友，如吴永刚、沙蒙……

　　我认识沙蒙，是在他1957年罹难之后。

　　那是1960年寒冷的早春，我乘车抵达长春，此行是到长春电影制片厂修改电影剧本，被安排住在有显赫名声的长影小白楼。小白楼是专门接待全国各地来长影工作的电影艺术家（主要是编剧、导演）的招待所。这还不是它著称于世的主要原因，使它名扬海内外的是反右派的1957年，那一年，小白楼这三个字，频繁地被印在全国报刊上，它是长影电影艺术家聚会帮助党整风（后来称之为向党进攻）的地方，当然，也是一些艺术家中箭坠马之地。当时罹难者中间，最著名的艺术家要算导演沙蒙了。所以，当我走进长影大院里的时候，绝没有想到（怕是任何人也没想到），这次到长影能见到沙蒙，而且要结识他，更没想到要和他一起工作。

　　小白楼是座独立的二层楼房，矗立在长影后院的一片稀疏的树林中。我到的时候，那里异常的清静，周围没有人影，林地厚厚的积雪上，也只有鸟儿的爪子印下的痕迹，像中国画中的竹叶儿。楼里面，由于住人太少，感到阴森森的，虽然有暖气，也还是冷。人在甬道走过，那陈旧的木地板，发出敲打空桶般的响声，还是很瘆人的，这让我想起三十年代的电影《夜半歌声》（沙蒙曾在此片饰演过角色，他好像还是影片《十字街头》中的演员）里的场景。那时候，反右这场劫难才过去两年，创作队伍还远远没有恢复元气，那是小白楼人气最衰微的时候。当时只有一个老工友，照应着这座衰落了的小招待所，还有一位只负责打扫卫生的大嫂。

　　我被安排在一层长年封闭的大门旁的一间房子里，房间里有一张很大的梳妆台，看样子是为偶尔接待演员准备的，于是我在房间任何角落，身影都得被梳妆台的大穿衣镜收进去，无法逃脱，很不舒服，有被人监视的感觉。住下以后，陪我到小白楼的编辑告诉我："小白楼原来是有食堂的，现在不开伙，过去是开的,叫小食堂,即小灶,反右以后取消了,就餐委屈你到前院职工大食堂,得走一段路。"取消小灶,或许是避免知识分子生活太优越变修的缘故吧!她还告诉我说:"你现在是小白楼唯一的一个外来客人,当然,还是有人与你做伴的,你对门房间里是梁彦,我们厂的编剧,他是电影《画中人》的作者;二楼住有林杉,也是我们厂的编剧,他更有名些,是《党的女儿》、《上甘岭》的编剧;与他为邻的是我们厂导演王炎,刚拍完《战火中的青春》。从一楼长长的甬道往东走,有几间平房,那里也住有两个人,一个是叶华,新四军,老文化人,我们厂女编剧;另一个是大名鼎鼎的导演沙蒙,你应该知道他,反右中被划为右派,由于是老革命,照顾他,没发配去劳改。这些人的家眷都在外地,独身在长春工作,长期住客房……"临走,她给我放下一条黑糊糊的肥皂说,这是本厂制作的——长春市面已经没有肥皂出售了。我觉得奇怪,从山东上车的时候,还没听说肥皂短缺的事,也许是东北地域性的问题,我就没当回事。很有意思,也很怪,物质匮乏的年代,就是从肥皂、火柴短缺开始的。为什么如此?直到现在,我也不知道是什么原因。

晚上,长影厂长亚马来看我,其实,他是来向我说明厂领导对《甲午风云》这个剧本投拍是如何安排的。亚马说:"我们认为这个本子有很好的基础,决定作为重点影片投入制作,主创人员我们要配最好的。导演嘛……本来还可以选更有把握的……"他略有遗憾地说,"唉!没有选择了,我们定了林农,当然,林农也是个很好的导演。为了加强创作力量,我们决定要沙蒙做隐名的顾问,从文学剧本的修改到导演分镜头,都要沙蒙介入,当然只限于提建议,建议也只是做参考,幕后的,不挂名,他参加此项工作,也只让摄制组知道。你不要担心将来追究你政治界限不清的问题,这是我们厂党委决定的,省委同意的,我们党委负使用沙蒙的全部政治责任……"

关于沙蒙做顾问的事,林农当然是知道的,他私下跟我说:"我没有意见,这很好。沙蒙是我的老师,我还是很尊重他的。"

那时候,长影厂党委做如此决定,实在是要冒政治风险的,但绝对是正确的,因为,沙蒙毕竟是长影最有经验的导演。对于我这个初涉电影艺苑的新手来说,沙蒙当然是我仰视的人物,能在修改剧本过程中,向他学习,得到他的指点,即便是梦寐之中,也是不敢奢望的,这是极特殊的情况才可能有的机缘。

不过,与当时的沙蒙相处,也并不是那么轻易的事。我们两个,特别是我得主动冲破政治在我们之间设的鹿砦。我知道,对我来说,炸平鹿砦的爆破筒,应该是我对待他的真诚和尊重。

这次来厂修改剧本,按厂方意图基本是要重新结构,因为初稿全剧的时间跨度是甲午海战的全过程——从牙山之役,到黄海大战,再到威海陷落。厂方意见,舍弃黄海海战后的一切内容(全剧一半),只写到邓世昌牺牲,结束全剧。作为一部电影,这样,要紧凑得多,意见无疑是正确的。

原来的剧本和厂里艺术家对剧本的意见,是我送给沙蒙看的。他看过以后,就来到我的房间,将本子还给我。我就请他谈谈对本子的感觉和意见,他没说话,脸上是那种怀着歉意的表情,像是说:"恕我……"指指剧本。我拿起剧本,看到本子的第一页上,有他用铅笔(以后,他常在稿子上留下痕迹,一律使用的是铅笔)写的一行字,仔细看,是老子的一句话:"民不畏死,奈何以死惧之?"我翻翻剧本,再没有他的字迹了。然后,他脸上还是那种怀着歉意的表情,站起来告辞了。

他走后,我再看看老子那句话,想,这是沙蒙对本子表达的内涵的总概括?还是他希望此剧应达到的思想的最高任务?或是以古哲人的名句来激发我的想象和激情?还是这些含义都有呢?不过我还是很高兴的,因为,我觉得老子的这句话,根据这个剧本的内涵,还是极为妥切的,特别是我感到这句话,对我极有冲击力。很怪,老子的这句话虽然是哲理的替句,它却让我感到它含有诗意,也确能激发我的想象……

沙蒙过去也是这样吝啬吗?看完一个剧本,只写了一句古人的话?我不知道。

剧本写起来,我和沙蒙的工作程序是,每天晚上我把写好的稿子(那时年轻,每天能写七八千字)送到沙蒙房间请他披阅并指正,次日晚上我去听取意见。只写了一部分,就请人家看,要人家提修改意见,这当然是不合适的,然而,沙蒙同意这样,而且很乐意。

沙蒙的意见不是以语言表达的,而是写在稿子上,写下的也不是文字,而是在某一段落或某一句,甚至于某一个字的下面,用铅笔画一个道道,这就是他的意见,让你去悟,去猜想。这显然不是沙蒙的吝啬,也不是他谦虚,而是心有余悸,是对文字的惊惧,以致连对电影剧本提意见,也不敢留下字迹了!他就是这样让我去揣摩他那些道道,去悟他那些道道。当然,我在悟到的同时,心中也感到异常地悲凉,将两个人(而且是一位老革命者)逼得不敢用语言和文字(还是对艺术)抒发己见,还不可悲吗?我是非常尊重沙蒙的意见的,即使意见是他用铅笔画的那些道道,我也尽力领悟他的想法并加以修改。从他再次披阅稿子以后的态度看,我能感觉到,他对我的悟性还是满意的。

沙蒙在近两年中,虽然住在长影,实际是处在与世与人隔绝的状况中,他被剥夺了与人交流沟通的权利(我在小白楼期间,没有看到他以往的同事,甚至于好友,敢与他有过接触),他由于寂寞而极端孤苦的心境,我是可以想见和理解的。所以,我能感觉到,他太惧怕孤独了,虽然他与我相处极为谨慎——他很少与我交谈,有时,为了礼貌,他以极简短的词汇应对,多是不肯定语。即便如此,他还是喜欢每天有与我在一起的机会,愿意与我默默相对,毕竟当时我是唯一的一个可以与他交谈而不会为此酿祸,导致我俩受批评、受惩罚的人。这也是他愿意每天看剧本的片段的原因……过些天,我们相处得熟了,晚饭后,他再不是在他的房间里等我,而是会早早到我的房间里来,我也按时给他冲好茶。我们都习惯了这种无言的晤谈……

修改剧本期间,适逢春节。长影过春节,在除夕晚上,全厂要举行迎春晚会,有演出,还有游艺活动(猜灯谜、套圈等),也设有吧台(那时叫小吃部),有点酒,还有几种下酒菜,服务员由演员充任。厂办请我和小白楼其他住户林杉、王炎、梁彦、叶华等一起赴会,只是没有沙蒙,这是理所当然的,沙蒙不属于普天同庆的万民之民的。我感到很不安,在这大年夜,把沙蒙一个人抛在小白楼,让他与自己的影子一起守夜,也太惨了。我就在晚会进行的中间,买了一包花生米悄悄退场,回到小白楼了。除夕夜的小白楼,更显得凄清,我第一次感到甬道的灯光如此的暗淡,也第一次感到甬道如此的漫长。当我走近沙蒙的房间时,就见到沙蒙立在洞开的门内,看样子他是听出我的脚步声才打开的门。我进到房间以后,才看到沙蒙的脸上浮着微笑,这是我第一次见到他的笑容。他嘴里咕哝着:"我……我猜想……你能提前回来……"他对我似乎有了点信任了,也似乎有了感情。不知道为什么,我的眼睛湿润了,我忙低下头,免得让他见了,破坏了他好不容易有的一丝欢快的心情。我将包花生米的纸打开,放在茶几上。别看一包炒花生米,那时候在市面上已很难买到了。有了花生米和茶水,我们就有了守夜酬酢的酒肴。这一次,他不再拘束,不再缄默了,很快就进入叙谈佳境,就像是微醺后的情状,娓娓而谈。由我们正在改写的影剧谈起,谈他的艺术设想,谈应该拍成什么个样式,什么调子和气韵……谈戏剧冲突,谈人物,谈细节处理,谈节奏,谈音乐,甚至于谈光和色彩……就像他就是这个戏的导演。谈着谈着,竟忘神地手舞足蹈起来,神采飞扬,宛若少年……他毕竟是艺术家,激情在重压下也能忘情地迸发!他谈到激昂处,情绪却陡然跌入颓丧的峡谷,不再说话了。我想,可能他想到这焕发出的激情是徒劳的,他只能设想,却绝对不可能由他去实现。他的眼眶红了,摇摇头,自责地说:"失礼了……"然后,慢慢垂下头。

我从沙蒙身上感受到,艺术家失去了创作权利的痛苦,是多么沉重啊!沉重得心灵无法承受得起!

沙蒙是位从艺二十多年的艺术家。三十年代,作为一个大学生进入戏剧界,从事左翼戏剧活动,与赵丹是同时代的演员。抗日战争中,去延安,在延安鲁艺任教,后任实验剧团团长。解放战争随军去东北,在东影(后为长影)任导演,执导影片《赵一曼》、《上饶集中营》,直到《上甘岭》。应该说,《上甘岭》的出现,才显示了沙蒙不容置疑的深厚的艺术功力,才真正奠定了他作为电影大师的地位。《上甘岭》是一部里程碑式的战争影片,新中国战争影片的经典,仅从宣传意义上,它也是有巨大贡献的,即便现在放映,还会激起人们强烈的民族义愤和爱国热情。可以说,迄今为止,还没有一部中国战争影片像它那样完美,像它那样展示了人性的光辉,像它那样有如此长久的生命力。本来,继《上甘岭》之后,沙蒙的才华肯定会有更辉煌的闪耀,艺术创作上会有更多的硕果。可是,他沉入 1957 年的陷阱之后,就像折断了翅膀的鸟,腾飞无期了。1957 年,沙蒙刚 50 岁,具有丰富的生活阅历和艺术积累,作为导演,正处于创作的旺盛期、成熟期,实在是太可惜了!我无法给他以宽慰,我不知道何时、或还会不会归还给他创作的权利?那年还看不到一丝希望的亮光。我担心的是,心灵的禁锢,又剥夺了艺术实践,沙蒙的才气、胆识和灵性将会在尘封中销蚀殆尽……

从那个除夕夜以后,沙蒙虽然仍旧非常谨慎,但对我似乎没有了或者减少了戒心。有空了,还跟我谈谈家事,记得他为儿子准备考航空学院选择什么系,还咨询过我。其实,我知道点航海的事,对航空一无所知,对航空学院的系和专业更加不了解,我知道,沙蒙并不一定非要我有个什么准确的意见,这不过是一个话题,表示亲昵的话题罢了,我也就按常识谈谈我的看法就是。

在长影改写剧本两稿,时间近两月,二稿改毕,给沙蒙披阅后,再没经编辑部和厂里组织讨论,就由厂长亚马带着我和导演林农,到东北沦陷时为日本关东军司令部的省委,要我直接向省委负责人(省委文教书记、宣传部长及副部长)朗读剧本,倾听省委负责人的指示(这种场合,沙蒙又是不能露面的)。据厂里人说,受到如此重视的作者只有我一人。那时候,我还年轻,虽然审稿者是省里意识形态大员,但我并没有丝毫惧怯,是一口气读完剧本的,然后就是恭谨地聆听负责人指示。万万想不到,书记、部长只是异口同声地肯定和赞扬了剧本,说了些勉励的话,没有提出任何意见。这就意味着剧本被最高层次领导通过。所以,亚马异常地高兴,出来以后就说:"今晚在铁路宾馆宴请诸位!"这并不寻常,那时候,市场已无肉可卖了。沙蒙当然也为稿子顺利通过而欣喜,他说:"实属不易,这也是从来没有过的。我们这位部长审查剧本,从来没有不提任何意见就通过的。"我说:"这主要是剧本得到您——我的师长指教和帮助的缘故……"他忙恐慌地说:"千万不能如此说,千万……"

实际上,沙蒙确实是传授电影艺术给我的第一个师长。

剧本通过之日,也是我和沙蒙分别之时。

临行那天,大雪。我先去沙蒙房间与他话别,怕等到编辑部、摄制组的人来送行,就再也没有时间和沙蒙见面了。沙蒙面带笑容,只是那笑容含着凄苦的神色。我知道,沙蒙并不需要我这个后辈劝慰他,我还是说了些诸如:也许有那一天呢……天无绝人之路……这些无用的话。最后临分手时,沙蒙凄楚地说:"年岁大了,怕冷,怕寂寞……"

我当然知道他的意思,他是怕创作激情被冷冻,他是怕把他与人相隔绝!其实,这也是我担心的。

60年代的头几年,我还得频繁地在海上航行,没有机会再见到沙蒙。好像是1963年,听说沙蒙调到北影,而且拍了个农村片,很为他高兴,毕竟能接触人了,还可以创作。是年,因公务途经北京,打听到一个可以找到他的电话号码,与他通了话,向他致以问候,也询问了他自己对拍好的那部农村片满意与否(那时候我还没看到此片),他说,不太好,不可能太好!语气中听出他情绪低沉、忧伤。这是可以想见的,怎么能让一个戴着锁链的人,去跳劲舞呢?跳不好的,不能大跳,不能打旋子,不能……

1964年,我在山东听说,沙蒙去世了!那年他才57岁!他躲过了跟踪而来的巨大的"文革"劫难,当然,也就没有能看到改革开放的新时期思想解放的曙光,幸欤,不幸欤?

原载《人民文学》2001年第3期

种田和文学创作

叶 楠

有很长的一段时间内,田地上种什么,怎么种,是由干部决定的。那时候,全国是计划经济,农村是集体耕作,农民即便有意见,提了没结果,也就算了,反正,大锅饭,天塌下来大家顶着。直到按照这种情况混不饱肚子,闹得农民中的勇敢分子下坐牢的决心,秘密开会并作书面决议,签字画押,硬是要分田到户,这其实也有争取种植权的意思在内。

想不到改革多年,各地早已实行家庭联产承包责任制了,有些地方的干部,又决定土地该种什么不该种什么了,而且是强制农民执行,这种瞎指挥往往造成减产、绝收,常常导致干部与群众发生尖锐的冲突。如,湖北房县(五十多年前,我到过那里,山区,当时是较贫穷的县份)桥上乡东蒿管理区干坪村农民陈龙菊,因抗拒干部下达一律要种辣椒的指令,被干部将她种植的玉米苗毁掉,引起冲突,她被责令向干部赔礼道歉,在群众会上检讨(另写书面检讨张贴),罚款,并被威胁说,如有不服将由派出所上手铐云云,于是陈愤然服剧毒农药死亡。这一恶性事件发生的始源,实在不是干部欺压群众,而是干部推行农村产业结构调整,希望农民能脱贫致富。想不到却事与愿违,推行种植辣椒未果,反闹出人命来。其实,真实原因是干部强制命令,越俎代庖的结果。

知道这件事以后,我突然发现领导种庄稼和领导文学创作是极相似的。

作家写什么,怎么写,跟农民种什么,怎么种,是一样的,都是劳动者自己的事情(这一点邓小平有过精辟的总结),别人(哪怕是极好的心肠)指手画脚,甚至于横加干涉,都是不行的,这和孕育孩子一样,他人是帮不上忙的。

有些部门的文艺领导,好为人师,非要告诉人家小说、诗歌、剧本写什么、怎么写不可!这和房县桥上乡干部是一样的,不管人家的田地环境、天候和地质条件如何,非要人家把种的玉米拔掉种上辣椒不可。其实,某些部门的文艺领导揽的活儿,可比玉米改种辣椒难度大得多。在过去,像郭沫若、沈雁冰这样的大师们尚在人世时,从来就不揽这种活儿,虽然他们也是领导,每逢文艺界盛会,也总是在主席台就座,然而,他们可从来不热衷于向作家、非作家讲小说、诗歌、剧本写什么、怎么写(鲁迅先生的说法是小说无陈法)。可是,现在在主席台上就座的某些领导要比郭、沈等大师们勇敢得多,常常不辞辛劳,大会小会给人家讲,小说、诗歌、剧本写什么、怎么写。好像不如此,愧对薪俸,愧对职位,愧对汽车,愧对数不清的名衔……

据记者调查,房县桥上乡老农张启厚对种辣椒思想不通,顾虑重重,向副乡长梅兰学倾诉:"梅乡长,你要保你的乌纱帽,我要保我家五口人四条牛的命。万一价格不行卖不出去,牛没草吃人没饭吃咋办?"梅兰学于是坦白说:"你的牛和全家性命是小事,总体规划、上面要来检查是大事。"他不经意地暴露他强制种植辣椒,并不完全是出于公心,也并不完全是为了农民。这些干部脑子里想得更多的是:当上级首长驱车来临时,公路两侧绵延不尽的艳红的辣椒的河流,一定能映红首长的脸庞,一定会惹得首长脸庞出现舒心的笑容。有了笑容以后,跟踪而来的将是褒奖、迁升令,他们要的就是这个效果!某些部门文艺领导怕也是一样,也希望有相同的效果。问题是,作家和农民一样,有些人种玉米有经验,种辣椒未必有把握,甚至于有些连种子都出不了芽,也说不定。更何况,如果收获的都是辣椒,红艳艳的煞是好看,也能调味,就是不能耐饥。

有人分析房县桥上乡的干部,所以要强制农民种辣椒,是缘于以下的思维定势:农民不开化,因循守旧,不能形成正确的判断决策,必须要官为民做主。那么,某些文艺领导对于创作的干预,是不是也是缘于以上思维定势呢?嫌作家不开化、因循守旧?不敢说。担心作家不能形成正确的判断决策,需要由他们这些领导做主的思想肯定是有的。如果是这样,可是过高地估计了自己,有点太自信了,有点不太谨慎了,想想当年的郭沫若吧,连他到某个时候也找不着北,对自己一生的著述,也没有了丝毫把握,干脆宣布全部付之一炬了事。

说领导种庄稼和领导文学创作相似,但作家和农民的境遇现在可有很大的差异。这种差异,主要是:如果没有人创作文学作品,于国计民生无碍(如在"文革"中,只有一个作家,群众并没因此而饿肚子),没有农民生产粮食,可是要饿死人的。对农民来说,歉收和绝产,意味着人畜性命不保,所以他们就要与瞎指挥的干部以死抗争。作家就不一样了,怎么着,也没有饿肚子的问题,现今,也不至于挨批斗,一般对瞎指挥不吭气就是,谁也不去跟他论理,更不去抗争,也没有那闲工夫,只是不理会那些烦人的聒噪,任他说去就是。

看来,作家是值得庆幸的,这一点比农民优越多矣。

原载《随笔》2001年10月第5期

永远为人民唱赞歌
——访首届"金鸡奖"最佳编剧奖获得者叶楠

李 军

在灯火辉煌的杭州体育馆大厅里,伴着热烈的掌声,一位身着蓝色海军服的中年人从夏衍同志手里接过一尊亮闪闪的"金鸡",然后把它高举过头顶,向观众们频频致谢……他,就是创作了电影文学剧本《巴山夜雨》而荣获首届电影"金鸡奖"最佳编剧奖的叶楠同志。

对我国广大观众来说,知道他的人是很多的。他二十八岁就执笔创作了至今仍具有艺术魅力的《甲午风云》,后来转而耕耘散文的园地。最近几年他又再度涉足影坛,相继创作了《傲蕾·一兰》、《绿海天涯》、《巴山夜雨》三个剧本,如果加上现已拍完正进行后期创作的《金锚飘带》,他先后创作的被拍成片子的剧本就有五个。这些作品各具特色,但最能反映他思想与艺术功底的当属《巴山夜雨》。

这部影片,用叶楠自己的话说,是想从思想内容到结构形式,从表现手法到艺术风格,各方面都做一些新的尝试。的确,影片是有着与众不同的新意的:描写那个鬼蜮横行的年代,却没有一个反面形象出场;反映那场史无前例的浩劫,却运用的是抒情诗的手法;表现一群普通人的遭遇,却让人体味出一种深沉的诗情……所有这些,使人振奋,使人激动,也使人深思,人们从这朵银幕奇葩放射的异彩里,是很容易感觉到它的创作者心里那种强烈追求的。

揭示生活的美,特别是人民心灵的美,是叶楠所坚持的创作主张。他一向这样认为,生活中美好的东西是很多的,即使在困难的情况下,人民美好的感情和心灵总是永存的。发现和开掘生活中美的东西,用笔把它们反映出来,给人以希望,使我们的民族振奋,这就是作家的职责。当然,他也不排斥有的作家写一些揭露社会阴暗面的作品,只要目的都是为了给人以希望,但他自己则坚持用歌颂生活的美来激励人们把生活变得更美。《巴山夜雨》可以说是他的创作主张的代表作。在这部影片里,他以新颖的剧作构思和精炼的笔触,描绘了一个个性格特征各异的人物形象,无论是诗人、孩子、大娘、工人、教师、演员,还是解差、民警、船员,人人的心灵深处都有着美好的闪光,准确地展示出了我国人民所具有的民族性格本质和美好的精神面貌,谱写了一曲真、善、美的颂歌。叶楠告诉我,许多观众看了《巴山夜雨》给他寄来了热情洋溢的信。有位黑龙江的科研人员在信中说,自己在经历了十年浩劫之后,曾对一切都丧失了信心,但看了《巴山夜雨》,他又燃起了心头的希望之火,重新感到了生活的美好。如果说,这位同志的话代表了许多人的心声,那么,这也正是叶楠所渴求达到的目的。

要赞颂生活中的美,就必须深入到生活中去观察、去挖掘、去体会。这一点,也是叶楠多年来所坚持的,他不像有的人,先搭好了作品的架子再到生活中去寻找东西加以"丰满"。他的习惯是在生活里构思,在城市里他就无法动笔。即便是对已经很熟悉、素材积累比较丰富的题材,他也要重新到生活中去感受一下。用他的话说,是去寻找一种能够照亮整个构思、调动全部积累的"刺激"。为了寻求这种创作的"刺激",他不辞劳苦地扎在生活中,从东海上的军港,到长江边的码头,大半个中国都印有他的足迹。而生活的确也没有亏待他,把美的矿石源源不断地送到他的手边。《巴山夜雨》中的人物形象都是这样出来的。叶楠平时最爱谈起的是影片中那位用红枣祭奠儿子的老大娘形象的产生。那是一九七九年春,他在重庆的一个部队招待所里,遇到了一批军人的家属,她们是专程来为在"文化大革命"中因制止武斗而死去的亲人扫墓的。其中有一位从河北来的老大娘,是一位团职干部的母亲,她眼里时常蒙着一层薄薄的泪水,但从没有让它流出来过。叶楠从这双眼睛里看到了一个普通母亲所具有的崇高情操、美好心灵、宽广胸怀。一刹那间,作家流下了激动的泪珠,打开了思想的闸门,他想得很多、很远。于是,一个凝聚着我们民族传统美德的母亲形象便在脑海里活生生地站起来了。可以这样说,不到生活中去寻找,就不会有老大娘这个形象,更不会有《巴山夜雨》。

为了真实而深刻地再现生活的美,叶楠在艺术上也刻意寻求着新的形式和手法。看了《巴山夜雨》,许多专家高度称赞影片独具一格的结构形式和淡雅、清新的艺术风格。那素月、江流、群山、晨雾,就像一幅水墨画长卷,隽永而富有韵味;就是那一朵小花、一篮红枣,甚至一声汽笛、一个漩涡的细节处理,都显得那样别致而富有诗意。美的心灵,美的意境,是那样和谐地统一成一个整体,使人在心灵深处同作者的美的讴歌与呼唤产生了强烈的共鸣。这成功的艺术处理,固然和导演的再创作有重要关系,但首先应归功于叶楠在剧中对我国传统艺术手法的创造性运用。叶楠是个多面手,他写散文、写剧本,可他平时最喜爱读的却是唐诗,这也许和他比较内含、深沉的性格有关。近年来,他一直在潜心研磨如何把唐诗的手法融汇到电影中去,做到用最简洁的笔墨创造出深邃的意境。为此,他不知翻烂了多少本诗集,度过了多少个不眠之夜,甚至多少次乘船沿江而上,去品味其中的诗意。《巴山夜雨》就像一份凝结着心血的优异答卷,标志着他在艺术创新的道路上又迈出了可喜的一步。

　　谈到今后,叶楠告诉我们,在未来的创作中还想去开辟一些新的题材领域,在艺术上进行一些新的探索,但是,对于重点写人、写普通人、写他们美好的心灵和情感这一点,他将作为永不改变的方向,将执着地坚持下去!

原载《电影评介》1981年6月第6期

从潜艇工程师到电影剧作家
——记作家叶楠

高歌今

也许是由于多年风吹日晒,勤于观察思考的缘故吧,一个刚过五十,却已满头花发的人,脸膛倒是显得比较红润。嘴角常挂笑容,目光深邃而又明亮。他,就是著名的电影剧作家,赢得广泛好评的优秀新片《巴山夜雨》的编剧叶楠。

叶楠,原名陈佐华。1930年11月生于河南信阳。那时正是中华民族忧患深重的年月。1938年日寇占领信阳后,叶楠一家逃亡到城西的山区。他的地主兼商人的父亲,将两支枪交给了共产党,但自己却拒绝参加共产党领导的抗日武装。后不幸遭到日本宪兵逮捕,被鬼子活埋于信阳城东之阳山。

贫苦农民家庭出身的母亲,虽说不识字,却能说唱不少民歌和一些宗教气息很浓的唱本、劝善书,这些东西几乎都是故事性很强、常常催人泪下的长诗,这就是叶楠最初吮吸的文学乳汁。父亲惨死后,家道的破落迫使叶楠用功读书。世人的白眼,倒使得叶楠转向书中寻求乐趣和智慧。母亲也以替人拆洗缝补的微薄收入,勉强支撑着这个家庭的用度。叶楠从小性格偏于拘谨,思考问题也比较周密,因此,他在信阳师范读书的时候,数理化成绩很好。由于家庭日益穷困,他在潢川读初中时,白天上学,晚上还要经常去织毛巾。出入于城市劳动人民之中,叶楠不但逐渐熟悉了他们的生活、思想、感情、愿望,也从他们那儿听到了《白蛇传》、《卖油郎》等许多优美的故事传说,接近了地下党的组织。他的文学爱好得以继续高涨,在很大程度上还应归功于语文老师管家骅的循循善诱。这位老师讲课从来不用国民党编的课本,而是自编油印讲义,从《诗经》、《楚辞》一直讲到鲁迅、茅盾。他不搞生硬的概念分析,而是将学生的思想引入作品形象构成的迷人境界中。他能导能演,长于朗诵,讲起课来,很受学生欢迎。叶楠从他那里系统地学习了中国古典文学和现代文学作品,还读了《钢铁是怎样炼成的》、《青年近卫军》、《李有才板话》、《李家庄的变迁》,以及安徒生、屠格涅夫、高尔基等的作品。中外名著的大量涉猎,开阔了叶楠的眼界,他开始跃跃欲试学习写作。像很多文学青年一样,他也从诗歌开始,兼写散文,其中的一部分发表在上海和河南的报刊上。

1947年,叶楠加入中国共产党地下组织,分属信阳特别支部。同年冬,他进入桐柏山——四韶山解放区。不久以后,参加中国人民解放军中原野战军第十纵队。在革命战争中,军队组织极力培养他成为参谋人员。1949年冬,人民海军初创,叶楠便奉调考入大连海军学校机械工程系,校长是对海军建设贡献卓著的张学思同志。进校第一天,校长就带领学生去海边瞻望祖国辽阔美丽的海洋。后来叶楠专门学习潜艇动力,1954年毕业以后一直在一个潜水艇编队担任动力部门的专门负责人、工程师,直到1964年。他在潜水艇实习、战斗训练里度过十二年,在建设我国第一支水下武装力量中,在寂静的航行——潜航中,度过了自己的青年时代。由于繁忙的学习和战斗技术勤务、航行任务,在1958年以前,他再也没有写过作品,甚至没有重搞创作的打算。他迷恋着水下生活,探索着机械、电水力场及其他自然科学领域的秘密。但是即使在这种情况下,他还是在军务之余,经常阅读文学作品。这完全是因为他认为优秀的文学作品是人类美好的精神结晶,能够通过潜移默化使人们的精神世界变得更充实、更美好,从而更加热爱生活、热爱祖国和人民。他不能想象,如果抛弃了李白、杜甫、白居易、关汉卿、曹雪芹、巴尔扎克、莎士比亚、托尔斯泰……世界将会变得多么单调无味、荒凉不堪!因此,叶楠既崇敬爱因斯坦这样著名的科学家,也热爱鲁迅这样的文学大师,何况爱因斯坦也是喜爱艺术的呢!叶楠至今还认为海上艰苦而有趣的生活以及他所学习到的自然科学知识,不仅是他当年搞好专业工作所必需,而且对他以后的创作也是有益的。因为海洋使他想象开阔,科学教他思考问题严谨细密,这对形象思维也不无好处。叶楠的第一部大型作品,就是1959年由他执笔写成的电影剧本《甲午风云》。这虽是近代历史题材,历史古籍上提供的文字资料却很少,而影片所以成功,主要得益于叶楠熟悉海上战斗和海军生活,熟悉当年甲午海战的地理环境。

"文化大革命"前夕,叶楠刚被批准从事专业创作,狂风恶浪突然袭来。他的专业创作也像还没起航的船一样,一开始就搁浅在停泊点了。"四人帮"被粉碎以后,他才得以扬起风帆。四年来,他已先后写成了电影文学剧本《傲蕾·一兰》(上、下集)、《绿海天涯》、《巴山夜雨》和《金锚飘带》。前三部已由上影拍成彩色故事片上映,《金锚飘带》北影正在摄制中。这些电影题材广泛,其中既有故事曲折复杂,出场人物众多,战斗场面宏伟壮观,近乎史诗规模的;也有人物不多,写得较深较细,比较含蓄抒情的作品。

《巴山夜雨》是叶楠的电影创作走向成熟的标志。从拍出的影片来看,导演很好地体现了剧本的风格特色。这部电影新颖、含蓄、抒情、深沉,像嚼橄榄一样,使人余香满口,回味无穷。这种感觉,远非那些直奔主题、一览无余的影片可比。它有新颖独创的艺术构思,用人物群像式结构,把一些年龄、性别、职业、性格……不同的、素不相识的人物,带进一条航行在风雨如晦、波涛汹涌的大江之中的轮船上来,使之展开矛盾冲突,结成同舟共济的关系。影片虽然没有写一个坏人,却使人充分感受到了"四人帮"的影响和毒氛无所不在。全片不以故事情节的惊心动魄、离奇曲折见长,却着力刻画了一些个性鲜明、栩栩如生的平凡人物,真切感人地展示了他(她)们美好的心灵、分明的爱憎和高尚的情操。转变人物刘文英的塑造,更是层次分明、活灵活现。影片镜头处理流畅紧凑,色调淡雅,景与情随,情深意长,既像一幅淡雅隽永的水墨画,又像一首含蓄深沉的抒情诗,使人流连观赏、浮想联翩。它可以说是1980年难得的佳片。此片的出色成就,虽有导演、表演、摄影、美工等方面的贡献,但与编剧提供了良好的剧本基础,是不能分开的。

叶楠年富力强,腿勤、脑勤、手勤。四年来,他每年在家中平均不到两个月。其余时间,他像辛勤的蜜蜂那样,经常奔忙于生活的花海之中,吸取生活的养料,来酿造自己的作品。他跑了十几个省,无论是兴安岭上、海南岛边,还是江浙小镇,都留下了他风尘仆仆的身影。他不仅关心现实生活,也注意搜集历史人物素材。他很想学习、借鉴《魂断蓝桥》、《翠堤春晓》、《啊!野麦岭》等中外名片的长处,今后准备写些情节不太复杂,重在刻画人物、揭示美好情操的作品。丰富的生活积累,艰苦的创作探索,使叶楠眼下有写不完的东西:造船工人的生活斗争,解放战争的海上传奇,潜艇战士的特殊战斗,乃至蒲松龄的鬼狐史……都是时刻萦绕叶楠脑际的银幕形象。我们相信,未来的影坛是不会辜负一个深入生活、辛勤探索、力求创新的电影剧作家的。

原载《戏剧与电影》1981年第8期

好作品从生活中来
——访作家叶楠

陆其明　王金中

叶楠，是广大电影观众熟悉的名字。《傲蕾·一兰》、《绿海天涯》、《巴山夜雨》、《印有金锚的飘带》，都是近几年来他笔下产生的作品。其中《傲蕾·一兰》荣获1979年文化部授予的优秀影片奖，《巴山夜雨》荣获1981年文化部授予的优秀影片奖和中国电影金鸡奖最佳影片奖，叶楠本人获得最佳编剧奖。

叶楠为什么能够接连不断地写出深受观众喜爱的好作品呢？最近，我们就这个问题，访问了叶楠。

"我那些电影文学剧本，还谈不上是'好作品'。"叶楠刻着皱纹的脸上浮起谦逊的笑容，他理了理花白的头发，一字一句地说，"但是，我有这么一个感受：不下去写不出来，一下去就写不完。"随即，他以电影艺术家独有的语言风格，向我们展示了他近年来深入生活中的一个个活的镜头……

"头脑中想得再美，也不如生活中产生的东西美"

作为一个艺术家，在自己的作品中总是要追求"美"——自然的景色美、故事的情节美、人物的心灵美——从而给人以美的享受和深刻的启迪。但是，这种"美"到哪里去寻找呢？叶楠向我们讲述了这样一个经历：

1980年夏天，他和制片厂的同志到河西走廊的戈壁滩去深入生活。叶楠是熟悉海洋的，又看过许多记录沙漠的电影。他善于形象思维的头脑里出现这样的画面：戈壁滩上延绵的沙丘，像起伏的波涛，像成行的骆驼，像海里的行舟；敦煌石窟、长城遗址，都隐藏在浩瀚的沙漠里，像关上的繁星闪耀着中华民族智慧的光芒。叶楠这样想象，可以说是够美了吧！然而，当他在戈壁滩上生活了一段时间以后，却发现了更加美好的东西。

这是一个狂风四起、飞沙走石的日子。叶楠在祁连山北麓看到一块巨大的卧牛石，那上面有一个用小刀刻下的痕迹。走近仔细辨认，原来是一个"犁"的符号。当地人介绍说，犁和五角星、镰刀斧头一样，都是中国工农红军的标记。

当年红军西路军经过这里的时候,一些伤员临牺牲前用刺刀刻下了这样的记号。

"多美啊!"叶楠的眼睛突然发亮了,"想一想吧,在那巍巍的祁连山下、滚滚的戈壁滩边,遗留着我们革命战士生命的火花,他们把崇高的理想和坚定的信念,永久地镌刻在像丰碑一样的石壁上。还有什么比这更壮美?!"正是这一幕壮美的景色,久久地激荡着叶楠内心深处感情的波澜。原来他计划回兰州参观访问后就回北京。可是他却临时改变了主意,又从兰州到张掖,再从张掖到酒泉,访问了沿途三四十个老红军战士,进一步挖掘他们心灵深处的美。根据收集的素材,他很快创作了电影文学剧本《姐姐》。在影片的开头和结尾,他特意做了这样的安排。在象征着祖国尊严的万里长城的一处残垣断壁边,狂风把沙石一层一层吹走,渐渐露出了一个越来越清晰的符号——"犁"。叶楠相信这样的镜头能使观众强烈地感到,正是为了它,为了我们民族的解放,红军战士不惜流血捐躯,从而激起亿万中华儿女像先烈那样,为振兴我们伟大的祖国而奋斗不息!

谈过这段深入生活的经历,叶楠说:"这件事说明,作家头脑里想得再美好,也不如生活中产生的真实的东西更美好。我悟出一个道理:作家只有深入到生活中去,才有可能挖掘出好的创作题材,才能写出打动人心的作品。"

"只熟悉某一方面的生活是很不够的,要从多方面去熟悉生活"

叶楠的创作题材非常广阔——《甲午风云》(这是五十年代他当潜艇机电业务长时与其他同志合写的)再现的是 1894 年中日黄海之战悲壮的一幕;《傲蕾·一兰》描写的是十七世纪中叶一个少数民族姑娘保卫祖国的故事;《绿海天涯》塑造的是一位把毕生精力都献给祖国科学事业的老植物学家的形象;《巴山夜雨》揭示的是十年内乱中,在人民内部各种有代表性的人物心灵之美;《印有金锚的飘带》讲述的是抗美援越期间我国海军战士赴越南港口排除美国布下的水雷的事迹。叶楠的这些作品,纵看,涉及了中国古代史、近代史和现代史上的几个重要历史时期;横看,又牵扯到政治、军事、外交、科技等各种领域。对于这一点,叶楠的解释是:"作家仅仅熟悉某一方面的生活是很不够的,只有从多方面去熟悉生活,才能产生出题材广阔、内容充实、思想深刻的作品来。"

叶楠是在解放战争的炮火中参军的。新中国成立后,他被调到刚刚诞生的人民海军,学习潜艇动力,成为我国第一代潜艇艇员。1954 年以后,叶楠在潜艇部队担任了十年机电业务长,后来在海军北海舰队修造部当了一段时间的工程师,仍同机械动力打交道,直到 1965 年才改行搞文艺创作。叶楠生命中的很大一部分是和海军的潜艇联系在一起的。按照一般人的理解,他写潜艇生活一定不会费劲儿了吧!可是叶楠却摇摇头不无感慨地说:"不错,我很熟悉潜艇,但是仅这一点,生活面太窄了,我反倒写不出能够真正反映潜艇的作品来。比方说,总不能孤零零地写一艘潜艇在水下钻来钻去吧!它要涉及驱逐舰、护卫舰等水面舰艇,而这些我是不熟悉的。再比如,总不能光写水兵在潜艇里的操纵动作,而要联系到他们的生活、经历,他们有的来自城市,有的来自农村,而这些我也是不熟悉的。再比方,总不能单纯地去写海军部队的事,还要写到海岛、渔民的情况,而这些我就更不熟悉了。这么许多方面不熟悉,怎么能搞创作呢?"为了多方面熟悉生活,叶楠这几年花了很多心血。

1980 年开春,叶楠又回到阔别十五年的潜艇部队深入生活。他在与水兵们的广泛接触中,感到现在来自农村的水兵,与五六十年代的水兵在思想感情上和生活习惯上都有许多差别。他们不仅经历过十年内乱,而且感受到党的三中全会以来实行农业生产责任制的好处。为了深入探索这些特定的历史条件在水兵心灵上打下的烙印,叶楠从东海之滨来到广阔的中原大地。在河南偏僻的乡村,他与好多有作为的青年交上了知心朋友,和他们一起吃、住、干活、学习、娱乐。其中有一个为研究虫子二十七岁还没有结婚的青年人,引起了叶楠的极大兴趣。这个貌不出众的青年从"文化大革命"开始就一直致力于研究虫害,自学了英文、日文,防虫、治虫的本领,并不比一般省科研所的专业人员水平低。他为研究虫子搞得倾家荡产,还要受到种种无辜责难,可是他坚持科研不动摇。他的想法很普通也很高尚:我要让祖国亿万亩农田不再受虫害。本来,叶楠可以用这个青年做雏形,写一个文学剧本。但是他没有马上动笔。他想,这些优秀青年是在我国黄河流域最古老的土地上产生出来的,要写好他们的精神风貌,还应该到西安古城去感受一下。于是,他背起行囊,直驱黄土高原。在西安,叶楠随着暑假旅游的学生又西到敦煌。千年石窟中辉煌的壁画和巨大的浮雕让他赞叹不已,而青年一代向往祖国大好河山、热爱民族古老文化的精神更使他耳目一新。在他深入观察的青年学生中,有学美术的,有学历史的,还有学自动化的,为了能到敦煌看上一眼,他们掏出积攒了很久的钱,有的徒步几百里,有的睡在旅馆的地板上,每天吃着城里不常见的粗粮,喝着带有苦涩味道的井水,津津有味地吮吸着我们祖先留下的灿烂文化的乳汁。叶楠这趟行程花了半年多时间,直到深秋才返回北京。

听着叶楠蛮有兴致的讲述,我们笑了笑,故意提了一个问题:"你这样深入生活,不是铁掌钉在马背上——离了题(蹄)吗?"叶楠挺认真地回答:"水兵、农民、学生,他们身上都具有当代青年的共同特点。我从多方面去熟悉生活,就更加理解了这一代青年。不仅有了各方面的创作素材,而且知道青年人在想什么,做什么,喜欢什么,需要什么,我应该为他们写些什么。我现在正酝酿着三部作品,分别从农村青年、城市青年和部队青年三个不同的角度,反映青年一代的精神面貌,酝酿成熟后会很快写出来的。我这样多方面深入生活,不是'离了题',而正是'有了题'呵!"

是啊!叶楠深入潜艇部队本来只是打算写一部反映现代水兵精神面貌的电影剧本,这么多方面一接触,可写的东西就多了。作家多方面去熟悉生活是多么重要!

"到生活中去激发创作的灵感"

创作上有没有"灵感"?有人认为,作家就是凭一时的灵感,才创作出动人的作品。有人认为,根本就不存在什么灵感,作家只有靠自己的生活实践才能创作。对这个问题,叶楠有自己的看法,他坦率地对我们说:"我是承认有灵感的,但这种灵感,并不是作家头脑里固有的东西,而是生活积累到一定的程度,遇到某种现象一下子触发了作家,就像原子弹爆炸引起连锁反应那样,使作家产生了创作的强烈冲动、激情,从而进入创作的兴奋状态。"这里,叶楠特别强调了两点:灵感的基础是生活,灵感的激发也是生活。他时常这样勉励自己:"到生活中去激发创作的灵感!"

生活对于灵感的重要意义,在叶楠创作《巴山夜雨》时表现得最突出。叶楠很早就想写一部反映"文化大革命"动乱的电影文学剧本。但是,他不满足于只是写"迫害与反迫害"之类的已被人们写了多次的作品。为此,叶楠做了长期的探索。他在"文化大革命"中观察、分析、研究过各式各样的人,许多典型人物,像《巴山夜雨》中的诗人秋石、戏曲演员关盛轩、青年工人宋敏生、农村少女杏花、失去父母的儿童小娟子以及红卫兵刘文英等,都深深刻在这位作家的脑海。他特别注意到这样的事实:无论是遭到迫害的人,还是受到牵连的人,甚至包括那些本来很善良,但由于一度受了蒙骗而参与迫害别人的人,都有自己美好的心灵。他们捂着自己的伤口去洗涤别人的伤口,用自己受伤的心去温暖他人受伤的心。叶楠多么想通过电影艺术来反映动乱期间人与人之间这种奇特的关系啊!但是当他坐下来开始构思的时候,一颗心又悬在半空中空荡荡的。叶楠带着这种动笔的欲望和无从下笔的焦思,来到了"文化大革命"期间武斗最厉害的四川深入生活,以激发自己创作的灵感。

一天早晨,招待所里来了几位上坟的农村妇女,她们的儿子或丈夫是在"文化大革命"中奉命去劝说停止武斗而被误伤死去的。叶楠特别注意到其中有位老大娘,佝偻着身子,提着一个蓝底白花的包袱,里面包着她儿子生前最爱吃的红枣。面对这位死去儿子的老大娘,还有那蓝底白花的包袱和红枣,叶楠眼前一下子闪过好多镜头:抗日战争中,许多母亲在送儿子上战场的时候,抓上把家乡的红枣塞进儿子的口袋;解放战争中,多少根据地的父老兄弟在村头路口摆上一碗一碗的红枣,欢送子弟兵出征打老蒋;抗美援朝中,代表祖国母亲的慰问团员们,把颗颗红枣带给远在异国作战的志愿军将士们,激励他们为保家卫国而战……

红枣,红枣!红枣里蕴含着丰厚的思想,红枣中寄托着真挚的深情。叶楠的灵感一下子被激发起来!他向我们形容自己当时的心情说:"这就像在攻坚战中一下打开了突破口那么痛快,翻滚的思绪犹如奔腾怒吼的大海滚滚而来。'文化大革命'中的那些典型人物在头脑里活动起来,又很快联系在一起。我激动得连自己都无法控制了。"叶楠正是带着这种心情,踏上江轮的甲板,在返回上海的途中,完成了整个作品的构思。下船以后,只用了五天时间,就把长达四万八千字的电影文学剧本拿出来了。

五天,四万八千字,这真是"文思如泉"啊!叶楠对我们说:"我写电影剧本,一般都是构思好了,在三、五天之内交卷。写作的时候老觉得手中的笔跟不上头脑中的思绪,所以写完以后疲劳得像害过一场大病似的。"叶楠有个习惯,动笔之前从来不是像工程师设计机器那样,在生产前把各个部分、各个零件都想得非常细致,画出准确的图纸来,而且成品和图纸没有什么差异。他写东西只是有那么个大体的思路,就动笔写下去,随写随想,随想随写。他解释说:因为各种人物和情节都在我脑子里活动着,他们到时候该说什么话,该向哪方面发展,不需要事先去"预料"。如果写作前就把他们统统规定"死"了,写起来就受到束缚,甚至会违背人物原有的性格或情节应有的发展,形成概念化的东西。这个写作习惯从一个侧面说明,叶楠在走着一条注重深入生活,到生活中去积累大量的素材,使各种人物和情节在自己的心中活动起来,然后进入创作的坚实的革命现实主义道路。

原载《文学知识》1982 年第 5 期

叶楠:影、视、文三栖

韩小蕙

叶楠的名片上印着三个头衔:中国作家协会理事、中国电影家协会理事、中国笔会中心会员。这些都不是他的官位、职务,因而越发衬托出他的人生价值与追求——他最看重的是自己的创作。

近来他忙得分不开身,以至于想要采访他,他都挤不出时间来。问他何以这样忙,他说,主要是电影界的老朋友们追着他写本子,答应也得答应、不答应也得答应,而且还都急茬的,限期完成!

近几年,叶楠为上海华夏电影公司完成了两部电影文学剧本。一部是《彝陵之战》,这部片子目前正在筹拍之中。另一部是14集专题片《三国梦》,即将拍摄完成。

目前他正在写的还有两部,一是为八一电影制片厂写的体育片《闪光的冰道》,是以我国世界速滑冠军叶乔波的生活为素材写的;另一部还是为上海华夏电影公司写的,为三国戏《六出祁山》。

叶楠的第二栖是电视剧。近来比较大的工程,是参与电视连续剧《唐明皇》的编剧工作,他写的是从安史之乱开始到唐玄宗驾崩的12集。当我说到历史剧太难写,一般人都不敢碰时,叶楠却直摇头,说他写历史片还挺来劲的,"可以把你想说的话、想表达的思想在里面表达出来。当然,它也的确有难度,比如古人是怎么吃饭、行事、走路的,都要掌握清楚,不然就会贻笑大方"。

叶楠的第三栖是他的文学老本行。近年来他发表了大约40万字的中短篇小说,有小说集《海之屋》问世,还发表了《紫苑》、《神鸟关肃霜》等50余篇散文。他手头正在写一部红军长征时期的长篇小说《泥泞中的脚印》,这是一部以当代人的思想观念与文学观念重新发掘革命历史人物的书。叶楠说他写得很动情,融进了他近年来的新思考。

原载《文化月刊》1993年第3期

海军的叶楠

曲实强

一头银发、声音沙哑，看人时双眼眯成一条缝，睿智的目光像是聚焦，又像在透视。有人说他既像深山中的老道，又似武林中的大侠。其实，你若细心观察就会发现，叶楠那一身的仙风道骨中，还流露着一种军人特有的刚毅与威严。他言谈举止中的干练与严谨，不时地显现出一名老海军的风格与气度。所以，熟悉他的人都不约而同地称他为：海军的叶楠！

的确，叶楠是一位地道的海军军官，是中国文学界唯一具有几十年深海远航经历的著名作家。

一

1947年冬，正在读高中的叶楠，以一名地下党员的身份动员6名师生，昼夜兼程地跑到解放区，穿上了梦寐以求的绿军装，投入到解放战争的战场。1949年底，海军学校招生，应考条件在当时来讲是相当高的：高中以上学历的共产党员。当时作为军政干部学校参谋的叶楠，本来负责招生的组织工作，但被"新中国第一代海军"的神秘感和光荣感所吸引，最后以考生兼领队的双重身份，从武汉千里迢迢赶到沈阳迎考，最终被人民海军第一所海军学校机械工程系录取。

海军学校设在大连市，年仅18岁的叶楠身着海军服走到哪里都感到人们在用尊敬而羡慕的目光注视他。后来他知道了，这座北方滨海城市一直驻扎着异国军队，已经几十年没有中国军人的身影了。海军学校是这座城市里唯一的中国军事机构，所以作为海校的学员，他常常享受一种特殊的宠爱。

"我想问问你，'定远'还在吗？'镇远'呢……"这天，叶楠刚走进一个小饭店，一位披着粘有鱼鳞的帆布外套的老渔人挨着他坐下，眼巴巴地看着他问。

叶楠愣了，因为老渔人问的是半个世纪以前，北洋水师两艘最大的装甲舰，他是不知道北洋水师全军覆没的结局，还是对中国海军怀着极大的期望呢？

叶楠一时不知该怎么回答，但又不想让老渔人失望，就说："我想，今后，我们会有比'定远'和'镇远'吨位还大、威力还强的军舰！"说完，小饭店里所有人的脸上都出现了欣喜和兴奋的颜色,一齐举起了小酒盅。

此时的叶楠心头一热,突然想到了自己作为人民海军水面舰艇军官,不久的将来就要驰骋海疆,深深感到自己肩上担子的沉重与眼下学习任务的繁重。

一年后,叶楠因学习成绩优秀被领导选任班长职务。正当他全身心地投入到学习和工作中的时候,命运突然将他抛入了"海底"。

二

海军司令萧劲光奉中央和军委之命,到苏联考察访问后,1951年初,人民海军决定组建潜艇学习队,从全国一些大中专院校抽调学员。5月,叶楠又一次作为学员兼领队,风尘仆仆地由大连到北京,参加赴旅顺潜艇学习队出发前的集训。在劳动人民文化宫如茵的草坪上,叶楠与海军学校几十名学员在这里待命。当潜艇学习队队长兼政委(后来的海军副司令员)傅继泽宣布:"国家把建设中国第一支潜艇部队的任务交给了我们……"大家激动不已,要不是在队列中,肯定有人会跳起来。此时的叶楠,当然知道这意味着什么。从15世纪30年代,郑和庞大远洋舰队在南中国海的岸边,最后一次落下九桅巨舰的船帆以后,中国再也没有舰队驶向大洋,更不用说有人驾驶潜艇去深海远航了。

叶楠与大多数学员一样,都是刚放下步兵武器,从硝烟中走来学习潜艇的,这对他们来说,无疑是进入了一个陌生而眼花缭乱的世界。他们不仅在学习上举步维艰,从点、线、阿基米德定律开始,而且由于潜艇学习队设在驻旅顺口苏军潜艇部队中,两国军队从语言文化到政治生活上都存在着很大差异,常常出现一些意想不到的摩擦。当时苏军是二战的胜利之师,以"老大哥"自居,对我们初建时期的海军不无轻视。一天,苏军教官讲完一道高等数学例题,用蔑视的目光扫视着中国学生:"我敢说,我刚才讲的,你们没有一个人能听懂!"教室里静极了,连同学之间喘气的声音都听得见。

"报告!"大家顺着声音望去,英俊潇洒的叶楠猛地站了起来:"我全听懂了!"当他准确流畅地将该题解从头至尾复述一遍后,苏联教官不得不微笑着伸出大拇指,连声称赞:"好!非常好!"

到潜艇学习队一个多月,叶楠在傅继泽大队长的带领下,与另外两位同志一起,首次乘坐苏军"梭鱼"号潜艇出海。这是中国人第一次踏进潜艇艇舱,漫游在波涛汹涌的海底。当年国民党政府派遣海军人员去英国学习,尚未登艇,学习便搁浅了。此次出海带有"参观"性质,苏联教官主要是让他们的潜艇兵在水下做做示范,让尚未出过海的中国潜艇兵,对潜艇的水下操作有一个感性认识。那天清晨,叶楠随"梭鱼"潜入波涛滚滚的黄海深处,心情异常兴奋,从鱼雷舱到蓄电池舱、从内燃机舱到指挥舱,他不厌其烦地问着、看着……从那时起,叶楠矫健的身影开始在中国领海的深处出没。

潜艇构造复杂、设备繁多,教材全是俄文,翻译们又大都不懂业务,常常为一个名词反复推敲,但还是经常闹出一些词不达意的笑话。在这种情况下,叶楠与专业学习好的"业余教官"们,夜以继日地与翻译、苏联教官一起探讨斟酌。没多久,成百上千个潜艇技术用语就诞生了,为后人学习潜艇技术提供了极大的方便。叶楠称当年的他们为"虔诚的一代",他们的心中根本没有"艰苦"和"劳累"的概念,只有自豪与光荣。

三年之后,叶楠以优异成绩毕业,被分配到青岛海军潜艇独立大队,担任机电业务长职务。那时的机电业务长,除了负责领导各潜艇机电长业务工作之外,还要负责整个潜艇大队的训练、维修、管理、培训、考核以及工作计划的制定等,精明强干的叶楠工作兢兢业业,深得大队长傅继泽的赏识。傅继泽首次作为艇长接受指挥单艇航行考核,叶楠是他的机电长,按他的口令操纵潜艇潜浮;傅继泽首次指挥潜艇编队航行,叶楠则作为编队幕僚技术军官,跟随在他的左右。那时候,有许多个第一次要靠他们自己摸索和积累经验:第一次组织鱼雷攻击、第一次组织远距离潜航、第一次深潜水、第一次与飞机舰艇合练、第一次潜艇进船坞……在这一个个第一次的行动中,叶楠逐渐走向了深海,走向了成熟。

三

50年代,叶楠靠丰富的海上生活阅历,执笔创作了电影剧本《甲午风云》,闻名全国,1964年他被调入北海舰队创作室。1984年,54岁的叶楠担任海军创作室主任不久,又作为团长,率领陆、海、空三军20多名作家,奔赴老山前线体验生活,不久便诞生了一批富有时代气息的影视文学作品。1988年中越南沙海战之后,叶楠几经波折,终于踏上了前往南沙采访的航程。他眺望着烟波浩渺的南中国海,觉得比平时更怀有一腔对海的眷恋之情。他在一篇文章中说:水手到了垂暮之年,对海洋情感弥笃,也许是经过海风无数次浸湿的眼睛,才真正发现海洋的美,也许是长期与海亲昵搏斗,才真正理解了海洋,才结下了不解之缘。面对南中国海那苍老的蓝,叶楠无法保持胸臆的恬静,中国在历史上屡遭列强侵略,国耻令人难忘,而今这片蓝色的国土又遭到别国的抢占,他从内心感到不安。中国是一个海洋国家,必须有一支强大的战略型舰队。作为新中国第一代潜艇兵,叶楠深知中国海军几度兴衰的历史,他从内心渴望人民海军早一天强大。

有人曾以哲人的口气轻松地说:"当年慈禧幸而建了颐和园,不然,这些银两也会和北洋水师一样,化作烟尘沉落海底。"叶楠听后很不赞同,并激动地说:"颐和园同样可能毁于兵火,即便如事实而幸存,它也是一座蒙上耻辱的园林,它的价值在于告诫后人不忘民族耻辱。颐和园大门两侧,应该立起北洋水师的舰艇和铁锚,让黄海海战的战火作为警世火炬,永不熄灭!"

从南沙归来,叶楠饱含激情地在一篇长达两万字的散文中写道:"我企盼着往昔灌满九桅巨舸九面船帆的劲风;我期待着震撼南中国海的雷霆。"

叶楠一生在海上的航程,远远超过陆地上的旅程。他爱海笃深,即使在昏暗肆虐的热带风暴中,他也能感受出海洋惊人的美。他说,那是一种具有无比强劲生命活力的美,狞厉的美,他会因此而产生一种欲与海风腾飞的狂喜。

从 1989 年年底开始,叶楠脱下了那身蓝军装,但作为一名老海军,他携当年创作《巴山夜雨》、《绿海天涯》、《傲蕾·一兰》等十几部电影的余威,又开始在文学创作的海洋中下潜,只是将往日由他驾驭的潜艇,换成了一台美国 AST—486 电脑,平均每年出一本 20 多万字的书:《海中屋》、《一帆风顺,燕鸥!》、《血红的雪》、《苍老的蓝》……

他的下一个目标是写几部能够留传后世的书。

原载《当代海军》1995 年 6 月第 3 期

叶楠 从潜艇上走来的作家

李忠效

说起叶楠,很多人便会想起《甲午风云》、《傲蕾·一兰》、《巴山夜雨》等一些电影的名字,因为这些电影都是叶楠创作的。但是很少有人知道,叶楠还是中国第一代潜艇兵,他对中国潜艇事业的贡献,并不比为中国文坛和影坛的贡献小。

我第一次听人说到叶楠的名字,还是1969年底我到潜艇上当兵的时候。当时对这个名字,还有些陌生,后来听说,叶楠曾在这个潜艇部队工作过,电影《甲午风云》就是他写的,于是就记住了他。那时我开始学着写点东西,有人鼓励我向叶楠学习,先从小东西写起。那时候叶楠已是我心目中的偶像。

我第一次见到叶楠是在多年之后的1978年,在我成为他的部下的时候,那时他是北海舰队政治部创作组副组长,我是创作员。当时叶楠年近半百,头发已经开始花白,白中还透着些许金黄,很有风度;他讲一口不太标准的普通话,不时夹杂着河南乡音。他刚搞完电影《傲蕾·一兰》,又在忙着写《绿海天涯》——写一个热带植物学家的故事。那段时间,他几乎常年在外面跑,一会儿上海,一会儿北京,一会儿西双版纳,我很少见到他的影子,更很少有机会与他交谈。关于他的故事,是我后来一点点了解到的。

叶楠是河南信阳人,原名陈佐华,白桦原名陈佑华。二人曾经同时就读于信阳师范学校,并在学校加入了共产党组织。1947年夏天,由于有人告密,他们都上了国民党特务的黑名单。地下党组织得到消息,当即安排他们投奔解放区。陈氏两兄弟先后进入解放区之后,都给自己改了名,不约而同,都起了个树的名字,一个叫叶楠,一个叫白桦。他们先后参加了解放军,他们所在的部队在刘伯承、邓小平的指挥下纵横驰骋于中原大地。40年后叶楠把刘邓大军的这段历史写成了电影文学剧本《伟大的历史转折》。

新中国成立以后,白桦成为昆明军区的专业作家,叶楠则成了潜艇部队的第一任机电业务长——新中国成立后的1951年4月,人民海军在旅顺成立潜艇学习队,叶楠有幸成为第一批学员,继而成为新中国第一批潜艇艇员。他是中国潜艇部队创始人傅继泽将军最得意的业务骨干之一,傅继泽每次到北京汇报工作都要携他同行。这时候,远在云南的白桦写出了《山间铃响马帮来》等一系列电影和诗歌作品,声名远播;而在1947年就开始发表文学作品的叶楠,虽然已经成为专业技术干部,却艺术气质难改,潜艇水兵的浪漫生活更激起他创作的欲望。由于没有整块儿的时间构思创作鸿篇巨制,他就利用有限的业余时间写小散文,他写的《鸥鸟》、《水船上的水》、《第十期小报》等脍炙人口的散文在《人民日报》上发表后,受到许多读者的好评,"文革"前曾被收入各种版本的散文选集。1959年国庆10周年前夕,北海舰队政治部为创作献礼作品专门成立了一个创作办公室,叶楠被临时抽去搞创作。他在范文澜的历史著作中发现了"甲午大海战"这个题材,认为大有文章可做,在查阅了大量历史资料之后,很快创作出了电影文学剧本《甲午风云》。后来这个剧本由长春电影制片厂于1962年成功地拍成电影,放映后在社会上引起轰动,这部以宣传爱国主义为宗旨的影片,30多年以来,整整影响了几代人,已成为中国电影的经典作品,久映不衰。

写作《甲午风云》的成功,更加坚定了叶楠投身艺术创作事业的决心。上级调他到舰队机关当高级工程师,他却因为醉心于艺术创作,毅然放弃高级工程师的职位,去舰队文化部当了一名普通文艺创作干事,一干就是10余年。

1981年,叶楠调进北京,不久,被任命为海军政治部创作室主任。创作上更是芝麻开花节节高。在《傲蕾·一兰》、《绿海天涯》之后,他又写了《巴山夜雨》、《金锚飘带》、《姐姐》、《鸽子树》、《伟大的历史转折》等一系列电影剧本,还有大量的小说和散文。《巴山夜雨》获中国首届电影金鸡奖"最佳编剧",其他作品也具有广泛影响。于是,他当之无愧地和他的弟弟白桦一起,双双成为中国当代文坛的著名作家。

在别的领域里,孪生兄弟或者姐妹共同成就事业的不少,如体育界、文艺界;而在文学界,像他们两兄弟成就这么大、知名度这么高的,几乎是绝无仅有的。1980年7月,我在叶楠家里看他和白桦18岁时的一张合影照片,两人长得一模一样,根本分不出哪个是哥,哪个是弟。叶楠说,他们两个就这时长得最像。后来两人稍稍不同的是,一个胖点儿,一个瘦点儿。一些不熟悉他们的人常常把他们搞错。后来见到白桦,我发现他们两兄弟不但长得像,就连声音和手势都非常像,难怪海外报刊报道说:叶楠和白桦,是中国文坛长得两棵一样的树。

功成名就且上了年岁的叶楠,这时还像过去一样,不断地在外面跑。古人所说的"行万里路,读万卷书"在他身上得到了充分的体现。

后来,叶楠离休,不再担任海政创作室主任,但作为作家,他仍笔耕不辍。他仍旧仙人野鹤般到处云游,我经常打电话找不到他,倒是经常在这里那里的报刊上看到他的名字和他的作品。他像一棵文坛的常青树,不断结出丰硕的果实来。

前年,已经 70 岁的叶楠感到身体有些不适,一检查,还真查出了毛病。动了一次手术,做了几次化疗之后,看上去身体远不如从前了,但是他的精神仍然很好。去年春节,他在病中还创作了短篇小说《最后一个猎人和最后一只公熊》,发表在《人民文学》上,并被《小说选刊》转载。在小说中,我隐约看到了他的影子——一个不服输的好汉。

原载《人民日报》(海外版)2001 年 5 月 23 日第 10 版

我的胞兄叶楠

白 桦

六日深夜，侄儿叶文来电话，告诉我："二叔！我爸在今天晚上八时四十一分心力衰竭去世了。二叔！你也不要过分哀伤，对于我爸来说，是一个解脱。"

孪生兄长叶楠先我而去了。我们出生在三十年代的第一个冬天，大雪过膝，房檐上挂着五尺长的冰溜儿。我的母亲是一位目不识丁的农村妇女，我的父亲是一个热衷政治的地主兼商人。父亲给我们起了一个爱国主义色彩十分浓厚的名字，叶楠的原名叫陈佐华，我的原名叫陈佑华。

父母为我们这对孪生兄弟雇用了两个奶妈，当时，我和叶楠唯一的差别就是我手腕上多一根红绒线，那是母亲为了识别长幼给我拴上的。好景不长，一九三八年秋天，家乡被日本侵略军占领，举家逃往深山。由于山大王太多，难民成了他们最好的猎物，母亲只好屈辱地带领幼小的儿女回到沦陷了的城内。

父亲仍在乡下东躲西藏，因为日本人传出消息，要他与皇军合作，他却宁死不愿出卖灵魂。当他决定西去巴蜀的时候，竟然冒险进城想把他最喜欢的一对双生儿子接走。见到妻儿不到五分钟，大批日本警宪就从房顶上跳下来了，直到抗战胜利我们才知道，父亲在一九三九年的秋天就被日本宪兵活埋在城东的阳山下了，骨骸无存。

一九四二年我和叶楠流亡潢川，半工半读，一直到抗战胜利才回到家乡，与母亲团聚。接着我们同时走进学生运动的行列，那时我是"左派"，因为我在行动上比叶楠更为激进。我敢于公开在国民党的报纸上抨击国民党，敢于和同学们去围攻警察局，很快就遭到敌特的跟踪。一九四七年的秋天我离开了家，冬天，叶楠也离开了家，不同的是，我们分别走向了两个战场。多年以后我才知道我们的悄然离去，给予母亲的打击有多么深重。一九四九年以后叶楠到处写信才在云南把我找到。

一九五三年，我到旅顺口去看望他的时候，他正在前苏联海军太平洋舰队潜艇支队实习，已经是第一代中国潜艇轮机工程师了。他所从事的工作性质，决定了无法和他的初恋情人结合，因为干部部门怀疑那位姑娘的家庭有问题。由于我在一九五八年被划为右派，他因此而很快被调离了他熟悉并喜爱的工作。正因为如此，中国意外地又成就了一个作家，电影剧本《甲午风云》的成功，使他对文学创作有了信心。

虽然他是受我的牵连,却比我还要痛苦,身心负担比我还要沉重。从此他就染上了极其隐蔽的忧郁症,不停地抽烟,不停地抽烟。这也许就此种下来肺癌的诱因。而我的灾难一直没有间断,他的忧郁症也就与日俱增。因为这个无法逃脱的牵连,他曾拒绝过我对他的看望,使得我从未跨进过他的家门。

一九八一年春天,电影界树立了两个相反的典型,一个是叶楠的《巴山夜雨》,获得一九八一年的多项金鸡奖;一个是我的《苦恋》,正在接受铺天盖地的批判。叶楠在回答中国新闻社访问的时候,为我的动机进行了煞费苦心的辩解。后来,他也有一部影片拍摄完成却没能发行放映,于是就更加郁闷了,唯一排解的办法就是不停地抽烟,不停地抽烟。叶楠一直到最后的日子,当他儿子问到"得失"这个曾经折磨了他一生的问题时,他才意识到已经太晚、太晚了。

三月一日我赶到北京,当即到了医院,正好遇见来探视叶楠的作家陈建功、吉狄马加和柳萌。他们告诉我:王蒙、抗抗、顾艳等许多作家先后都来看望过叶楠。叶楠完全能辨认出每一个人,但说话极其费力。我知道他在此时此刻最想见到的还是我。我坐在他的旁边,他竭尽全力向我说了三段话,前两段连一个字都没听清。我很想问个明白,又没敢问,怕他着急。第三段话倒是听清了,但没听懂。他说:"最近不知道为什么,他们让我去找一个人,这个人在澳大利亚。后来找到了,他给了我一个东西,结果我就被钉在这儿动不得了。"看来,他的生命已经被梦游所替代了。

原载香港《文汇报》副刊采风之《百家廊》2003 年 4 月 10 日

含泪送叶楠

邓友梅

叶楠西行,我没赶上遗体告别,甚为歉疚。国文兄劝我说:"你的性格我了解,参加后几天缓不过情绪来,没参加也罢。写篇文章寄托哀思吧。"

写文章心情也并不轻松。

记不清和叶楠初期见面是哪一年了。

1947年打完"洛阳战役",部队转移时有两位陈谢部队的同志掉队,临时随我们文工团行动。我们穿黄军装,他们穿灰军装,挺引人注意。行军中我们班有个人过去跟他们聊天,回来说那个爱说笑的小伙子和我团调往东北一位老同志同名,也叫"白桦",因此就留下点印象。

建国后我在北京工作,从《人民文学》杂志看到写云南边疆的小说《山间铃响马帮来》《无铃的马帮》……一篇接一篇发表,署名就是"白桦"。云南是二野防地,就又想起那个掉队的友军战友,并为他的成绩高兴。又过了些时间,我到八面槽剧场参加个会。身旁空着个位子,开会后匆匆走来一个海军军官,客气地问我:"劳驾,您这儿没人吧?"我摆摆手,他坐了下来,还抱歉地笑了笑。我看这人像见过,想了一会就小声问他:"你是白桦吧?"他笑着说:"我是白桦的弟弟,叶楠。"①

"叶楠?白桦的弟弟?你们俩的风格可比长相差别大多了。"

我报了姓名,两人就热情握手,开始了几十年交往。

相处几十年,对叶楠我只能说两个字:"好人!"

不是指他当海军工程军官的业绩好,那早有部队做的评定;也不是指他写的作品好,那自有读者、观众和专家的认可。我讲的只是朋友相处中,对他"为人"的体会,属一己之见。

中国人讲"君子之交淡如水"。我从叶楠身上品到了"水"的清淡透彻。有人说文艺从业者爱搞小圈子。这不公平。人类是群体动物,哪一界都有类似现象,但哪一界也都有超然圈外的独行侠。叶楠就带点独行侠味道。他这独行不是跟别人不交往,而是在大同前提下的跟各路文友都保持友好。谁有事请他他都到,到谁那里又都谦居末座。几十年来文学圈波浪翻滚,潮起潮落,各人的境遇也不断跌宕起伏。叶楠脸上却总保持其谦和、友好的笑容。假定作家某甲今天吉星照命,事业兴旺,贵客盈门,赞扬之声贯耳。叶楠也会在座,但只是淡淡

---

① 编者按:此处为作者误记,事实上叶楠是白桦的哥哥。

一笑,绝不跟着吹捧。明天斗转星移,甲兄又运交华盖,门庭冷落车马稀,闲言碎语四面传了。叶楠仍会照常探望,亲切而清淡。如果甲兄主动倾诉自己的境况,或是打听外人反应,他还是淡淡一笑,摇头说:"我早说了,你是个作家。管那么多干啥?写你的东西呗。"

叶楠也有热情外露的时候。二十年前,有次我听说他家人外出,只一人在家写作,便打电话说想去看他。他说:"一言为定。太太一齐来,我等着。"转天到他家闲聊一会儿,我们拉他出去吃饭。他笑笑说:"知道你们来,我能不准备,还要出去?"说着把饭桌一拉,转眼就拿出几个菜来,并说:"等会儿,还有热的。"转身又进厨房,给每人捧出一碗热乎乎的红菜汤,就是上海叫做罗宋汤的名菜。舞燕喝了一口,拍着大腿叫好,说:"真地道,你是在留苏时学的吧,教我怎么做行不行?"叶楠热情来了,就耐心讲授起罗宋汤的做法。我听那么麻烦,就问他:"你一个人这么忙活,怎么连点风都没露!早说叫舞燕来一块做不好吗?"这时他又淡淡地说:"嗨,这点小事,有什么可大惊小怪的!"

如今罗宋汤已成了我太太的拿手菜。

我原以为叶楠那淡化的心境是他天性使然,相交久后才发现这是坚韧刻苦自我修炼的结果。这看他对自己不同境遇所持的态度才能悟到。

先说顺境。叶楠在事业上达到的成功度,许多人可望而不可即。小说,散文,电影,电视剧……样样都写,著作等身。读文学,看影视的人谁不知道《傲蕾·一兰》、《甲午风云》、《巴山夜雨》、《木棉袈裟》、《花之殇》……政府奖、金鸡奖他都得过,同行间谁不服气?可他却从不炫耀自己并保持谦恭谨让之态。别人当面说他作品好,他只是摇头摆手,很少答话。有一次我说:"《巴山夜雨》会在电影史上留下一笔。"他说:"那得感谢李准,是他给了我帮助。"空话好讲,真做到得意而不忘形,是要在自我修养上下点真功夫的。

再说逆境。晚年他遇到了最大的不幸。四年间动五次手术,做九回化疗!身体消瘦头发掉光,生理和心理都受到极大折磨。可是他谢绝朋友到医院探视,朋友们暗地替他攥着把汗。只要一出院我们就接他出来与几个老友聚会。见面他仍是笑容满面,从不露一丝痛苦和悲哀的神色。六次作家代表大会期间,张贤亮、鲁彦周几个外省老友想看望叶楠,国文把他接到民族饭店小聚,他仍然是满面春风、笑容可掬地说:"你们看,我这不是挺好吗?别担心了。"他表现得那么自然,没有一丝造作,没有半点勉强。

我这时才懂得,做到这样淡泊平静、祸福不惊,叶楠在自我修养上是超凡脱俗的!

叶楠走了。他那平和淡雅、谦让友好的形象会长存朋友们心中。

原载《文学自由谈》2003年5月第3期

祭 叶 楠

从维熙

叶楠走了,最后的一段路,走得十分痛苦。四年前他被确诊为肺癌,经过一次次的住院化疗,先后做了五次手术,但最终无法使其病情好转,历经疼痛的苦苦煎熬,在今年春天百花盛开之时,叶楠的生命之花凋谢了。今年4月5日晚上8时20分,叶楠走完了他的漫漫人生。

记得在中世纪,有个哲学家说过:人的一生,不过是从前门走到后门。此话的含意不外表示人生的短促,要人们关爱自己的生命。但是我于3月24日下午去海军总院探望叶楠时,他的夫人告诉我,叶楠已然拒绝服药了。只有非常理性的人,才能在生死界碑前做出如此的选择。

这一切都是出乎我意料的。来医院看他之前,我还特意去花店买了一盆绿萝花,想激励他勇敢地生活下去;此时我才认知那盆绿萝花,不能再激起他的生活欲念,成了送他西行的象征。三年前,他初进医院时,也住在这个病区,记得那时我来病房探视他时,他还与我谈笑风生,根本没把肺癌当一回事。他端详着我送来的一束火红的玫瑰花说:"你放心,它就是我生命的象征,我的命很硬,不然早就葬身在波涛汹涌的东海里了。"我理解他这番话的意思:年轻时他的工作是东海舰队潜水艇工程师,经常随潜艇下潜到深海海底。他受到过极为严酷的生活磨砺,因而自认为长就一身铮铮铁骨,能够战胜一切病魔。真是此一时彼一时——连他自己也没想到,他会在同一座楼的病房里,说出与三年前截然不同的话,并在那儿,与他生命相依相恋的大海永别。

从历史新时期开始,我们成为亲密无间的朋友。我崇敬他的文学天赋,更喜欢他率真的为人。他贡献给中国影坛许多优秀的电影剧作,如《傲蕾·一兰》、《甲午风云》、《巴山夜雨》等,以及大量的散文、小说。我既是他热心的读者,更是他的忠实观众。记得,在上个世纪的八十年代,在同去茅台酒厂访问时,我俩下榻于酒厂同一房间。我和他谈起出自于他笔下的电影《甲午风云》。他说,他写《甲午风云》,既来自于对中国历史沧桑的感悟,也来自东海万顷波涛的启迪。我们谈起了海,他问我对海的感知如何,我回答他说"很恐怖"。我讲了在海上遭遇台风的事情。他说:"那就说明你认识海了。诗人所以赞美海的美丽,是因为他们是站在岸上看海的。海的真正肖像,是海明威笔下的万顷狂涛。"那天,他喝了不少的酒,因而在谈论海时,他不断从床上跃起,还伴随着他爽朗的笑声。由于我俩谈笑声音太响了,致使住在我隔壁的周明,也走了过来参加到对大海的剖析之中。

我说:"老兄的《甲午风云》是很难写的,而把一个难以驾驭的题材变成艺术精品,就更难上加难了。你叶楠有这份功力。"周明说:"无论是《甲午风云》,还是《巴山夜雨》,都是酒中的茅台,不是滥竽充数的'白薯干酒'。"听到我俩的赞美词后,叶楠虽然还是高声大笑,但是他的自谦和自审精神,并没有因美酒烧膛而改其内在形骸。那天他是这样自我评说的:"回头一看,都大大小小留下了一些遗憾之处,如果我现在写它,绝对比你们看到的好。该怎么说才好呢,电影创作永远是让作者'留下遗憾'的艺术。"之后,叶楠当真与影坛拉开了一定的距离,笔锋多伸向了小说、散文的文学领域。他先后写出长篇小说《花之殇》、短篇小说集《海之屋》以及散文集《苍老的蓝》等作品。从这些作品中,我仍然读出来他对大海的一往情深和一个作家直面生活真实的勇气。

叶楠为人坦诚直率。既没有文人的口是心非的腐臭,更没有文坛流行的畸形自恋;有的却是文苑最为匮乏的自审和直言不讳的人文精神,这是叶楠书内文字和书外为人留给我的深刻印象。也许正是他身上具有的品格,北京一批布衣布履的作家与这位来自大海的剧作家,产生了纯净的友谊,我是这个友谊链环中的一个。记得,在1990年初一些友人来我家欢庆新年时,叶楠也兴冲冲地来了。那是一个令人难忘的冬天,那时的文坛出现了一种与改革开放背离的文艺现象,有些人由此产生了忧虑,因而那次欢聚使我终生难以忘怀。王蒙、国文、张洁、心武、谌容、莫言、抗抗、凤珠、周明、匡满、仲锷……一下来了二十多位友人,致使我那间客厅兼书房,顿时"人满为患"。在我的认知里,这是一次"与时俱进"的迎春聚会。在午餐时,叶楠显得比任何人都要兴奋,他像是一个顽童那般,踩着椅子打开我的酒柜找茅台酒,并不停地与友人们干杯,直到喝得舌头有些发短,友人为他扣杯为止。那年,他已然年过六旬,但依然未改童真本性,这是叶楠文学耕耘之外的另一幅生活肖像——他潇洒人生,百无禁忌,花白的头发下深藏着的是一颗不老的心。

使我难以忘怀的是,在上个世纪之尾,我们同去四川宜宾的日子。在那里,叶楠见到了他孪生的弟弟白桦,虽然从相貌上看去,叶楠显得略略苍老一点,但我从心态上去扫描这一对文坛的美男子,我倒觉得哥哥叶楠更为自然洒脱。他不修边幅,头发散乱地披在额头上,身上穿着蓝色牛仔衣衫,肘部已然磨得蓝中透白,但他依然我行我素,行走在东西南北中。他生活十分随意,但是他心里那杆秤的秤星,丈量起文学气候的阴晴寒暖,或评说起文坛上的假面恶俗来,又常常入木三分。记得,有一次我从报纸上看到他的一篇随笔,题为《拔苗助长》。

我打电话问他笔锋所指,他说:"你看不见有些官员,使用手中的那一点点权力,在为儿女开路吗?也许其儿女本来是可以成才的,但经过其父母的'拔苗',短期效应可能是'立竿见影'了,但从长期的结果看来,'拔苗'不仅不能助长,反而会把一颗苗子给毁了。"我读懂了他的意思。所以,在我眼里,叶楠外形上虽然不失谦和,但眼里容不得任何一粒沙尘,这是叶楠肖像中的另一面——将其两面合而为一,才组成一个完整的叶楠。

叶楠走了——走在今年的清明前夕。在感叹人生祸福无常之时,我翻箱倒柜找出来那盘1990年的录像带,并在电视屏幕上反复观看当年的他,以减轻心中沉重的感情负荷。写此一纸祭文时,京城飘落着清明之后的第一场春雨,那窗外每一滴雨,都是友人们的泪。叶楠,你一路走好,朋友们在为你挥泪送行……

原载《人民日报》2003年4月17日

战士自有战士的情怀:追思军旅作家叶楠

柳 萌

认识军旅作家叶楠,已经有20多年了,真正对他有所了解,却是在近几年里,我们都从岗位上退下来,成为名副其实的闲人。几乎一两天通个电话,经常在一起饮茶聊天。因此,得知叶楠去世的消息,尽管早有思想准备,但我的心里还是咯噔一下,为文坛失去一位优秀作家,为自己失去一位可敬的朋友,我感到无限地痛惜和哀伤。

3月31日,我和作家吉狄马加、陈建功相约,一起去海军医院探望叶楠。此时的叶楠静静地躺在病榻上,嘴里插着医疗器械,没有办法跟我们说话,他只是用柔和的目光,深情地看了看每位朋友。本来就消瘦的脸庞,在病中越显消瘦了,而神情却依然很平静,很少有恶症晚期的表现。恰巧这时叶楠的弟弟、作家白桦,特意从上海赶来看望病中的哥哥,我们不便打扰兄弟俩相聚,就暂避到病房外的走廊上,跟叶楠儿子打听有关老叶的病情。叶楠的儿子告诉我们,恶症已经侵袭到叶楠的全身骨骼,稍微一动弹就会疼痛难忍,叶楠却强忍着疼痛不言语,总是给人一种若无其事的神态。这是何等坚强的一个人哪!

看过病中的叶楠,当天晚上跟作家李国文通电话,我们两个还在说,别看老叶病成这个样子,以他这种坚强的性格,说不定还能扛过去呢?然而,天不假年,人终有寿,朋友们的意愿再好,还是未能挽留住他的生命。这位1947年参军的老战士,早年在海军潜艇服役,后来专事写作的作家,还是未能抗住病魔的纠缠,走完了他73年的人生历程。想起被恶症折磨了六年,却始终乐观生活的叶楠,诗人郭小川在《秋歌》中的一句诗"战士自有战士的情怀",总是在我的脑海里不停地回旋。这句诗不正是对叶楠的真实写照吗?

自从认识叶楠以来,他给我总的印象,是个追求完美生活的人,是个真诚对待朋友的人,是个面对困难不肯屈服的人。对于文学和人生,有他自己的想法,尽管他没有多说过,但是在行为上却有表现,而且还相当地执着。这是只有正直的人才具有的品格呵。

叶楠患病以后的这几年里,每次住医院检查或治疗,他总是来电话告诉朋友们,说话的口气里没有半点哀伤。这最后一次的住院检查,却谁也没有告诉,李国文得知后,在电话里跟我说起此事来,我们就有种不祥的预感。相约次日去医院看望他,又怕生性好强的老叶生疑,我们还商量着见他如何说话。这天晚上作家张抗抗来电话,说她跟作家贺捷生探望过叶楠,在病房里只待了四五分钟,叶楠就让她们两位赶快离开,这说明叶楠不想见朋友们。既然老叶有他自己的想法,我和李国文不好给他添烦恼,我们这次的探望就未成行。后来叶楠儿子劝说他不能这样对待朋友,李国文就自己先去看望了他,其他朋友商量拉开时间分开去,以免给叶楠造成精神压力。由此可以看出追求完美的叶楠,宁可自己强忍恶症带来的痛苦,也不愿把病中的模样展示熟人,他想把自己最好的形象留给朋友们。

　　我还记得,几年前的一天夜里12点多钟,我都已经进入梦乡,突然电话铃声大作,以为谁有什么急事找我,就赶紧起来接听。来电话的原来是叶楠。读了藏族作家阿来的小说《尘埃落定》,他非常地喜欢和赞赏,忍不住兴奋之情,半夜三更特意给我来电话,讲述他的感想和认识。这一说就是20多分钟。类似这样的事情还有许多次。只要在《小说选刊》上读到好的作品,他总要及时地说给我听,顺便还要称赞编辑几句话,表达他对年轻人的关怀。久而久之我发现,真正让叶楠喜欢的作品,大都是题材好又极富艺术性,对于那些艺术上不讲究一挥而就的作品,不管别人如何炒作他都不会认同。大概正是因为有完美的文学追求,所以他才会写出《傲蕾·一兰》、《巴山夜雨》、《甲午风云》等优秀作品。

　　有次叶楠和李国文来我家,他们见我的电脑太旧了,不能上网,打字太慢,这二位就劝我赶快买台新电脑。我觉得还能凑合着用,就没怎么往心里去,依旧用这台老电脑写作。过了一段时间我自己都忘了,不承想叶楠还记着这件事,他特意来电话说:"你的电脑要是未买,就先别买了,我这儿有台闲置的,你先拿去用。"叶楠的好意我是领情了,更感到他对待朋友的真诚。后来在叶楠和李国文的敦促下,我购置了一台戴尔电脑。我打电话告诉叶楠,他说:"这就对了,既然用了电脑,就不能将就,该换就得换,这种东西就是淘汰得快。"

　　叶楠在作家中属于老资格,而且有一定的文学成就,可是在待人接物上,他从来不摆架子,不耍名人脾气。《小说选刊》杂志搞活动,有时请一些著名作家参加,有的人就故意拿架子出难题,惹得许多年轻编辑不满。可是每次请叶楠参加,他都是爽快地答应,编辑们都异口同声地说:"叶楠可是个好老头儿。"叶楠自己待人随和真诚,他也就看不起那些摆架子的人,在叶楠看来,作家艺术家,靠别的立足不行,只能靠人品和作品说话。

　　作为军人的叶楠,他曾在舰艇上任机电科长、工程师,为我国国防建设献出了青春年华;作为作家的叶楠,他写了大量优秀作品,为我国文学事业发展贡献了才智。他有好几部电影、电视剧本,获得国家政府奖、金鸡奖。他是一位当之无愧的优秀军人,也是一位当之无愧的优秀作家。在他73年的生命历程里,有过血火的洗礼,有过光亮的事业,这对于一个追求完美人生的人来说,是多么宝贵啊。叶楠,我们永远怀念你。

原载《解放军报》2003年4月17日

叶楠的遗憾

夏廷献

清明时节雨纷纷,路上行人欲断魂。

2003年的清明节,著名作家叶楠先生没有突破"73"的劫数,在北京海军总院与世长辞。

叶楠——从河南信阳飘出的一片绿叶,在《甲午风云》《巴山夜雨》中,走完了《绿海天涯》,带着《苍老的蓝》回到了大地母亲的怀抱之中。

笔者把叶楠去世的消息告诉一位文友时,这位文友感叹地说,叶楠先生也算功德圆满了。

是的,世上做人作文如叶先生者,尚不多见,应该说是不枉此生了。

然而客观规律却是:事没有尽善尽美,人总有未竟之事。

我知道,叶先生有三个遗憾。

第一个是,他没有闻到自己在病床上精心选编的"小说集"墨香。这本由解放军文艺出版社领导亲自策划运作的"社版书"——《叶楠中短篇小说自选集》,正式出版前10天,病魔毫不通融地夺去了这位文坛老将的宝贵生命。据说,他在生前曾经看到过书的"校样",表示了欣慰和对出版社的感谢。但没有看到生平最后一本书的"样书",也是一件憾事。

第二个是,他觉得自己在文学创作中的精力分配有些不当。一次他同我聊天时说,他花在影视方面的精力太大,虽然有些收获,但因种种原因,也有不少"无效劳动",有的甚至是花了许多心血的"无效劳动"。如果把这部分精力用在小说创作上,小说就可能写得更多些更好些。2000年9月,他在向我推荐阅读一位青年作家反映中原农民生活的作品《拯救父亲》时,感慨地说,作为河南人,我本应该以自己的眼光和感受,写一些反映乡亲们生存状态的小说,在塑造中国农民"历史形象"上做一些探讨,但我却没有做到,现在想做,身体已经不允许了。

第三个是,身为海军作家,却没有写出一部反映中国海军生活的长篇小说。那一年,俄罗斯"库艇"沉没的事情,对潜艇兵出身的叶楠触动很大。一个阶段,他几乎天天同我说到这件事,感叹中外海军建设中的一些问题。由此引起,说到了他酝酿已久的一部反映中国海军百年历史的长篇小说,还说了他为此做的资料准备和实地考察。一天晚上散步时，他又进一步向我讲了"故事梗概"——以旅顺口为背景，从俄、日、清、民国海军一直写到共和国的人民海军。我从他的讲述中，感受到了他是想来个"最后一搏"，把对大海对海军的爱融汇成篇，献给毕生为之奋斗的海军事业。然而，癌变把他的这一宏愿无情地变成了遗憾。

叶楠的三个遗憾，第一个是一位文友讲给我的。后两个是我不幸因病住院，有幸与叶楠老师为邻，在讨教、聊天中"亲耳"听到的。

三个遗憾，从程度上看，第一个似乎轻一些，因为"小说集"中的11篇作品，多是他的"旧作"，又是他亲自选定的，虽然没有看到"样书"，但内容他是清楚的，只不过没有看到"集合"在一起的"样子"罢了。说到这里，要特别感谢解放军文艺出版社的领导和责任编辑所做的工作，使类似我这样的读者在叶楠身后，看到了先生的"自选集"，从而能够睹物思人、见字如面。

先生的第二个遗憾，我感觉比第一个要重。先生是在对自己的创作道路回顾后，讲到这个遗憾的。作为一个在影视文坛上占有一席之地，获得过"最佳编剧奖"的剧作家，感叹自己在影视领域花的功夫太大，影响到了自己的小说创作。这种"反思"，是沉重的，也是发人深省的。先生1947年开始发表作品，小说、散文、电影文学"并驾齐驱"争相辉映。到了"其言也善"的时候，觉得还是多写些小说为好。这种"肺腑之言"，值得我辈借鉴。

第三个遗憾是第二个的延伸，我感到这是叶先生的最大遗憾。因为当时他曾几次谈到这部书的主题、架构，说到其中的人物。我记得其中有一个贯穿全书的小人物，是一个理发师。这个理发师由童年到老年，因职业关系——给各个时代的海军将领理发而目睹了旅顺口的"海军史"。我当时的感觉是，如果现代科技能通过什么仪器接通先生的艺术细胞，高速度地传输出文字，这部书很快就可以出版。可惜的是目前还没有这种科技手段，病得难以捉笔的先生虽然"成书在胸"，却难以继续"爬格子"，只好留下终生遗憾了。作为海军作家，先生写过不少反映海军官兵生活的作品：散文集《海祭》、《浪花集》，中短篇小说集《海之屋》、《一帆风顺，燕鸥！》，电影文学剧本《金锚飘带》等，但从《甲午风云》起就萌发的写一部"百年海军史"的愿望一直萦绕在他的心头。要是上天再给先生几年时间，相信先生一定会完成这部巨著。在先生同我的多次交谈中，我感受到了先生对海军事业的挚爱，感受到了先生想以手中之笔报答大海陶冶之恩的深情。这种"涌泉相报"的精神，是值得我辈铭记在心的。

文学上的未竟事业，别人是很难完成的。文学史上像高鹗那样的高手续了《红楼梦》后四十回，也难免遭人非议。从这个意义上说，叶楠先生的遗憾，是别人无法弥补的，只能是遗憾了。但我辈如果能从先生的遗憾中"悟"出点"什么"，先生也许会不那么遗憾了。

清明节,癸未年的清明节,带着累累硕果,带着对人民海军的爱,带着读者对他的祝福,也带着永远的遗憾,在细雨纷纷的夜色中,叶楠——一片楠叶,轻轻地悄悄地落到了树根。

那一刻,下起了《血红的雪》,《花之殇》了,《姐姐》哭了。

那一刻,他书中的人物都来了,《傲蕾·一兰》披着《木棉袈裟》虔诚地为他祈福,《西部歌王》站在《海市蜃楼》上动情地在为他歌唱。

……

笔者认识叶老30多年,是看着叶老的作品,一步步走上文学创作道路并由叶老介绍加入中国作家协会的。先生住院时,曾经写过一篇散文《病房中的叶楠》在报刊上发表。先生走了这一个多月,一直想写点什么表达一下对先生的追念。

想来想去,写下了这篇"遗憾"。

原载《解放军报》副刊 2003 年 6 月 23 日

悼 叶 楠

顾 艳

  公元 2003 年 4 月 5 日，著名作家叶楠先生去世了。4 月 6 日午后，我打开电子邮箱看见他的孪生兄弟白桦先生发来的讣告，我知道叶楠先生摆脱痛苦了。

  与叶楠先生相识是在 1993 年 2 月海南岛的《椰城》笔会上，那时候他给我留下很深刻印象的，是他那浓浓的艺术家气质，以及从他脸上折射出来的一股强大的精神力。我当时的感觉没错，十年来我从没有中断过与叶楠先生的书信往来和电话联系。虽然也不谈什么，有时候只是一声问候，有时候是他寄我一张美丽的贺卡，有时候是他寄我一部新出版的著作。但这就够了，一份深深的友情，一份彼此的认同与牵挂。

  记得我第一次系统地读叶楠先生的著作是 1994 年初，尽管这时候我老早就看过他由电影文学剧本拍成的《甲午风云》、《巴山夜雨》、《傲蕾·一兰》，但叶楠先生的小说和随笔与他的电影剧本一样，对我有着很强的吸引力。尤其那本随笔集《苍老的蓝》，我从头至尾读过两遍。我以为这是一本极有艺术魅力和文化内涵，且又闪烁着文采光华的作品集。在这本作品集中，我读到的是一个真实、质朴而又孤独的灵魂。它以见地和思想为底蕴，以情怀和墨彩为血脉。洋洋 12 万余字，我们可以看到叶楠先生的思路齐齐大开，眼域宏阔深广，题材更是如水过三峡给人深深的回味与思索。

  叶楠先生是一个很喜欢旅游的人，他曾经告诉我他尤其喜欢西部的山。当然作为一名海军军官，他更喜欢海。海是他一生的主题。在海中漂泊他才能有独特的视角和感受，写出这本《苍老的蓝》。在《苍老的蓝》中，背景无论是"中国西部神韵"，还是匈牙利"裴多裴的大平原"，叶楠先生笔下驱动的是不尽的心情和飞扬的思绪，传达的是透彻清醒的人生感悟，从而使他以剧作家的充盈和小说家的哲思，对接了古今中外的文化通道。比较而言，我更喜欢《物质和精神的搏斗》、《当哭之歌吟》、《无梦时节》、《西窗剪烛话巴山》、《苍老的蓝》等篇什。那种对大海、对人生、对文学的饱满激情和萦绕在字里行间如狂涛、如号角般的阳刚之美，让我感到在文章的幽微处增添了沉重和深郁，使随笔颇富感染力。应该说叶楠先生的作品，大多是精品。与某些缺少腾挪逆转之势，无运斤成风之妙的生气恹恹、笔法平庸之作大异其趣。他有着强烈的艺术感染力,其风骨尽在语言文字中。因此叶楠先生留给我最深刻的印象:风骨、精神、艺术还有文人很少有的那一份真正的淡泊、谦恭和宁静。

1999年7月初,我随中国作家代表团赴台湾参加一个学术会议,到达北京的当天,我即给叶楠先生的家里打电话,一直打到我离开北京登上飞香港的航班也没有打通。这让我的心悬了起来,以至于我到了阿里山还在想叶楠先生出什么事了呢?原来他被医院确诊为肺癌,住到医院动手术去了。

从台湾回杭州后,我终于与病中的叶楠先生联系上了。这时候动过手术的他还住在医院里,他在电话的那头与我说:"嗨,没事的。"他说得很轻松,仿佛那不是什么癌症。他的轻松的语气让我们的通话顿时喜悦了起来。我仿佛也觉得他没有什么危险了,松了口气。数天后,我接到他一封短信,信中说:"赵玫和任芙康从天津来看过我,我最不愿意让朋友为我痛苦,我自己痛苦就够了……"我的心为之一颤,我已深知叶楠先生的精神境界了。

后来叶楠先生在病中,仍然没有中断给我写信。虽然他的信像电报似的很短,但几乎每一封信都能让我受到启发。他告诉我只要他的身体还能支撑,他还会写些小文章的。事实上他的确是这样。我在一些报刊上常常看到叶楠先生病中写的文章。这时候我就想这是血的文字!这是一个作家崇高的为艺术献身的精神啊!

一直盼望着有时间去北京,探望病中的叶楠先生。但那几年我是我女儿的陪读妈妈和家庭教师,还有我总是忙着一部接一部地写着长篇小说。因此到北京看叶楠,就成了我一桩未完成的心愿。这让我心里惶惶不安。

去年12月,我的这种感觉特别强烈起来。尽管每次通话他的声音总是那样饱满和富有力量,但我知道他是一日不如一日了。于是今年1月初我放下所有一切杂事,与女儿一放寒假就登上了飞北京的航班。那几日正是北京大雪纷飞的日子,特别寒冷。我们一下飞机,我就在冷风里用手机给他打了电话,表明了我们要去探望他的意思。可他深知自己病重又考虑到天气奇冷,便婉言谢绝了我。我后来又打过去两次电话,他还是婉言谢绝了我。

应该说,我与女儿是专门为探病中的叶楠先生而上北京去的。到了北京没见到他总让我们有点怅然。于是那天我带女儿在颐和园玩,我们似乎都没有玩的兴致。我要见到叶楠先生的感觉越来越强烈,像有一根鞭子抽着我似的。这时候我知道我是一定要见到叶楠先生的,他再婉拒我也没用了。于是我对女儿说,我要给叶楠先生打电话,告诉他我们这就来了。女儿说我们是特地来看他的,我们一定要去他家看望他的。后来我又一次拨通了叶楠先生家的电话,他终于答应了我们,他在电话里与我说:"天太冷,我怕你们路上不方便,还有我已不是十年前你看见的那个我了。"

我真的不知道十年后的叶楠先生是一副什么模样？但在我心里他外在的形象无论怎么变，已不再重要，重要的是他在我心里的精神内涵与力量没有变。1月29日下午3点多，我们终于按响了叶楠先生家的门铃。叶楠先生一个人在家里。他跛着脚给我们开门，然后我们就在他家客厅里坐了下来。他说："你们在出租车上坐了40多分钟。"我十分惊讶。我说："你怎么知道？"

原来我们坐在出租车上，司机不认得路，我拨通了叶楠家的电话，让司机与他通话时，他便看了时间的。

坐在叶楠先生家的客厅里与叶楠先生聊天时，我感到他有一种很深刻的孤独。但他苍白的脸上，那濒临死亡的精神力量，似乎比从前更强大了，这让我震撼。他告诉我，他的脚因为打针和化疗跛了。他告诉我前不久与张抗抗、贺捷生、顾骧等人有一个聚会。他告诉我一年多前白桦来北京看过他。他说这些时，脸上还泛着一股光，那是一种精神之光，只有精神很独立、很深邃、很强大的人才有的光。我一直握着叶楠先生苍白的手，这只哆哆嗦嗦的手曾经就是写《甲午风云》的手。

现在我挽着叶楠先生的臂弯，让我女儿解芳给我们合了影。这时叶楠先生的精神是很昂扬的。我们像回到了十年前，在海南岛笔会上我挽着他的臂弯合影时一样。往事历历在目。一会儿门铃响了，叶楠先生的儿子回来了。这下我女儿解芳也有了与叶楠爷爷合影的机会了。

为了让叶楠先生不要太累，我们告辞了。走出叶楠先生的家门口时，我又转过头去看了叶楠先生一眼，我觉得他什么也没有变，他面对死神的强大的精神力量征服着我，我油然对他生出一份无限的崇敬。

2月9日，也是叶楠先生最后住进医院去的前一天，我从杭州又给他拨过电话去。他告诉我明天他将住院去。他说那里不能通电话，你就给我写信吧！我说好啊，我们今天就多聊聊。这一次我们在电话上，确实比以往任何一次都聊得时间长。仿佛像最后的诀别似的，但又是一种阳光般的闲聊。他说："到了春天，暖和了，我的病就好了，然后你再到北京来。"我说："我当然还会再来北京看你的。"叶楠先生在电话的那头笑了，他说："我要早一点出院，回家来。可惜难哪！"

搁下电话后，我就想着给叶楠先生写信。我当时想我马上写，三四天后他在医院里就能看到了。因为我知道他想读我的信，因为我知道他有一种很深刻的孤独，所以我的信能给他一些安慰我就很快乐了。

后来我给叶楠先生寄过去我们的合影。他夫人在电话中告诉我说："他看到了。他的病已经很重了。他几乎都不睁开眼睛、不讲话、也不能动了。"我知道死亡正一天天向他逼近。

　　那些日子我正一边在浙江大学读学位，一边又下了很大的决心在家里装修房子，很是忙累的。但我总是在临时租住的房屋对面的公用电话亭里，三四天给他夫人打一次电话，探问他的病情。可他夫人每次都很悲哀地告诉我："不好，很糟糕。"我虽然对他夫人说些安慰话，但我的心一下也沉了。我站在街头任冷风呼呼地吹进我的脖子里……

　　我默默为叶楠先生祈祷。我知道那些日子是他的弥留之际。他一定有很多话要说，他还想与我说些什么呢？我的耳畔回荡着："到了春天，暖和了，我的病就好了……"

　　现在已是夏天，在夜深人静的子夜，我仿佛看到在天国里的叶楠先生，支撑他的依然是他那一股强大的精神力量。他留给我们的影视作品《傲蕾·一兰》、《甲午风云》、《巴山夜雨》以及他送给我的小说集《血红的血》、《海之屋》和随笔集《苍老的蓝》等，都是读者爱不释手的作品，也是我非常喜欢的作品。我尤其喜欢他在字里行间的那一份艺术感觉和蕴藏在优美文字背后的那一份思想的深刻。我想起他有一封信上告诉我："小鸟刚飞出去的时候是朦胧的，会有很多飞来的石头，但你只要自己高高地飞，那些石头便伤不着你，即使伤着了，擦擦伤口再飞，你慢慢就变成大鸟了。"叶楠先生的这一番话一直记在我心里，它是我艰难岁月中的一种精神依托。

　　如今叶楠先生走了快3个月了，他的朋友都很怀念他。他的淡泊宁静、祸福不惊以及超凡脱俗的自我修养和谦让友好的形象，会在我心里、在更多的朋友们与读者们的心里永存。

原载《作家》2003年10月第10期

行色匆匆

朱秀海

叶楠先生去世之前,在家养病的日子里,每到下午四五点钟,就会打一个电话来,与我闲扯一通。他知道我的习惯,一到这时,准是离开了电脑,在家中无所事事地游走。开始时我还不大适应,后来习惯成自然,一到时候,即使手里的工作没完,也会停下来,等他的电话,或者主动给他打一个电话。

先生是我的前辈,年轻的时候,他的三部代表性电影作品《甲午风云》《傲蕾·一兰》《巴山夜雨》为他赢得了巨大声誉,而到了垂暮之年,先生的散文和小说清雅如诗,令不少同辈和后辈有高山仰止之叹。

然而我和先生的关系却不属高山仰止之类。作为同事,我们长期生活在一起,很早就进入了一种半师半友、常常还是友多于师的境界。

先生一生爱美的文学。非真、非善的文学不在他的法眼之内,而不美的文学则绝对与他的文学信念无缘。先生向来在同道中享有正人君子的清誉,他的性格中既有庄子的旷达散逸,又有屈原的深沉奔放,只不过前者显后者隐罢了。先生的故乡在淮水,按地域讲应是楚人,骨子里拥有许多《离骚》的执着和《南华经》的飘逸是不奇怪的。而无论是屈原和庄周,骨子里又都有一种遗世独立的孤傲,这一点在先生身上表现得也很明显,只要和他长期接触,就能感觉得到。而这样一种性情,让他在坚持美的文学时常常突然显得激动。

初见时节,先生给人的感觉宽厚温雅,有长者之风,然而接触愈久,你就愈会明白,不在他的表面而在他的内心,好的文学和不好的文学在他心中泾渭分明,甚或是势不两立,对于不好的文学,他时时能达到嫉恶如仇的地步。

这就是我的得缘之所。我虽然也算是个楚人,接受的更多却是《老子》中"和光同尘"、"抱朴守拙"之类的观念。对于文学中的许多纷争,向来抱一种兼收并蓄、悲天悯人的情怀,他口中不说,但对此绝对不认同,坚决地不认同。

这时就故意设置些争论,目的在于让先生说出什么样的文学才是最好的。能用这种办法窃得一些真经,自然是只赚不亏的买卖。

先生不会看不出我的伎俩,常常粲然一笑,突然结束谈话,让我设下的局无疾而终。

不过有时也把持不住。这样我就得了手,心中窃喜,渐渐知道了在他眼中,所谓好的文学是什么。

在中国古典文学中,先生喜欢《诗经》和《楚辞》,喜欢李白的诗、枚乘的赋和曹雪芹的《红楼梦》。在外国文学中他尤其钟情俄罗斯文学,在俄罗斯文学中又尤其推崇普希金、屠格涅夫,对诸如《上尉的女儿》《驿站长》《猎人笔记》,尤其是后者中的《白净草原》,直到晚年仍旧一读再读,许多章节能脱口而出,不胜欷歔赞叹之至。他钦慕不已的俄罗斯作家中还有蒲宁和帕斯捷尔纳克,但他绝对不讲出来。你要一点点逼他,他才会偶尔露一点。先生有一件事一直让我惊讶,又让我着迷:他和别人不同,不喜欢谈论自己喜欢的作家和作品,就像不喜欢外人走近自己的房间一样。

我不同,在俄罗斯作家里,我喜欢普希金和屠格涅夫,可我也喜欢别的作家,譬如陀思妥耶夫斯基,有一阵子,我对布尔加科夫迷得五体投地。我读书的口味和我悲天悯人的情怀(自己夸自己吧)相一致,更多的时候是饥不择食,逮着什么读什么。只要一部书能打动别人,也就能打动我,然后滔滔不绝地向他讲我的读后感,所谓言之不足,不觉手之舞之,足之蹈之。先生是长者,君子风度,他是不会和你争论什么的,但他不回答你的热烈,就是不赞成、不同意,甚至难过。

于是在相当长的时间里,这样的讨论就成了一种游戏。我有时会装出一种懵懂无知的样子向他请教,其实对要问的事早有一己之见,只是想听听他的反应,于是就做出谦恭的样子,故意挑出话题来引诱他上钩。但是这样的图谋常常会失败,他一旦发觉你在挑动他内心深处某种最真实的感情,让他激动,就会突然王顾左右而言他,于是大家哈哈一笑,各自散去。

越是晚年,先生越成了一个毫不妥协的唯美主义者。越是舆论一片叫好的作品,如果与他内心的美文学的观念不符,他越是不会为之说上一句好话。他的沉默是他的风度,不表明他看得起这部作品和写出这部作品的人。虽然年过七十,但我会时常发觉他每天读的当代人的作品比我还要多,于是也就多了许多的痛苦。

而这时他就想找个人聊聊,可你却告诉他你根本就没有读过这些作品,他的痛苦越发严重。有时候我会开玩笑说,是不是又有了天下皆浊我独清之叹?他不回答,却还是要和你说起这些作品。这样的谈话对我来说唯一的好处是,听了先生的评论,我再也不会去读这些所谓的"大作"和"精品"了。

当然被他排斥的作品中也有你喜欢的。这时心中就有些不快,过后平静下来想,又觉得也不能说他没有一点道理。先生的道理是他一生都把文学看得极为圣洁,在这块圣坛上,哪怕你的东西仅仅是写得不好,也会让他愤怒,因为他觉得丑陋的作品是不该出现在这块地方的。你要干就想办法干好,不然就别干。

这样的日子持续了很多年。

实话说,这些年从这一类的谈话里,我的收获是巨大的、革命性的。

但我也浪费了许多时光,我以为这样的日子会继续延续下去,永远不会有终止。因为先生那么健康,七十岁了还能抽很多烟,一餐喝下半斤高达五十八的酒。在文学圈子里,甚至流传过他的七个字的长寿秘诀:抽烟喝酒不锻炼。

但是先生突然就被查出了肺癌。其后四年间,先生的生活全部转为在医院的进进出出,写东西的时间少了,与人闲聊的时间突然多起来。他不喜欢谈自己的病,希望你忘掉他是个病人,只有谈文学,他的话题才能热烈,而过去那些搁置的话题还在,你一直没有忘记,并且怀疑他其实也一直没有忘记。

于是就接着谈。这时的他,虽然仍对你满怀戒备,但也许是自己也想讨论这些话题,就不由自主地说起来。不过由于戒备还在,他时不时仍会突然打住,于是彼此会意,相对哈哈大笑,散去。

有一天终于明白了,除了文学,他似乎真不知道,也不愿意和你谈些别的什么,他整个人似乎是透明的,与他挚爱的美的文学一样纯净、透明。

他第一次入院做手术的头天黄昏,我去看他。他从病房里将我带至楼下草地边坐着,我以为我们会谈些他的病。可是没有,那个黄昏,他说起的还是一部刚在文坛上引起轰动的作品,他的表现是非常不耐烦,他说这个东西,不好。这人为什么要写这个东西?

我默然。这次不是装傻,因为我确实还没有读过这部作品。

后来的四年间,他一次次入院,又一次次出院,只要回来,他都会打个电话,说我回来了。我明白,他想和我聊天。

先生最后一次去医院,是个下午,比平时都早,他来了电话,说我要进去了。几年里我对他在医院进进出出已经习惯了,加之手头正忙,就随口回答说你进去吧,过两天我去看你。说完了才意识到不对头。电话那头沉默了。我明白他还不想马上走,他还想像往常一样聊一会儿。

我把正在写的文章存了档,回头陪他聊。

说了一通闲话,依然是文学。一个我一直在追问、他一直都躲躲闪闪不愿回答的话题涌上来。

"能不能告诉我,你认为世界上最好的小说家是哪一位?最好的小说是哪一篇或者几篇?"

他沉默。我意识到他或者又像往常一样想回避我的问题。

"蒲宁。蒲宁晚年的短篇,《热昏》《三个卢布》《在巴黎》,是世界上最好的小说。"

我有点发愣。以前我知道他喜欢蒲宁,却没想到他内心中是这样看重蒲宁。我想反驳。

"帕斯捷尔纳克呢?《日瓦戈医生》呢?"

电话那一端沉默了。我没有听到回答。

"《战争与和平》呢?"

他沉默。

心气儿这么高的他到了垂暮之年居然这么高看蒲宁,让我有点不服。

"没有别的作家,没有《战争与和平》,没有《静静的顿河》,只有蒲宁,行吗?"

"不行。可是没有蒲宁,就可以没有文学了。"

我们再没有谈下去,因为他一直等待的车到了。

这天下午的电话对我的震撼是巨大的,我终于明白了先生心目中最好的小说是什么样的了。得到这个答案,可不是容易的事啊!

几天后我翻出了蒲宁的书,找到这几个短篇,仔细地读,意识到自己有点明白先生为什么会认为它们是世上最好的小说了。

三个月后我和朋友再去医院看他,他已经没有多少日子了。但精神还好,和我握了手,听我说了几句应景的话,就沉默着。五分钟后,他突然烦躁地说:"你们走吧。"

我吃了一惊。忽然明白了,先生所以烦躁,是因为今天我不能再和他谈论往常我们谈论的东西了。

话或者应当反过来说:是他自己觉得,今天和将来——他即将逝去的日子里——再也不能像过去一样和我讨论文学了。

我泪眼模糊。我知道先生即将离我远行,但这一刻真正令自己和先生难过的似乎并不是这个,而是我们不再能讨论文学这件事本身。

我没有马上离开,我在心里说,我一定要留在这里,再陪他说半个小时的话,一定要坚持到医生允许的半个小时结束……

不要再写下去了吧。

离叶楠先生去世的日子越来越久,由此引起的悲痛似乎已经过去了,可是最近这些天,尤其是下午的四五点钟,一个人关掉电脑,兀然独坐的时候,又会突然想到电话铃会不会突然响起,先生会不会突然打来一个电话。马上又想到,先生不在了,这个世界上再也不会有另外一个人,像先生一样和你十几年如一日地谈论文学了。常常就在这一瞬间,内心里深藏的那点平日意识不到的痛楚,会突然像傍晚荒原上的暮气,爆炸似的弥漫开来。

2004 年 9 月 19 日

摘自《行色匆匆》,春风文艺出版社,2011 年

永远的叶楠老师

黄锦志

2003年6月12日,是我参加的河南电视台驻村工作队再一次出发的日子,早早吃了早饭,买了份《大河报》,乘上出租车匆匆往台里赶。车上乱翻着报纸,赫然看到一个题目:《我的胞兄叶楠》!心里一揪,一种不祥的预感郁结起来!莫非是叶楠老师出了什么事,或者是遇到了什么意外?不然,怎么会出现这种追念式的篇名?再看作者,是白桦先生,叶楠老师的同胞兄弟。文章的开头就是一段令人心碎的文字——

"六日深夜,侄儿叶文来电话,告诉我:'二叔!我爸在今天晚上八时四十一分心力衰竭去世了……'"

果然是我敬爱的叶楠老师去了!一别13年了,叶楠老师的音容笑貌宛在眼前,留在我心目中的影像永远是一位充满着青春朝气,有一头帅气的银发的师长,仿佛永远不会病弱和衰老,我从没有想象过(也想象不出)叶楠老师病弱和衰老的情形,可叶楠老师竟这么匆匆地去了!(今天从网上查询方晓,叶楠老师去世于4月5日清明节,晚上8时41分,在苦苦煎熬中结束了他的漫漫人生,享年73岁。只是闭目塞听的我无从得知罢了。)

我第一次见到叶楠老师是在北京公主坟的海军大院门口,相见的情形至今仍历历在目——1989年春,我在北京电影学院文学系电影剧作专业的学习进入最后一个学期,系里老师要求我们在规定的时间里完成毕业创作(一部电影文学剧本),同时让每个学生选择一个在京的知名剧作家作为指导老师给予创作上的指导。现在看来,系里的这项决定对我们真是天大的恩典。不知以后的学弟学妹们是否也能享受这种待遇,但对于我们这一届学生,确实是提供了与最敬慕的师长的一次学习、交流、对话的机会,确使我们获益匪浅。我向系领导提出,希望约请叶楠老师做我的指导老师。之所以想请叶楠老师,主要有两个方面的考虑:一是,小时候看过多遍他编剧的《甲午风云》,很喜欢,他编剧的《巴山夜雨》是八十年代初较为著名和较有影响的电影,该片获得1981年的多项金鸡奖,他自己也是最佳编剧奖的得主;二是知道他是河南人,与我是同乡,应该容易沟通一些。至于他的其他方面,所知了了。我知道他不姓叶,叶楠只是他的笔名,甚至不太知道他的真实姓名(如今看白桦先生的回忆文章,方知他姓陈,叫陈佐华)。所以,认识以后见面、打电话或者写信总称他叶楠老师,而不称"叶老师"。当时提出要求之后心下惴惴,不知道叶楠老师在不在北京,有否时间,肯不肯答应?……但是这些担心都是多余,系主任王迪老师通知我,叶楠老师答应为我指导,并给了我他的联系电话。

第二天一大早,我即带上习作去见他。他是海军政治部创作室的作家,住在海军大院,我在门卫处给他打了电话,因为我是第一次去,与他从未见过面,叶楠老师执意要亲自出来接我。见面之后,使我感到意外的是,他的身材并没有我想象中的高大,不到一米七零,五十来岁的年纪,满头帅气的银发,皮肤白皙,上身穿一件雪白的背心,下身穿一条雪白的西式短裤,脚上是一双运动鞋,眼睛里含着慈祥的微笑,说话声音富有磁性,给我的第一印象是青春、帅气、平易。与其说我见到了一位知名的剧作家,不如说是见到了一位诗人,一位刚刚远足归来的旅行者,分明忽略了他是一位师长和老者。更使我感动的是他的平易,海军大院是一个很大很深的院子,他的住处离大门有一段曲曲折折不算近的距离,作为师长和老者,他完全可以报上楼号坐在家里等我找过去,可是,为了减少我这个素不相识的学生的麻烦,他执意要到大门口来接我!叶楠老师引领着我,在绿树成荫的大院里穿行,他步伐矫健,让我这个年轻人不得不用竞走和小跑的步幅才能跟得上……而今,就在我书写这段文字的当口,在我的眼前,那步伐依然在矫健地走着,走着……仅仅过去了短短的十来年,我不能想象如此挚爱生命的叶楠老师会停下那矫健的脚步,更不能想象他会如此之快地走向病弱,走向衰老,走向天国!"天若有情天亦老",莫非天国里有您人间难觅的眷恋?!

叶楠老师引领着我跨进他那间弥漫着香烟焦油味的工作室,我呈上习作,他接过看了看剧名,放在桌上,谈的却是相反的话题,直率得令人惊讶。他不相信通过学院教学可以培养出剧作家,毫不掩饰他对当时一些颇有名气的"卡片剧作家"(指当时注重编剧技巧,用卡片和表格来进行分场写作的电影编剧)的鄙夷之情。他认为文学源自心灵,不能教,不可学,更不能靠所谓"技巧"赢得读者和观众,如果内心空空的话。著名作家从维熙先生这样评价叶楠老师:"叶楠为人坦诚直率。既没有文人的口是心非的腐臭,更没有文坛流行的畸形自恋;有的却是文苑最为匮乏的自审和直言不讳的人文精神,这是叶楠书内文字和书外为人留给我的深刻印象。"信然。

在我去北京上学之前,也见惯了害着"贫穷并发症"的家乡父老:黝黑而营养不良的肤色,猥琐而呆滞的目光神情,吞吞咽咽、言此意彼的谈吐,世故、圆滑、察言观色、左右逢迎的处世哲学。这些在叶楠老师身上都看不到,叶楠老师是我离开农村家乡后见到的"另类"的河南人，是一个"非河南化"的河南人。这使我第一次认识了一个青春、率真、诗意的河南父辈，原来我们还有如此昂扬地活着的父辈！原来我们也还可以如此昂扬地活着！叶楠老师还是一位颇为"新潮"的师长，当时他已经用上了无绳电话（即使在八十年代末期的北京，那也是一件颇为新潮的"玩意儿"），在不久的一次交谈中，叶楠老师又有了挣钱买电脑的打算，当时我们对电脑仅仅是听说，甚至见都没见过。1996 年，叶楠老师已年近七旬，他在一篇文章中这样谈起了对电脑的认识：

"电脑固然可以代替笔书写，它还可以随时轻易地无数次取出（拷贝、印刷）；不仅如此，由于 CD－ROM（光盘驱动器）和高容量激光盘的出现，它还是文字、音像资料阅读器和储存器。每一个作家都有书架过小的苦恼，而不久的将来，你完全可以以小巧的激光盘来代替你的书，一个书柜的容积、放置的光盘量、盛载的文字和视听资料，不夸张地说，要超过书籍的千百倍之上。要知道，一个光盘的文字承载量是几亿个汉字呀！也还不仅如此，在我国，电脑进入联网时代，高速信息公路，已不是一种想象，而是眼前的现实……"（《电脑不仅相当"笔"》，《文艺报》1996 年 7 月 5 日）

一位年逾花甲的老人，青春气息袭人，帅气光彩照人，真诚直率感人，不但一点不保守，而且颇有年轻人的"新潮"，永远保持对生活的新奇感，永远保持与时代同步，这也是叶楠老师对我的身教，也确使我终生受益。这一点深深地影响了我离开北京以后的人生，这些年虽然历尽曲折磨难，但我始终保持着对生活的青春朝气，保持着率真，保持着自己的棱角，永不放弃，永不消沉，永不颓废，没有变得圆滑、猥琐、俗不可耐，这要感谢与叶楠老师交往中所得的精神财富。

其后，交往日多，言谈日深。我们天南地北地谈了很多东西，叶楠老师虽然直率，但从来不摆长辈的架子，不以训导者的口气示人，这也是当时自尊心颇强，颇为敏感神经质的我愿意经常亲近他的原因之一。在叶楠老师与我的多次交谈中，似乎有一个默契，即很少谈及家乡。我们都是河南人，却彼此都讲普通话，从没有像别的省的同乡，用家乡话拉近距离，"哇啦哇啦"聊上半天。我知道他是信阳人，却从没听他开口谈及过家乡事。也许我与他的交谊还不到谈及家乡私事的地步，也许是那片古老而多难的土地留给他太多痛苦的记忆，不愿回首？据白桦先生的文章中回忆，他们的父亲 1939 年被日寇活埋，举家流亡，受尽欺凌！……不论如何，没有从更深层面了解我敬爱的叶楠老师，成为我今天的一大遗憾。

但是不久，我们就不得已谈到了家乡河南。在叶楠老师的指导下，我完成了毕业作品的创作和答辩,完成了学业并取得了学位。毕业之后,工作无着,学院把档案强行发回了原籍,我不得不回到家乡河南去寻一条生路。我一个农家子弟,举目无亲,两眼一抹黑,寻一份工作真是一件天大的难事!谈何容易?!行前不得已求助于叶楠老师,叶楠老师说,他在河南没有很深的社会关系,但他愿意推荐合适的朋友来帮助我。我征求他对我未来工作的建议,他希望我多了解社会,不妨先做几年小报记者,之后有了一定的生活积累再搞创作。我当时正踌躇满志地做着"影视梦",对他的建议内心里颇不以为然。基于他的考虑,叶楠老师为我介绍了著名报告文学《县委书记的榜样——焦裕禄》的作者之一周原先生。周原先生很热情地接待了我,为我写了数封推荐信,其中一封写给了《河南日报》社的一位摄影记者,名字现在已经记不起了。寻找工作的艰难困苦经历成了我了解社会的第一课,叶楠老师希望的做一个小报记者已成为不可企及的奢望,更遑论从事我热爱的影视专业了,这就是严酷的现实。感谢上帝!为了使我那望子成龙的爹娘不再心碎,我历尽艰难险阻,愈战愈勇,奋不顾身……恶战到1990年10月深秋,终于谋到了一份工作。这在彼时彼地已属幸事,但离小报记者和影视专业都已有相当的距离了。我还是假装高兴,向叶楠老师寄上了一封"热情洋溢"的"喜报",现在还记得那"假模假式可歌可泣"的开头:

"尊敬的叶楠老师:
请为我高兴吧,祝福吧!……"

以下的大量内容是写我如何谋到了这份工作,如何为这份工作感到高兴以及以后的远大理想和宏伟计划!我并没有期望忙碌中的叶楠老师给我回信,只是想让他放心。但是很快收到了一份意外的惊喜——叶楠老师的回信!一纸方方正正的仿宋体,寥寥数语的安慰和鼓励。这封短札我一直保存至今,现照录如下:

"黄锦志同志:
一直在外,回来方见信。
为你留在省城而高兴。
我上月26日去郑州,28日去许昌——南阳——洛阳——安阳——陕西。
不知你在郑州。
今后还会遇到困难的,事在人为。
祝
好!

叶楠

18 / 12(1990 年)"

　　对于我这个失意学子,回信本身的鼓舞远超过了信的内容！为了那可恶的工作啊,父母误解我,一直追求我的"伪恋人"离开我,"伪朋友"苦害我,小人暗算我……可算让我尝尽了世态炎凉,人情冷暖。而叶楠老师帮助我,安慰我,鼓励我！感谢您,叶楠老师！您的寥寥数语的鼓励,对于我无异于人生荒漠的甘泉佳醪！成为我逆境中决不言弃、一往无前的动力和人生支柱！而今,一纸文墨犹在,两行热泪难抑,人已阴阳两隔,此情何堪?!

　　工作以后的若干年,每到元旦,我都要给叶楠老师寄上贺年片,献上我最诚挚美好的祝福。也曾给他打过几次电话,希望能有机会在河南、在家乡接待他。记得他曾有过回来的打算,不知是后来没有成行,还是成行了没有与我联络或是联络不上……就像许多疏于联络的朋友一样,不知从哪一年开始,我和叶楠老师中断了联络。但在我的本意,只是不愿以我的无聊琐事过多地打扰他,浪费他宝贵的时间。内心的那份敬意、那份祝福、那份系念是永恒的、深厚的。在我的心目中,叶楠老师,是我永远的叶楠老师！封闭的我像一个自我放逐的"单相思"者,独自咀嚼着那历久弥深的失落情感,思念着我敬爱的老师,默默地为他祈祷、祝福！后来,我成了家,有了爱人和孩子,曾计划过全家一起赴京拜见他,一起合个影,留个纪念,种种原因最终没能成行；去年,在书店看到了叶楠老师出的一本散文集,曾托北京的温州籍同学代为索要一本签名集子以做纪念,哪里知道叶楠老师已确诊了四年的肺癌、九次化疗、五次手术(两次开胸),受尽人间苦难！即使是在北京的同学怕也没有机会见到他,书我终于没有得到；而今,得到的竟是叶楠老师去世的噩耗,我的这两个小小的愿望,再也无法实现了！2002 年 11 月,已届不惑之年的我经过十余年的漫长等待,三年多锲而不舍地努力,终于调进了河南电视台电视剧部,这个消息首先最该告慰的应该是叶楠老师,而今虽天路迢迢,生死茫茫,愿叶楠老师在天之灵有知,为我含笑！偶翻《陶渊明集》,陶子有语云,"总角闻道,白首无成",岂我之谓也！日月推迁,惜时而奋进,君子当自强,抄录如下的诗句,送别叶楠先师,并借以自勉：

　　"先师遗训,余岂之坠？
　　四十无闻,斯不足畏。
　　脂我名车,策我名骥。
　　千里虽遥,孰敢不至！"

在我的记忆里,叶楠老师永远是青春的、帅气的、新潮的、真诚的、亲切的、谦和的……永不会有病弱和衰老,那么,愿永远的叶楠老师在天国永葆青春!

我永远的叶楠老师,天路走好!

原载《名人传记》2004 年第 2A 期

叶楠初到小白楼

刘 灵

1960年岁末寒冬的早晨,在长春火车站接来了从北海舰队借来的工程师叶楠,随后他住进了小白楼一楼门厅的居室。

当时的叶楠近卅岁,白净瘦削的脸上,一双炯炯有神的大眼睛,益显睿智聪慧。他身材适中挺拔,一副军人姿态,闭嘴思考的时候多,比较严肃,不太爱笑。也许平日思虑过多,他已早生华发。那时候,正是三年自然灾害时期,各方面物资供应紧张,煤炭少,暖气也不热,他始终穿着兰呢子军大衣改稿,冷啊!

当天,黄昏时刻,长影厂厂长亚马和导演林农到小白楼来看望叶楠。此处应该特别说明一点,亚马厂长很少到小白楼来看望作者,大多在厂长办公室会见作者。在亚马领导我的这么多年,此次举动可说是空前绝后。

宾主落座,亚马表示欢迎叶楠来长影修改电影剧本《甲午风云》(初稿名《甲午海战》)。他说:"我们认为你们北海舰队创作的这个剧本有很好的基础,决定作为重点影片投入拍摄,由第三创作组摄制,导演是林农。在修改剧本的时候,厂决定由沙蒙做顾问,也包括以后分镜头,他都参加。"

林农在一旁吸着烟,频频点头,低声说:"过去,沙蒙是我的老师。"

亚马说:"这是厂党委讨论决定的,省委也知道。我们厂领导负使用沙蒙参加艺术创作的政治责任,你不要有什么顾虑,他是幕后工作,不挂名。这事在三组,只有主要创作干部知道。沙蒙就住在小白楼,你们研究剧本方便。"(此时沙蒙已被错划为右派。)

叶楠轻声说:"我听长影领导的安排,我没有顾虑,我会认真改好剧本的。"

然后,由我把厂内的综合意见传达给作者。

叶楠的悟性特别好,他记录着意见,沉吟片刻说:"我坐在火车上,已经考虑到如何修改剧本的问题了。剧本初稿写的是甲午海战的全过程,从牙山之役到黄海大战直到威海失守,事件淹没了人物。重点放在黄海海战的激烈战斗,邓世昌率船队撞沉日寇的指挥舰艇,壮烈殉国,这样修改会使剧本更精炼,更突出英雄人物,这些意见都很好。"

第二天上午,叶楠主动敲响沙蒙蜗居小白楼后排的平房的房门,礼貌地送去了《甲午海战》剧本和厂里提出的意见记录,诚恳地请他提出修改意见。

几天后,我到小白楼去给叶楠送烟。这里应该说明,那时要凭有关部门发票买烟。市民每月有粮票、烟民有烟票,而且分等级:劣质烟八分钱一盒,普通烟贰角,高级烟七八角钱一盒。外地人到长春市,若住在旅店或宾馆,则由住宿处供应。长影小白楼则由有关部门特批高级烟,由负责接待的剧务或编辑为外请客人代领代送。叶楠是老烟民,创作时更少不了烟,所以本编辑定期送烟送火柴,基本上是一周两条烟的标准。

　　叶楠告诉我:"老沙蒙来送还这《甲午海战》剧本初稿,看,他的意见!"我看见叶楠翻开剧本的第一页上,眉批铅笔字:"民不畏死,奈何以死惧之?"我又翻了翻剧本,似乎只有这十个字,我怔怔地看着叶楠。

　　叶楠吸着烟说:"老沙蒙来了,我请他坐下谈对本子的意见,我也做好记录的准备。他没说什么,脸上的表情好像满怀歉意的样子,指指剧本就走了。看来,他不太爱讲话,他还有点拘束。"

　　"我是1958年底才调到长影来的,我没参加长影的反右派斗争,我也不太了解老沙蒙这个人的脾气秉性。"我说。

　　叶楠思考着说:"我这几天,天天看这十个字,这是老子的言论。这十个字是沙蒙对本子表达的内涵的总概括?还是这个剧本应该达到的思想高度?我越看越感到这十个字有诗意、有含意、有分量!好!它激发了我的想象力,这十个字对我有冲击力!"

　　叶楠被激发了灵感,显然很兴奋。他是一个善于思考、勤于笔耕的作者。他出身书香门第,熟悉古典文学,对诗词也有研究,却进入海军舰艇部队,当了一名技术员,而后成为工程师。从《甲午风云》影片放映之后,成为北海舰队政治部的创作员,八十年代调到北京海政创作室任创作员。

　　由于摄制组等着剧本拍戏,叶楠在春节期间也没回青岛家中过节,一直在只有他一个作者的小白楼里度过了五十多个日日夜夜,平添了许多白发,脸颊更瘦削了。叶楠是个善良而比较敏感的人,在与沙蒙研究修改剧本的日子里,他像小学生一样谦虚,每写上七八千字几段戏,就会交到沙蒙处去"审阅",听取意见。沙蒙并不多说,仍是用铅笔在他认为需要思考或修改的地方划一道,这就是意见。

　　看着铅笔道道,叶楠用左手的手背拍着"道道",摇着头说:"这是考我哪!让我去领悟、去琢磨这些道道的含意,真有意思!"

　　看得出来,叶楠对这样的"艺术指导"是心领神会,十分满意的。

　　《甲午风云》电影剧本最后是在吉林省委通过审查的,是由叶楠在省委会议室读给当时的省委书记和宣传部长"听审"剧本的。事后叶楠兴奋地说:"万万没想到啊,省委书记首先说'好!好!改得好!'宣传部长也说改得好,事件集中了,人物突出了,主题更鲜明了,说了些赞扬和勉励的话。当时亚马和林农都特高兴,亚马请我们在铁路宾馆吃的晚饭。"

像叶楠这样谈《甲午风云》电影剧本给省委领导"听审",顺利通过的事,恐怕在电影圈里也是空前绝后、独一无二的吧!

1961年春寒时刻,叶楠离开了小白楼。在五十多天的时间里,修改了两遍剧本,他认为在影片《上甘岭》的导演沙蒙"顾问"下改本,受益匪浅,体会颇丰。

原载《电影文学》2005年12月第12期

叶楠永别小白楼

刘 灵

1973年五一节前三天,在长影总编室忽然接到叶楠从青岛北海舰队政治部文化部发来的一封信,他的字体十分工整,从不连笔,每个字都像打印的一样清晰,而且言简意赅。公函信纸上写着:"刘灵同志:多年不见,您好!我五一节在旅顺口海军基地公出三天,望能见面一叙。请到旅顺口海军招待所来找我。"

这封信真让我激动万分!我刚从农村插队落户三年回到长影总编辑室工作,他怎么知道我回来了?他一定是又写了电影剧本,希望能谈谈有关电影剧本创作方面的事,我欣然前往旅顺口海军招待所赴约。

美丽的军港旅顺口在五一节前后是比较寒冷的,据说是北冰洋融化的冰水冲过来了。见到叶楠,是在五一节的下午,他的头发更白了,脸更瘦了,依然穿着海军军官呢子大衣,犹如在小白楼的装束,仍然吸烟,两眼炯炯发光,一连气问了我几个有关电影创作方面的问题,最后他长舒了一口气说:"在这种情况下,林农能拍出影片《艳阳天》还是很不容易的。"显然他很惦记《甲午风云》影片的导演林农。我向叶楠较详细地介绍了林农在农村插队落户后和"文革"中受批斗的情况。他低声说:"我听说了,听说了,听说你们都到农村插队落户了……我常打听你们。"表现了对老朋友的深切关怀。

叶楠谈了他想写一个反对大国霸权主义国家常派潜艇,到我沿海地区侦察窥视我边疆海防设施,侵犯我海疆主权,我海军潜艇指战员战胜一切困难,保卫祖国海疆安全的电影剧本。我当即表示欢迎他写出来,交由长影拍摄。叶楠说:"现在写本子特困难,忌讳多,写剧本也像潜艇在海底航行一样,看好航线,走在海沟中间,不能碰左边,也不能碰到右边,条条框框多,婆婆也多,太难办了!"他仍然习惯用左手的手背拍拍桌角,摇着头说。

夜幕降临,天色将晚,招待所的食堂要开饭了。"四人帮"横行霸道的年代,如果错过了食堂或饭店开饭的规定时间,想再要找饭吃就太困难了。那时,连街上的饭馆都是定点供应,过时无饭,只有火车站的小卖部或轮船码头的小卖店供应面包,但要凭火车票或船票才能限量购买。所以,外出工作必须注意开饭时间。就在我们将分别去食堂吃饭的时刻,叶楠从大衣口袋里掏出一个用稿纸书写的电影剧本《碧波下的哨兵》交给我说:"今晚,你看看吧,明天把意见告诉我。"

"哎呀！你的电影剧本都写出来了？太好了！"我充满惊喜地接过剧本说。

叶楠摇着头说："我也摸不准风向。没和你谈话前，我不敢拿出来，听了你的介绍以后，我才敢拿给你看。这几年，山东省委调我到山东京剧团帮他们排样板戏《奇袭白虎团》和《红嫂》，碰的钉子多了，憷头啊！有时候，写错了一个词，都可能挨批斗啊！学会了谨慎。我现在有点明白老沙蒙当年在小白楼的心情了，他就是谨小慎微，连字都很少写，话也很少说，唉！"

当夜，我在灯下阅读了《碧波下的哨兵》剧本。简洁、精炼，绝对电影化，语言少，动作多，视觉形象突出。在潜艇里活动的海军指战员似乎很少大说大笑，尤其在海底潜伏，隐蔽观察敌潜艇动向的时候，几乎等于屏住呼吸，死一样沉伏在海底，生怕敌人潜艇的声呐器听到一点怪异的声音而暴露目标。剧本突出反对霸权主义，海军战士热爱祖国保卫祖国的主题意义，几个海军指战员的性格也各有不同。应该说，是个题材新颖，主题意义深刻，人物性格鲜明，敌我矛盾冲突尖锐的好剧本。

五月二日依然是下午，在招待所谈剧本，因为叶楠上午要在基地调研工作。我对他谈了《碧波下的哨兵》剧本的读后感。叶楠在笔记本上记录着，吸着烟，沉吟片刻说："那你就把剧本带到厂去吧，我回到青岛听你的消息。"

七月份，叶楠住进了小白楼上的小房间。这时候，到长影小白楼"避难"的作者比较多。有天津作家于雁军女士，有著名词作家乔羽、著名作曲家郑律成，也还有修改剧本的其他作者。

叶楠不太愿意随便与人交往，他和我说："现在是非不清，流言蜚语多，我这人胆小，不愿意与人过多交往，防生意外。"他说："我孪生弟弟白桦的性格和我恰恰相反，胆大，什么话都敢说，什么事都敢干。他就说我，树叶掉下来都怕砸了脑袋。可他净闯祸惹事，让人为他担惊受怕。"

白桦酷似叶楠。八十年代在北京，我参加文艺座谈会，突然看见叶楠在休息室吸烟，我欣喜地向他招手，竟不睬我。我恍然大悟，该人着一身陆军军服，啊，那是白桦，他不认识我。白桦亦是著名作家，写过电影剧本、报告文学、诗歌和散文等。长影出品轰动一时的影片《苦恋》，编剧就是白桦。

为了修改剧本《碧波下的哨兵》，我在长影资料室为叶楠借了许多有关反对沙俄侵略我国东北边境的书籍，供其参考。叶楠还特别点名借一本《金蔷薇》（前苏联康·巴乌斯托夫斯基著），给当时在小白楼修改电影剧本的女作家何鸣雁阅读。这是一本关于作家劳动的札记。

叶楠在阅读这些书籍时，从中国东北边境各族人民反对沙俄侵华的历史中，发现了嫩江一带达斡尔族奋起反抗沙俄帝国侵犯的历史史实，令他十分激动。于是关于达斡尔族坚决反抗沙俄帝国残暴侵犯掠夺的人物和情节开始构思了,构思像闪电一样,在叶楠的思想感情中闪光。叶楠激动地对我说:"改完了《碧波下的哨兵》,我就写一个东北达斡尔族反对沙俄侵略的剧本,人物已经在我脑海中成形了,我给她起名叫帕尔娜,一位勇敢倔强的达斡尔姑娘。"

《碧波下的哨兵》剧本打印后,在有关部门传阅研究的过程中,叶楠又开始了剧本《帕尔娜》的创作。

小白楼的夏天是非常美丽的,树木郁郁葱葱,园中百花盛开,许多作者在茶余饭后的黄昏时刻,多喜欢在林中小路散步,边走边谈,十分惬意。叶楠却闷在小屋里全神贯注到笔尖上奋笔疾书。每天上午九点多钟,我去看他,他会兴奋地给我谈上几段戏,他完全沉浸在创作的喜悦中。他说:"我先写出个大提纲,然后,我要到黑龙江的嫩江地区去看看达斡尔族,深入生活,再搜集些资料,回来修改。"

《碧波下的哨兵》剧本经厂审查通过了,还决定两位年轻导演联合拍摄。我给叶楠买了去哈尔滨的火车票,从那里转车到齐齐哈尔再到嫩江。考虑到黑龙江北方下雪早,特别给叶楠一件皮大衣御寒,送他上了火车,此时已是九月初。没料到叶楠刚离开小白楼两天,厂长苏云打电话告诉我:"快把叶楠找回来。山东京剧团宋玉庆团长请叶楠立刻到济南去,帮京剧团改唱词,国庆节上演,有首长审查。"

叶楠匆匆返回长春,即乘火车奔赴济南。而《碧波下的哨兵》剧本,由于两位导演难以联合,未能投入拍摄。

1974年4月从广西电影制片厂来了一位导演,看中了《碧波下的哨兵》剧本,需请叶楠稍作修改。长途电话与北海舰队文化部联系商借未成,厂里派我到青岛去与北海舰队面谈商借。

到了青岛是早晨,进入舰队政治部大楼,立刻可见大厅贴满了大字报"彻底批判叶楠的孔老二思想"、"批判叶楠的孔孟之道"……我见到了文化部领导,他说:"正在运动时期,叶楠不能外出。"尽管我再三强调影片生产的重要性与时间性,都不能得到他的支持。这可怎么办?我想去找政治部主任,请政治部给予支持。没想到政治部主任到总部开会三天,不在机关里。我询问主任家住在什么地方,就在中午12点前,守在他家门口,等他回家吃中饭的时候晋见主任。精诚所至,金石为开,政治部主任同意了叶楠到长影去修改剧本。我立刻找到叶楠家说:"叶楠,主任批准你到长影去改剧本了,今天就上火车,立刻就走,以免夜长梦多。"叶楠的夫人问我:"你吃饭了吗?"我坦率地说:"我不敢吃饭,我怕我见不到主任。"因为当时几乎是统一的开饭时间,真怕误了见面。叶楠夫妇立刻动手包饺子,是接风也是送行,我和叶楠匆忙奔上回长春的火车。

把叶楠送到小白楼住下改本,我接受了到陆军第一军"硬骨头六连"采访的任务。叶楠说:"和导演见过面了,剧本稍稍修改就行,你去吧!"

当我到"硬骨头六连"驻地采访的时候,接到了总编室同事的一封信,写道:"叶楠不辞而别,悄悄离开了小白楼……"为什么? 事后我了解到,叶楠在修改《碧波下的哨兵》的时候,向该导演透露了《帕尔娜》剧本的故事。那导演欣喜若狂地说:"那好极了,我先拍《帕尔娜》,后拍《碧波下的哨兵》!"

我完全能理解叶楠的心情,他会再来小白楼吗?

粉碎"四人帮"以后,上海电影制片厂汤晓丹导演拍摄的影片《傲蕾·一兰》,就是叶楠写的《帕尔娜》。

叶楠离开小白楼的时候,是年轻导演徐书田给买的火车票,送叶楠到长春火车站。厂里安排徐书田与另一位年轻导演联合拍摄《碧波下的哨兵》的时候,他常到小白楼拜访叶楠并虚心求教,成了朋友……

2002年,徐书田病逝。

2003年,叶楠病逝于北京。

原载《电影文学》2006年1月第1期

与乔良、叶楠

马　原

乔良(下简称"乔")：你是第一回上日本。

叶楠(下简称"叶")：上日本，然后回香港。

马原(下简称"马")：就是前一次，我与现代部队作家谈一次了。

乔：你们是在一起的，是吧？

马：在一起，就是上次莫言和徐怀中在一起拍的。

乔：我们当然在一起的，那是老前辈了。

马：叶老实际上在新时期又拿出很多精力来写小说，就是原来您更多，比如说我们少年时期，主要还是通过电影《甲午风云》知道您的。您当兵的时候就是海军吗？

叶：不是，那时候还没有海军。

马：就是我军还没有海军？

叶：那是解放战争第二年。

马：创作呢？

叶：创作是这样的，我们小时候，严格说起来，应该是在中学的时候，喜欢在报纸刊物发表一些东西。当然，那时候写作水平应该说是很低的。后来呢，我到部队，没有时间也没发表的地方，后来到海军呢，实际说，我也不准备干这个，但是，到50年代末期，又有新的想法了。

马：您先把观众熟悉的《甲午风云》谈一谈。

叶：那个时候好像是，我还是受了"大跃进"的鼓舞，写诗啊，写文艺作品。部队就把我抓去，写电影，其实我电影也没写过什么东西。但是那时候开始写的时候，底稿是写得很快的，实际上编辑在那等着，而且是在一个办公室里边，那时候叫做献礼办公室，我一个礼拜，初稿拿出来，然后编辑拿到厂里，他们就定下来要。实际拍的时候呢，已经过了两年，然后就让我改。

马：改比写的时候花的功夫要大得多。

叶：当时，其实就是当时选材，选择比较紧。

马：因为这个第一炮一下打响了，是不是……

叶：但是后来，我就没写电影，因为我还是喜欢文学，当时写散文，偶尔写一千多字的短文章,也有人认为是给彭德怀翻案什么的,其实跟彭德怀扯不上,因为这个时候,彭德怀还没那事儿呢,哦,也差不多是那个时间。

马:1959年。

叶:哎,1959年出的本子,当时……

乔:拍完了,也就是。

叶:哎,也瞎扯。

马:然后就到了新时期,他们这一辈作家,汪曾祺比您还大几岁吧。

叶:不只几岁啊,我的中学老师和他是一辈的。

马:那就是实际上,大将近十岁。

叶:是! 他是西南联大的。

马:这个在中国也是很特别的,差不多可以说是,就是说,在创作的盛年,反而都没在创作,差不多已经过了盛年的时候,就是突然又成为作家……叶老等于说十二三年前又开始重新写作。

叶:我今年63岁了。

马:那时候是将近50岁,四十八九岁。

叶:恩,四十八九岁。

马:您重新作为一个作家,是……

叶:《傲蕾·一兰》那个。

马:第一个是《傲蕾·一兰》。

马:好像我看过,现在记不清了,是一个民族的……

叶:达斡尔族。

马:是个女武士。

叶:写17世纪的。

马:是,我有个印象,因为那时候,刚粉碎"四人帮"的时候,太早了,特别早。

叶:那个实际上写出来时"文化大革命"还没结束,当时谁也不敢要,别看那已经是很正统的东西。

乔:现在去拍它,恐怕能拍得更好。

叶:那是另外一个出路,那是另外一个写法了。

乔:那是一个史诗素材,史诗巨片。

叶:原始素材很精彩,尤其是用现代的观点看那是特别精彩的。

马:1977年,1978年?

乔:1978年,好像是的。

叶:当时电影出来的时候,是献礼电影,1979年的献礼。本子是"文化大革命"没结束前就写完了。

马:噢,实际上……

乔:发表是1978年吧?

叶:发表是1978年,发表就是很迟了,发表在上海的《上影月刊》,还写了一些,当时主要是夏衍同志让我去搞。第二个是写植物学家的,就是《绿海天涯》,当时这部片子影响是比较小的,导演是很正统的那种拍法。然后第三部才是……

乔:《巴山夜雨》。

叶:《巴山夜雨》。

乔:第四部《姐姐》。

叶:对。第四部是《姐姐》。

马:《巴山夜雨》,是不是第一次取材于现实?在此之前,好像总是取材于历史,比如《甲午风云》。

叶:对。

乔:《绿海天涯》,也是现实的。

叶:也是。

马:就是说,最初的几部片子,好像是依据一定的历史真实。

叶:当时是,看了很多写"文化大革命"的,我觉得我不满意它那种图解,实际上拍出来之后显得滑稽了。

马:就是简单化了。

叶:啊,简单化,黑白两面……其实是跟过去的片子再翻个个儿。所以我后来有个想法,我去试试,但是我说得允许我跑一跑,我就跑到四川,跑了一圈。其实离开四川时,脑子还是空的。当然"文化大革命"中所有的事情,咱们都有经历,可怎样把它结构起来,比较难。等到在重庆上船的时候,突然间想出来了,可以写了。我在船上想,下船后一个礼拜就写出来了,当时吴永刚看了,说不用改,可以了,这就是《巴山夜雨》。

马:《姐姐》的导演是吴贻弓吧?

乔:两个都是他。

马:《巴山夜雨》也是?

乔:《巴山夜雨》也是他。

叶:《巴山夜雨》当然是他,当时挂了个总导演吴永刚。

马:吴贻弓也是从《巴山夜雨》开始起家的。

叶:应该这么说,他的第一部故事片,第一部长故事片,是这个……

马:吴贻弓现在在北京吧?

叶:不,没有。

乔：他是上海电影局局长。

叶：他是一直在上海的。在那里想搞一点第五代导演拍的那种片子。

马：当时？白桦的那个《今夜星光灿烂》时间也差不多吧。

乔：《今夜星光灿烂》比《巴山夜雨》要早一点。

叶：我看看，不对，《傲蕾·一兰》是跟那个一块儿，跟他那个拍贺龙的片子一块儿。

乔：噢，对。

叶：那个叫什么来着。

乔：叫《元帅之死》？

叶：不是，就是……看完就忘了，他第一部片子是这个，第二部片子呢，你刚才说什么来着？

乔：《今夜星光灿烂》。

叶：啊。第二部是……不是，第二部是《苦恋》。

马：第二部是《苦恋》。

叶：第三部是《今夜星光灿烂》。《今夜星光灿烂》，后来也批嘛……

马：这个现象也特别有意思。中国电影吧！我就说，他们兄弟俩同时是电影文学大家，这个现象特别有意思。因为好多职业电影剧作家，我们知道，严格说起来，就是我们看吧，两个人的这个，我也不太会说。

乔：有某些象征意味。

马：就是说，这个电影都特别文学化，我们的作品本身都高度文学化，留下好多经典，电影经典。说起来，我知道您在这期间也写了很多小说。最近，我看华艺出版社那套书，那是集中……我就说叶老还是做一个电影文学作家。

叶：我主要的也就是电影。

马：作家这一辈子，那个《鸽子树》要是说大家看不到这个特别遗憾，好像许多场合，大家都在谈论这部片子，这部片子你也说几句吧。

叶：可以，是这样的，其实写《姐姐》，当时我觉得可以这样写，我看了这些年轻导演啊，他们就是比较现代一点，讲究情绪，或者营造氛围，这种电影，它是可以存在的，主要组成因素应该是这个。它有的时候，可以离小说远一点，那么在《姐姐》的实验当中呢，这个戏有人说失败了，当然有的时候……我知道，在国外，也有美国人特别喜欢《姐姐》这部戏，但是我知道这部戏没有成功，原因在哪里？因为吴贻弓不是第五代导演，他的摄影也达不到第五代拍那种戏的要求。后来，就碰到吴子牛了，他有这个愿望，那我就很高兴了，我还可以试一试，所以《鸽子树》那个剧我写得更快了，只几天。那个剧本字数是2万多一点儿，其实吴子牛根本没用完我写的内容。这个戏呢，当时，我跟乔良是一块去的，他要回来上学,回来早一点。在那里,我听了一个故事,当然我很激动,因为我在部队那么多年,还从来没有遇见这个……军队的战士啊,能够思考,能够自觉地在人道主义这个问题上表现得很精彩,因为我听了这个故事的原型,很精彩,他就说战士,她是个护士,是个女兵,所有战士伤员不走,不上担架。这个还是那个东西,解放战争中的战士当时也不会想到这个问题,那就是说,现在的战士文化素质提高了,对这个人道主义的看法比过去深刻。说老实话,我是从内心觉得咱们的战士,这些是很精彩的,我是思考了一阵,觉得这个东西可以写一个战争和人的一部影片,就是这样一个想法。

马:就是这说起来都有点奇怪,这个建国以后最成功的剧作家和一个几乎每一部片子都引起轰动都很成功的一个导演、年轻导演的合作,就是想不出什么道理,这部片子居然这么久没开禁。

乔:有几部片子到现在还没有上演。

马:咱们就穿插说吧!就是你的《灵旗》拍成《大磨坊》,也是吴子牛拍的,比较巧,这个片子好像后来也不让演了,当时拍时,也遇到麻烦了……

乔:对,拍的时候还没有,审查时遇到麻烦了。

马:是成片以后,马上遇到麻烦了。

乔:遇到麻烦以后电影局还是给了很大支持,之后放了大约一个月,公演了一个月,但是,不是普通的公演,就在有些地方,大约不到一个月,就接到通知禁演,一下子隔了两年时间,在小平同志南行讲话之后,又拿出来了。

马:就是说,我原来看的就是……

乔:这个时间一变化,开禁也就不行了,实际上当时要拿出来看的话,那时候以吴子牛当时的水平看的话,还是可以的。现在这两年过去了,电影的手法都普及了,好多探索电影那些表现的手段啊,都被大部分的导演所使用,所以说现在……

马:没什么特点了,不那么特别了。

叶:对。

乔:对于电影,如何从官方的角度,怎么样看待电影,实际上对于艺术家来讲是非常关键的。

马:说到这个话。早一点的《陶》和《灵旗》比,我想还是《灵旗》要……

乔:《灵旗》的影响大一些。

马:你是不是在写《灵旗》之前,沿着长征的路走了一趟?

乔:对,沿着长征的路走一圈,就是一个编辑叫刘方伟,他带队,我们一共是四个人。我们四个人,沿着长征路整个走了一圈,走了大约三万多里,包括那个……为什么二万五千里长征多出五千里来,就是我们把四方面军走的地方也跑了跑。红军长征,一方面军走二万五千里,我们把四方面军走的路也走了一下,他们的路线不太一样。

马：我知道,它对你整个价值观都有很深刻的影响,就是咱们私下里聊天谈过一些,那么《灵旗》这篇作品,它跟以往写长征的作品,有根本不同,是吧？

乔：这我觉得,还是恐怕和这个特定历史时期有关,80年代中期时,实际上那一段时间应该说是思想相当活跃的时期。如果说早一点、晚一点写,很难说就是再早一点写的话,我估计不会像我写《灵旗》那样,去处理这样一个题材。走的时候没有多少准备,觉得这一路是值得一去,至于究竟能干什么,当时的想法,就是也可能搞点纪实的东西,或者写一些散文,写一些散记,也就可以算交差了。但是呢,真正走到这条路以后呢,整个感受就不一样了,特别是到了湘江边上的时候。当时我们落脚在桂林,桂林离湘江战役的地方大约有不到一百公里,比较近,县志办走访过他们,就像抢救当年史料一样,去采访很多当事人。这些人呢,就把自己当时看到的事情,原原本本地说出来,然后有的还签字画押,就是签上自己的名字,证明这些情况都属实。有很多情况非常震撼人,因为一个小说里不可能把这些东西都弄下来,只是提到的那些部分几乎可以说全是真实无疑的东西,包括当年白匪杀红军,那个团丁杀红军,一直到老百姓。那些地方的老百姓呢,红军只是从他们那儿经过,并没有在那里搞什么发动啊什么的,所以说很多人的意识是很落后的。这样呢,红军从那儿过的时候,他们有的人纯属就是自私自利,就是为了贪财,哪怕就是贪一个小小的陶瓷缸,就可能把红军杀死,所以说那个时间,真是一个杀人如麻的年月。这样呢,我们看了这些史料以后呢,到了湘江边上……真正到了湘江边上,实际上就是半天时间去了以后,觉得……

马：打断你一下,这是那个《国防启示录》？

(马原指电视上的节目)。

乔：几个朋友一块儿搞的一个国防教育片。

马：这个规模比较大。

乔：一共是六集……

马：180分钟。

乔：对了,180分钟,每集30分钟。

马：我们接着说这些话。

乔：那天也是比较有意思的,是正好赶上下雨,下的这个毛毛细雨,到了湘江边上以后呢,那个氛围就有点像我小说里写的那样,有一种非常沉郁的氛围,叫你心里头老有什么东西排遣不掉,因为我们冒着雨呢,就是在当年血战的那几个地方,像什么皇帝岭啊、苏托岭啊,这些地方转来转去。特别是听人讲,说现在山顶上啊,不算很高的山顶上,还留有一些当年红军士兵和白匪士兵遗骨,已经分不清谁是谁了。就剩下一些白骨,到现在没有人去收拾。所以说那种感觉特别强烈,虽然只有半天时间,但我觉得整个基调都定在那儿了。再一个,就是我觉得也有一个不为人知的秘密,就是什么呢,这个一路上啊,我们几个在一起,曾经坐车上没事干,就是讲故事片。

马:这种很阴郁的氛围好像小说和电影里面都可以很直接感受到。

乔:对,这个也就是我最初希望的,能够表现出来的东西。从长征路上回来以后呢,有很长一段时间动不了笔,但是那个氛围一直缠绕着,一直到,你看当时是5月已经从长征路上回来了,真正开始动笔是7月19号,用了十天时间,把它全部结束了。结束了以后呢,用了大概一个星期左右,改出来,改出来呢,《解放军文艺》应该说是很宽容的了,他们每个月15号,就是准备下个月的稿子,下一期的稿子,啊,不是,提前两月,好像是。

马:我觉得有特别的理解在里面。

乔:你是指小说的本身?

马:啊,对,我说的就是这些,比如说上一个回合里面,前面的《陶》,是大家谈的大概比较多了,那时候从你对小说的处理上,已经看出了,就是这一种……已经跟传统的,尤其是部队作家,有很大的不同。

乔:对,在部队的这些作家里头,我一直觉得真的是有一个贬义大于褒义的那么一种评价,一直得到这样一种评价,说我是个太注重形式的作家。

马:在部队里。

乔:哎,在部队里,我一直就是这么被人们认为的。有很多搞理论的人,好像至今也这么认为,在他们看来,好像这个有点不太……有点不以为然,有点太玩形式了。可是呢,我觉得呢,其实我本人不觉得我是在玩形式,或者是格外看重形式。

马:我也一直不认为我是一个玩形式的作家,但没有办法。

乔:对。

马:别人就说……

乔:或者,反过来说,内容即形式。我从来不觉得我是给自己一个毫无意义的内容,生搬硬套上去一个形式。基于几种想法,一个是内容即形式或者形式即内容,这话正过来反过去说都是条条成理的。另外一个,我对于小说更倾向于小说形式的一次性使用。我觉得小说的艺术形式,起码我是这么认为,不应用同一种方式去讲许多不同的故事,而是每一个故事都有它的形式。我的几部作品虽然都不是很成功,但是它们起码是不同的。最早得到一定好评的是《大滨河》,现在看来,虽然有那样一种想法,但是形式和内容并不是非常妥帖,还是时时露出一些痕迹。到了《陶》的时候就加进了一些新的因素了,主要是时间因素。《陶》的跨度是四五千年,从当年原始的野人一下写到现代人,现代的一个军官,他们冥冥之中有一种默契。在某种意义上讲,小说是时间的艺术,它和过去所说的"小说是时间的艺术"不一样。巴尔扎克、托尔斯泰,他们展开小说的时候,其实也是展开时间,但是今天我们展开小说的时候,我们使用的方式,或者说对时间的理解,还不太相同。到了写《灵旗》的时候,我觉得自信心就比较强一些了,因为虽然它的时间跨度没有《陶》大,只有50年,但是我是彻头彻尾让时间贯穿到所有的小说要素里了。无论在人物身上,还是具体的事件上,还有包括比较抽象的对历史的看法上,时间因素无所不在。而且我希望自己能在自己的小说里战胜时间,因为实际上人是不可能战胜时间的,时间是一维的,它一直这么流下去,人怎么可能战胜它。但是文学却可以做到一点,文学能够把已经消失的时间再找回来,而且这种找法是多种多样的。小说在我们之前,很多人在找时间的时候是这样的,正叙是一种,倒叙是一种,插叙又是一种,但这些手段今天看起来已经比较陈旧了。

马:太简单了。

乔:我们能够做的,不只这些,我们能够让时间随时随地,让不同的时间随时随地在同一个时间、同一个地点上显现。

马:在同一个层面上。

乔:对,为什么会有这样一个想法呢?看过克洛德·西蒙的《弗兰德公路》,在此之前我看过他的一段话,他就说对于小说家来讲,时间是什么,时间并不是从A点到B点一条线流逝的东西,时间就像雨水浸透在一面墙上,它是往各个方面慢慢浸透,是同时的,而不是沿着一条线往前走,我觉得这东西给我的印象特别深。实际上就是这样,当我们在A点上听一件事情时,B点肯定发生着另一件事情,在同一时间内不同空间发生的事情。

摘自《中国作家梦:马原与110位作家的对话》,华东师范大学出版社,2007年

怀念叶楠

滇中罗

得知叶楠去世的噩耗,我郁闷了好一些时日。我没想到——许多热爱他文学作品的人也许都没想到,叶楠竟选择在 4 月 5 日的那一个黄昏,走了。那一天是清明节呀!那一天,是人们抛洒热泪、敬香扫墓,去缅怀、追思、祭奠那些值得纪念的已故者的传统节日。

我没想到,一位精神矍铄、银发飘飘的老军人、老作家,竟就这样说走就走了:肺癌这病魔无情地夺走了他顽强而睿智的生命。

我有幸与叶楠接触,是在他 61 岁那年(1991)的春天。当时,总政的《昆仑》来云南怒江举办一个全军小说创作研讨会,各大军区来的都是当时在全军乃至全国有名的作家,叶楠、朱苏进、周涛、袁厚春、王中才、李晓桦、裘山山、曹岩、张莉莉。大牌作家当然算是叶楠了。我们云南省军区去了 4 位作者。那次笔会中,叶楠年龄最大,成就最高,资格最老,故我们都尊称他为"叶老"。叶老当时任海军军区创作室主任,他在 20 世纪 60 年代初创作的电影《甲午风云》以及 70 年代末、80 年代初创作的电影《傲蕾·一兰》、《巴山夜雨》、《绿海天涯》,曾经轰动了神州大地,家喻户晓。朱苏进当时还不到 40 岁,任南京军区的创作室主任,是全军各大军区最年轻的创作室主任,他是一位地地道道的军旅小说家,几乎只写军事题材,中篇小说《射天狼》(已改编成电影)、《凝眸》,分别荣获第二届、第三届全国优秀中篇小说奖。周涛是新疆军区的创作室主任,他身为军人,却又从不写军事题材,与朱苏进形成了鲜明的对比。他很狂,先是以诗名世,后又操笔散文。他的诗集《女神》曾获全国奖。他的散文气势恢宏、放达潇洒,浑然天成而无匠气。巍巍至昆仑、纤弱至雏雀小草,无不遣入他的笔端,而又无不被汇入一种超凡脱俗的气韵,一种对人生与历史的茫若星河般深邃的思索。袁厚春时任解放军文艺出版社副社长,他以中篇报告文学《省委第一书记》、《百万大裁军》而名世。王中才是沈阳军区的创作室主任,当时 51 岁,从年龄上算是那一次与会者中的老二,他的短篇小说《三角梅》和《最后的堑壕》分别荣获 1982 年和 1984 年的全国优秀短篇小说奖。还有《昆仑》的诗歌编辑、诗人李晓桦,当时,他的诗作也多次在全国获奖,是一位才华横溢的青年诗人;总后的创作员曹岩,算是刚刚冒出来的一颗新星,某一期的《昆仑》,曾将她的中篇小说《棕色雪天》,安排在头条隆重推出;成都军区创作室的创作员裘山山,当时已有散文《父母大人》在全国获奖;张莉莉当时是广州军区话剧团的编剧。那次笔会,我们云南省军区是东道主,共去了尹瑞伟、王群英、袁大明和我4位作者。尹瑞伟当时是省军区政治部的创作员兼《边防文学》季刊副主编,已发表过《片古岗之战》、《卓普陇娜土司》等中篇小说12部及短篇小说、散文、报告文学百余篇,出版过中短篇小说集《纹面女人》、长篇报告文学《S团的报告》。王群英当时是我们守备二师政治部的干事,袁大明当时由守备二师四团借调到《边防文学》工作,我当时是守备二师六团政治处的新闻报道员,工作之余,曾创作、发表过几篇小说。

那一次笔会,作家们给我印象最深的是:相互都很直率,很不兴玩客套,因为过分的客套就是虚伪,做作了。大伙儿在一块抽烟喝茶聊天时,相互间是从不主动散烟的,各人面前放一包烟,各抽各的,除非你主动索要。叶老说:"向别人敬烟,其实是对别人的不礼貌。假若别人不抽烟,你再递给人家,就会搞得很难堪;假若对方不喜欢抽这个牌子的烟,对方也会很难堪,接也不是,不接也不是;你若用手指捏烟去散,对方会有一种戒备心理,谁知道你的手干不干净。"

在那次历时一月的笔会中,我们走遍了滇西的大部分地州,在怒江滞留的时间稍长一些,叶老实现了他多年的夙愿——怒江大峡谷之旅。

叶老给我的印象是:银发飘飘,肌肤白里泛红,身穿紫红衬衣和一条淡灰色的牛仔裤,脚穿一双白色旅游鞋,俨若一位归国观光的华侨,精神而潇洒,全没有一点花甲老人的慵懒与迟滞;他的身材不高,大约1米65,体型适中。在怒江滞留期间,驾驶员小何的妻子和女儿(4岁)从昆明赶来,他们一家与叶老同是河南信阳老乡,叶老便询问了不少故乡的情景,很动情地回顾了一些童年往事。小女孩天真而调皮,常与叶老嬉笑打闹,竟童言无忌,一迭连声地叫叶老为"小爷爷"。叶老听得便蹲下身,搂着小女孩的双肩认真道:"为何叫我'小爷爷'?爷爷也有大小之分吗?"小女孩率真地脱口而出:"你的个儿小呀,就叫你'小爷爷'嘛!"此语一出,一时逗得大家捧腹大笑,尤其是叶老,他竟笑出了眼泪,坐在地上不起来,非要缠着小女孩去拉他。叶老便又指着肥胖得有些臃肿的王中才问小女孩:"那他该叫什么爷爷?"小女孩不假思索地说:"他叫'胖爷爷'。"大家又是一阵哄笑,叶老便吻了下小女孩的脸蛋儿说:"你真可爱。"叶老慈祥、善良、天真的性格,由此可见一斑。人们常说,作家一般分为两类:要么童心不泯,要么深沉得叫人敬畏。叶老大抵就属于"童心不泯"的那一类吧?当时身边的作家中,与叶老形成鲜明对比的要数朱苏进了,他几乎常"酷"着一张脸,显出忧国忧民的样子,偶尔有了笑脸,也是那种很僵硬的冷笑,且透着几分杀气。可一旦与他交谈,立时便会被他那话语间所洋溢出的超人的智慧所倾倒。叶老很坦诚、随和、没忌讳,他会不时地情不自禁地向你流露一些闪烁着智慧火花的真实思想。因此,在那次滇西旅行中,在那种轻松、随意的气氛里,我受益匪浅。当时,叶老已享受副兵团级别的待遇,一到昆明,省军区、14集团军以及省里的主要领导已做好了盛情款待工作,叶老却婉言谢绝了,只礼节性地见了个面。但在一些很庄严的场合,叶老也挺显庄重。在大理,有一日上午,驻下关的一个团队,队列严整地接受叶老的检阅。叶老着一身雪白西装,系一条紫红领带,穿一双乳白色皮鞋,步伐矫健地走向部队,向官兵们握手问好,连连称道:"同志们辛苦啦!"一刹那,我深深地被叶老那动作干练、声若洪钟的老军人气质给震撼了。那一次笔会,省军区共安排了两辆车,一辆是能容纳十来个人的小面包车,一辆是北京吉普,原本是要叶老坐吉普的,但叶老偏要坐面包车。每到一地下车时,他从不麻烦别人,主动提了皮箱行李就走。尹瑞伟老师曾私下嘱我上下车时照顾好叶老,叶老却谢绝了,叶老以他那十分麻利的动作,向大家证实:他还不老,还不需要大家的照顾。恰恰相反,每次的集体活动,不论是开饭,还是准备踏上新的旅途,叶老的动作都最麻利,最快。每到一地,因白日里颠簸得够呛,早晨老睡懒觉,待我们陆续起了床时,叶老早已精神着从户外散步回来了。在怒江,有一天,叶老提出要去走访一个傈僳村庄,分区司令员便亲自做了向导,带我们先是乘车顺江而行到了彩虹桥,然后徒步向半山腰的一个傈僳山寨登去。不多会儿,叶老就捷足先登将我们甩了个老远,真让我们望尘莫及。胖作家王中才便气喘吁吁地大声喊:"叶——老,您要把我们拽死呀!"叶老当时是回答了句什么的,却因风大,没听清,也许是说了句鼓励的话吧。叶老的穿着很讲究,那种讲究不是说衣服如何高档,而是体现在干净上,上了身的衣服,他顶多两天就要换洗,每到一地宿下,他要做的头一件事就是及时洗澡,然后将换下的衣服洗了晾晒好。他说,这是他多年的习惯了,在家里也这样,从不劳驾老伴。相比之下,我就有些自惭形秽了,换下的衣服,常常要堆好几天才洗,自有了女朋友后,就更是难得亲自洗次衣服了。尹瑞伟老师也有此感慨,自嘲说:我们都太大男子主义了呀!

之前就听说,叶楠与白桦是一对孪生兄弟,并且都是军人,都成为了中国当代响当当的大牌作家。这在古今中外的文学史上,都是一个很奇特的文学现象!纵观世界文学史,此前,曾有过法国的大仲马和小仲马父子作家写过《基度山伯爵》和《茶花女》;也有过英国的夏洛蒂、艾米莉和安妮写过《简·爱》、《呼啸山庄》和《艾格妮丝·格雷》;在中国,苏氏父子也曾写下过名篇佳句;但孪生兄弟都同是军旅作家且写出了名篇的,也就只有叶楠和白桦了。

在与叶老闲聊时,我说:"叶老,我是来自金平边防部队的。在金平,白桦是一个被人们谈说了几十年的人物,他创作的电影《山间铃响马帮来》和根据小说

《无铃的马帮》改编的电影《神秘的旅伴》,反映的都是金平的人事变迁,这为他赢得了盛名的同时,也为金平那块神奇的土地,罩上了一层美丽的光环,金平军民无不因此而骄傲。金平军民在与外界介绍金平时,总要炫耀说:你看过电影《山间铃响马帮来》和《神秘的旅伴》吗?它们都是反映我们金平的事情呢,是著名作家白桦写的,他曾在我们金平生活过一段时间呢!"

叶老说:"是的,在云南,白桦的影响比我大,也比我出名得早,我比白桦早出生10多分钟,但他在文坛上却比我早出名了10多年。我是在1958年他被错划为'右派'后,才从事文学创作的。之前,我是海军北海舰队一支潜艇编队的动力工程师,白桦是从一当兵就热爱上文学创作了。他早期的作品,写的是哀牢山中的马帮;我早期的作品,写的是清朝北洋舰队的致远号军舰。可谓'南辕北辙',各有所长。'文革'之后,我创作了《傲蕾·一兰》、《绿海天涯》,白桦也创作了歌颂贺龙的《曙光》和反映淮海战役的《今夜星光灿烂》。"

我说:"叶老,相比之下,你要比你弟弟白桦幸运得多?"

叶老笑笑说:"这是一种天性使然。他创作的题材,总是很敏感。当我的《傲蕾·一兰》获首届政府奖最佳影片奖,《巴山夜雨》获第二届政府奖最佳影片奖以及中国首届电影金鸡奖最佳编剧奖,接着又于1983年以《甲午风云》获葡萄牙举行的第12届菲格腊·达·福日国际电影节评委奖的时候,白桦则因电影《苦恋》而惹了麻烦,很快就被禁映了。"

我曾在金平文化馆刘珍老师(他是《金水河》文学小报的编辑,据刘珍老师说,当年他与白桦、彭荆风同是师部文工团的战友,冯牧是政治部主任)处,看到过白桦的一张照片,照片上的白桦,模样与叶楠颇为相像,均是一头银白的头发,个儿也差不多,他身穿一身雪白的西装,左手插在裤兜里,正倘佯于一片低矮的花丛中。我于是向叶老道出了自己多年的质疑:这对孪生兄弟作家,竟就如此相像,但有没有一些很微妙的区别呢?

叶老笑着说:"我们哥儿俩,个子、模样的确很相像,35岁那年,我们哥儿俩的一头黑发,仿佛在一夜之间同时白了,究竟为什么,谁也说不清。出生后,父母为了避免认错,便在我的手腕上系一根红头绳做了记号,这记号一直系到我上高小。上初中时,我们同在一个班,老师就常常认错。白桦常常不能按时完成作业,所以经常被老师找茬。有一次课间休息,我正在球场上打着篮球,忽然被老师叫住问:陈佑华,你没有做完作业,打什么篮球?我就纠正说:我不是陈佑华,我是他哥哥。后来,老师嫌辨别我们哥俩麻烦,就把我们分了班。白桦鬼点子多,好搞恶作剧。有一次,我到上海去看他,那天早晨,哥俩出门去吃早点,他请客,吃的是豆浆油条。进饭店前,他说,他要跟老板打赌,吃一顿'白食',但希望我配合,先进洗手间呆着,等他进洗手间后,我再进餐厅去接着吃。他进餐厅要了足够两个人吃的早点后,就与老板打赌,他如果吃完了所点的豆浆油条,可以不给钱,如不能吃完,他可付两倍的钱,但其间得允许他上洗手间一趟,老板同意了。白桦吃了一半后,便出餐厅进了洗手间,叫我去接着吃。果然,我进餐厅吃完了所点的豆浆油条,老板都没有看出破绽,只好认了输。我与白桦的区别在于,我自小比他乖巧,听话,随和;而他自小就很调皮,有一种叛逆心理,常常做出一些令大人恼火的事儿,我稍不留心,就要吃他的亏,上他的当。他走起路来,头高昂着目空一切,给人一种很高傲的感觉,尤其是面对比他强的人。但面对平民百姓,他又很亲切、温和。"

4月18日,我们返回了昆明。笔会即将结束时,我请叶老留言,叶老思索片刻,在我的本子上写了"文章憎命达,魑魅喜人过。录杜工部句共勉之"的内容。

那次笔会,叶老赠给了我一本他的中短篇小说集《一帆风顺,燕鸥!》。书中收录了作家创作的13部中短篇小说,是作家对文学的重新认识与思考。《大江和高山的回声》,喊出了人类生存与自然的冲突造成的严重危机;《三声铳响以后》,展现了商品经济在穷乡僻壤里碰撞后所产生的效应,但作家仍以一个老军人的感情、以大量的笔墨来探索人和战争的关系,用委婉抒情的手法表现十分严肃的主题。《印有金锚的飘带》、《象王在朝阳升起时死去》,则给我留下了士兵的新人形象。《画眉鸟婉丽的鸣声》探索了战争中人性的压抑、摧残和折射的亮光,令人震撼,争议颇多。

而今,叶老虽然走了,但他的精神永存!他随时流露出的那一丝丝善意的微笑,以及那一头飘飘银发,常常迭现在我的眼前,无法忘却;他那些闪耀着文学光彩的篇章,将永驻人间!

原载滇中罗先生的博客,http://blog.sina.com.cn/s/blog_6f4455be0100n0y7.html,2010年12月8日

豫南籍著名作家叶楠访问记

黄振国

出生于信阳市的著名作家叶楠,不仅在战火纷飞的豫南度过了苦难的少年时代,还在这葱郁的大山里投身革命,是一位从豫南走出的、令家乡骄傲的大山之子。

一

我和叶楠相识于1986年元旦。为拍摄反映刘邓大军千里跃进大别山的电影,他和天津电影制片厂的同志深入生活回来到潢川,并在这里住了三四天,县里指派时任县委副书记的我来接待他。当时,叶楠50多岁,中等个儿,满头银丝,标准的军人姿态,走路很快,精神很好,说话带着明显的信阳口音。他为人随和,平易近人,和蔼可亲,没有架子。离开潢川时,他再三跟我说:"啥时候进京,一定到我家做客。"恰巧当年年底就有一次进京出差的机会,我就登门拜访了这位可亲可敬的豫南籍著名作家,听他讲述了自己的人生之旅。

到京后,我按照叶楠留的联系电话,给他家挂了两次电话,都是他的夫人老邸同志(河南许昌人)接的。第一次通话时,她说叶楠和八一电影制片厂的导演到山西体验生活去了,可能不几天就回来。第二次给叶楠家挂电话,叶楠已经回来了,他热情地约我下午去他家做客。

1986年12月17日下午,我踏着满地的积雪按时来到京西海军大院叶楠的家。可一进叶楠的书房,却见叶楠正斜倚在长沙发上,无法站起来。老邸同志介绍说,为了招待我,叶楠推着单车去街上买菜摔着了。听了老邸同志的话,我既感激又歉疚,想告辞让叶楠同志好好休息。但是叶楠同志非常诚恳地挽留我,我只得打消了走的念头。

在书房坐下,我留意到向阳的窗台上摆着两盆花草,叶子翠绿,在冰雪严寒的冬日里,给室内增添了几丝春意。靠窗前摆放的写字台角上,放着一只引颈高歌的金鸡,底座上写着"奖给全国第一届电影'金鸡奖'最佳编剧叶楠同志"。桌旁的地上还放着两件虽打开却没有来得及整理的行囊,上面沾满了征尘。

我说:"叶楠同志,您是信阳人,可如今在信阳了解您的人实际上并不多。能不能跟我谈谈您的成功之道,让我用自己的一支拙笔,介绍给家乡的文学爱好者?"

叶楠同志端起茶杯,呷了一口茶:"要说成功还谈不上,随便聊聊吧。"说罢,他放下手里的茶杯,身子往后一靠,拉家常般地跟我谈了起来——

二

我的祖上原在信阳东边的中山铺,后来进城定居在信阳市西关的鲍氏街。我家在城里有点小生意,在中山铺乡下还有一点儿土地,家庭生活还过得去。1938年秋,侵华日军占领了信阳,我们全家跑反到信阳西山,就是现在南湾库区和董家河、浉河港一带。跑反是很辛苦的,住的是草棚,也没有吃的,还时常受到土匪的侵扰。那时潢川没有被日本占领,还属国统区。我父亲颇具民族气节,不愿当亡国奴,当时他曾想到潢川去。在跑反期间,我家的房子被日本鬼子扒了,跑反回来后,全家人只好借住别人的一大间破屋。那时,进城要有日军发的"良民证"。一天,我父亲从西山回来,刚进城就被日本宪兵队发现了。父亲进屋不到一小时,宪兵队就像一群恶狼,气势汹汹地冲进我家把他抓走了。这是我和父亲见的最后一面,当时我和胞弟白桦都才8岁。不几天就听人说,我父亲被日本宪兵押到火车站北边的阳山活埋了。后来得知有汉奸在日本人面前告我父亲,说他"不满日本人的统治,不愿当顺民"。

父亲惨死后,母亲带着我和两个弟弟、两个妹妹共五个孩子,生活过得十分艰苦。父亲生前在武汉的银行存了700元钱,当生活实在过不下去了,母亲就托一个亲戚到武汉把这700元钱取出来补贴家用。我母亲是穷苦人出身,勤劳善良,会弹棉花,还养猪,就这样勉强维持生计。她虽然目不识丁,但思想很开明,在生活极其艰苦的情况下,还让我们上学。我的一位伯父是晚清的秀才,后来在家教私塾。我和白桦是双胞胎,生于1930年冬天,我原名叫陈佐华,白桦原名叫陈佑华。从1937年起,我们兄弟俩就在伯父家读私塾,从7岁一直读到11岁。现在我觉得,这几年私塾没有白读,为我打下了古文基础,对后来搞文学创作很有帮助。

到了1941年,我和白桦都认为,光读私塾也不是个事儿,很想到国统区去上学,于是决定到潢川去。为啥决定到潢川去呢?因为那里有我同父异母的姐姐,姐夫在潢川团管区当准尉司书,也就是文书的角色;另外还听说潢川中学是河南省立第七中学,很有名气,周围十几个县有不少学生都去潢中上学,而且该校还对沦陷区来的学生管饭。所以,1941年冬天,我和白桦还有姐姐跟着做生意的人,开始从信阳出发第一次到潢川去。那时因罗山西部的土匪很多,还没有一条正经路,我们一行人是从正阳、息县辗转到潢川的,在路上走了五六天。

1942年春天,我和白桦考上了潢中的初中部,当时我俩都是12岁。那时学校的住宿条件很差,睡的是大通铺,吃的是稠稀饭,生活很清苦,校内的政治斗争比较激烈。比如,一次高年级学生演唱《黄河大合唱》,尔后音乐老师就因此被国民党顽固派抓走了。学校也组织学生春游,那时叫"远足"。我记得有一次我们还游到城南的十里头,中午饭也是在那儿吃的。

潢川当时是"抗日孤岛",很穷。1942年天大旱,翻过城墙,就能看见城外生灵涂炭、一片凄凉的悲惨景象。我们经常碰到从黄泛区来逃荒要饭的,有男的,有女的,有年逾古稀的老人,还有不满周岁的小孩,那场景不堪目睹。也就是从这时起,我才真正接触到社会,开始认识社会。我把这一切灾难都归罪于日本发动的侵华战争,渴望能早日打败小日本。

当时,我和白桦就住在姐姐家。姐姐家的生活也很困难,我姐夫为了增加点收入,就雇几个从黄泛区出来逃荒要饭的在家织毛巾卖,我和白桦晚上也帮着织,白天和星期天我们还做些其他活计。那时,我们上学实际上属半工半读的性质。有段时间,姐姐家有一位从武汉来的织毛巾师傅,这个师傅以前参加过红军游击队,后来被国民党逮捕,又设法逃了出来,然后才到潢川织毛巾的。他经常给我们讲革命的道理,我对此人印象很好,受他的影响也挺大,不过一段时间后他又走了。

我的少年生活虽然很艰难,但潢川也给我留下了深刻而温暖的记忆。母校不仅给了我知识,不少老师和同学还给了我很大的帮助,有些富家子弟对我也不错,经常把他们的图书借给我看。那时,除了在学校的课堂学习外,课外时间我还读了一些中国的古典文学,比如《三国演义》、《红楼梦》、《水浒传》等古典小说。当时潢中有个图书馆,里面有不少藏书,还有"五四"以后的新文学作品和一些外国经典书籍。可以说,就我后来的文学创作而言,潢川对我的影响是很大的。

潢川城很美丽。我离开潢川后,曾到过很多县城,感到都没有像潢川城那样美丽。当时城里的小潢河上,有座镇潢桥,桥上有铁水牛,一条河把潢川分成了南北两个城。城里还有清真寺、"三山夹一井"、"一步三空桥"、小南海、铁旗杆和那一个个夏季满池荷花的池塘。潢川的景色真是美极了,"小苏州"的名号名不虚传,那里是很能陶冶情操的。

不过在潢川,我也曾苦闷过。我经常一个人沿着小潢河,跟着放鱼鹰打鱼的小渔船,一走就是七八里;也时常在田野里,在小潢河边,独自徘徊、思索。潢川对我的性格影响也是很大的。那时学校每天上课前要升国旗,担任升旗手的学生通常是穿着好的富家子弟,当然这也是一种荣耀。我和白桦都因穿得很破,学校从来都不挑选我俩升国旗。但是有一天,学校的一个国民党顽固派为了嘲弄我们,偏让我和白桦去担任升旗手,在众目睽睽之下,我俩感到很难为情,很伤自尊心。为这件事,我也曾苦闷过。

1945年夏天,学校放暑假了。我和白桦又跟着做生意的人,回到位于信阳西山农村的家,看望久别的母亲、弟弟和妹妹。8月间,我们在乡下听到了一个振奋人心的好消息:日本鬼子投降了!这样,我们全家才从乡下回到信阳市内。快开学时,我和白桦从信阳第二次到潢川。这次是经罗山走的,我记得沿途很荒凉,特别是罗山西部九冲十八洼一带,很远没有人烟。

到潢川上了一个多月学后,得知一个新的消息:抗日期间搬到陕南的信阳师范学校又迁回信阳,就设在市内天主教堂,战后第一批学生的招生广告也贴到了潢川。我和白桦看了招生广告后,很想去报考信师,因为上师范毕业后好找工作。潢中也同意我俩去报考。我和白桦一考就考上了,白桦考上了艺术科,我考上了主修数理化和语文的普通科。1945年11月,我和白桦就从潢中转学到了信师。可是,当我俩读完了师范一年级课程后,又觉得读师范没有前途,还想回潢川继续上高中。这样,到1946年的秋天,我和白桦又搭乘别人的大货车第三次到了潢川。当时信阳也有高中,我们家又在信阳,本来可以上信高,为啥要去上潢中呢?因为我们在那里上了四年多的学,对潢中的老师、同学很有感情,所以才舍近求远。哪知到了潢川,我拉痢疾病倒了,没能参加考试。白桦考上了,继续在潢中上学。待病好后,我只好一个人回到信阳接着读师范。我和白桦兄弟俩就是从这时岔伴的。

在潢川中学的这段学习生活经历,使我较早地接触到社会,不仅接受到进步思想的熏陶,还经受了艰苦生活的锻炼,使我早早地成熟起来,对我后来的人生道路及文学创作,产生了很大的影响。

三

1946年,全国形势发生了深刻变化,下半年解放战争就拉开了序幕。当时我16岁,对社会已有了更深的认识,也读了不少进步书籍,信师不少进步老师对我也产生了很大影响。

第二年春天,学潮席卷全国各地。我再也憋不住了,就用假名和上海的学联取得联系,经常搜集整理信阳几个学校的学生受迫害受压抑的情况,用笔名在上海的《新学生报》上发表。那时我常用的笔名离不开"楠"字。为啥我对"楠"字感兴趣呢？因为我曾两次跑反到信阳西山的大森林，在那里见到过很多种树木，唯独楠木引起我特别的兴趣，在我的心里，它那苍劲挺拔的英姿就像铮铮铁骨、刚直不阿的男子汉。

那时潢中有个刊物叫《人民文艺社》，是由进步师生办的。信师因力量较弱，没有办文学刊物，但发表的园地还是有的。我就是从那时起，开始学写诗歌、散文、小说的。1947年上半年，我是信师《壁报》的总编辑，编出来的稿子都贴在文庙广场边的墙壁上。通过办《壁报》这种形式，我联络了一些追求进步、爱好文学的青年，其中就有信阳地下党支部书记孙绍先，他是南阳人，当时在《豫南民报》担任编辑。潢中的学生运动积极分子靳彦俊也是通过我与孙接上头的。认识孙后，我们从他那里读了一些毛主席的著作，看了出自于苏联驻华使馆的一些东西。那时通过书店，还可以买到赵树理等人的作品和苏联的文学作品。我们通过读这些书刊，对革命产生了浓厚的兴趣。

当时，我们在《豫南民报》上办了一个副刊，名叫《学生笔》，报社觉得很有吸引力，就同意出这个副刊，从夏季一直办到当年的9月底。办副刊期间，有时我们忙不过来，其他的进步同学也主动协助。到1947年的下半年，国民党特务开始注意我们。我们几个就想到解放区去，但苦于没有门路。当时只有两个线索：一个是校内一位思想进步的老师，但他又不承认是共产党；再一个就是孙绍先，我们先问他是不是共产党，但他的态度暧昧，既不肯定也不否定。

孙听说我们要走，就说："何必要走呢？留下来不是一样吗？"后来他介绍几个同学到郑州找关系，让他们通过郑州的一个关系北渡黄河到解放区去，哪知那几个同学到郑州没有接上头，几天后又不得不返回了信阳。不久孙绍先离开了信阳，但很快又回来了。他回来后，就让两个爱说爱动、目标较大、已被学校挂牌开除的同学先走。他俩先到豫东，又经驻马店到了豫西，在那里参加了中国人民解放军。而我仍留在信师上学。当时我有个很要好的同学，名叫叶杨，新中国成立后曾任武汉军区宣传部副部长。我俩一直是孙绍先的培养对象。1947年秋，他发展我俩为中共党员并成立党小组，希望我们多团结一些进步学生。

此时，有个叫宋志国的中统特务，担任信阳统计调查室主任。在白桦离开家还不到一个月的时候，宋就来到了我们家。他穿得很阔气，一副盛气凌人的样子，进门就冲我问："你是不是陈佐华？"我说："是。"他又问："陈佑华呢？"我说："他到外地去了。"宋自我介绍说："我叫宋志国，你晚上去跟我谈谈！"他说完就走了。晚上7点多钟，学校教导主任领着一个小职员来找我，小职员说："宋主任请你去！"我二话没说，就跟着他走了。

在一幢楼房二楼的一个小房间里,我见到了宋志国,他阴沉着脸,表情十分难看。把小职员支走后,他狡黠地问我:"陈佑华到底去哪儿啦?"我说:"他去上海了。"随后我掏出一封事前伪造好的信递给他:"你看,他还说准备从上海到北京去上学呢。"宋眼一瞪:"他没有去上海,他去参加共产党了!"说罢就把小手枪掏出来放在桌子上,继续审问我,我硬是没敢吐口。宋没问出什么结果,只好把我放了回去。在回家的路上我碰到一位同学,他对我说:"宋主任可能还要找你。"我一听,心想坏了,暴露了,信阳不能待了!于是我和叶杨商量:"不能在信阳待了,走吧?"他同意了,但我们又不知去哪里好。

四

正在寻出路时,我们遇到了一个家在信阳西乡的同学,他姓余,比较进步。我写了一封信,让他带着去四望山一带找解放军,帮我们联系。信的大意是:我们几个学生想去解放区,不知可以不可以?很快我们就收到了余同学带来的回信,回信很爽快地同意我们去,落款是赵毅。这是个真人真名,新中国成立后我曾在海军某部见过他。收到回信后,我就跑到浉河南的三里店,隐蔽在一个同学家里,由叶杨每天和我联系,告诉我哪些同学愿跟我们一块儿走。我在三里店住了一个多星期。最后,我们跟愿意走的同学约好在浉河桥南头集合出发的时间。当时报名的有十几个,实际上走的只有七个人:六个同学和一个老师。还有一个女同学和她哥哥一起报了名,可临出发时,她哥哥却迟迟未到,这个女同学急得直哭,最后只好又回去了。就这样,我们于1947年12月离开了信阳。

我们一行七人中有三个女的、四个男的,穿的都是学生服。路上碰到一些"小炮队"的盘查,我们都说是回家的学生,就这样闯过了一关又一关。到了位于现在南湾水库淹没区的龙门店,接待我们的是信阳县人民政府秘书,叫田林松(听说他现在还在信阳),还有几个通信员、文书等。

那时,县政府整天挪,从这个村挪到那个村,我们也跟着到处跑,还经常走夜路。我们七个人只带了两床被子,晚上没法盖,只能将就睡。当时的信阳县委书记叫马任平,他让我们学习《土改大纲》等文件。我们学了三四天后就分到贺家冲一带,跟着县政府机关搞土改,先后到了黄龙寺、游河、冯家庄等地。当时我们还带着枪,马书记对我们说:"这里离信阳才几十里,你们是武装土改工作队员,时时处处要小心,别传到信阳被敌人发现了影响家里人,最好改个名字掩护一下。"就是在这个时候,我改名叫叶楠,一直到现在。同学们当时都改了名。1948年春暖花开的时候,桐柏行署来了一位姓段的组织部长,马书记问段部长:"这几个学生咋办?"段部长说:"可以把他们送到一分区,然后再送到军区去。"

当时一分区驻地在唐河县平氏镇。我们从黄龙寺出发,翻山越岭,走了很远的路。一同出发的除了我们七个人外,还有新五师几个掉队的战士。路上因为有"小炮队"活动不安全,加之我们也不熟悉路,县政府就派一位同志护送我们。到了平氏镇才知道,一分区已撤到祁仪镇了,我们又马不停蹄地赶到了祁仪镇。一分区的领导见我们去了很高兴,因为要打仗了,分区领导就让我们动员民夫抬伤员、运子弹。这是我第一次经受战火的考验,对我的锻炼是很大的。

"宛东战役"结束后,我们又随一分区回到了平氏镇。当时桐柏军区驻地也在这里,军区军政干部学校也设在这里,校长由军区司令员王宏坤兼任,政委由军区政委刘志坚兼任。我们就参加了军政干部学校的学习培训,并随军政干校在豫西一带兜圈子。

1948年10月,我们从军政干部学校毕业。校领导让我和叶杨任区队长,准备带下一批学员。从此,我就参军了。1948年冬天,我正在南阳县农村动员青年参军,听到了南阳解放的消息。第二天我就进南阳城去找孙绍先,因为我听说他从信阳回到了南阳,他是我和叶杨的入党介绍人,我们离开信阳时没有带组织关系,所以要找他。当时到南阳文教口打听他的下落,得知他在南阳县当区长,但时间仓促还是没有找到他。后来组织上让我和叶杨重新入党。所以,1949年4月,我和叶杨第二次入党。

1949年,我到参谋队学习结业后,由区队长改任军务参谋。这年秋天部队整编后,军政干校的王宏坤调到湖北去了,整个军政干校迁到了开封,与河南省军区干部学校合并。到开封后,我仍在军区干校当参谋。

当年12月,中央军委下发一份文件,要选调一批文化高、身体好、年纪轻、政治强的军人去学习海军。因为我是军务参谋,领导就让我物色人选。我按照条件只物色到两个,就跟校长说:"我也去吧?"校长同意了。于是河南省军区就去了我们三人,由我带队到武汉中南军区集中。整个中南军区共集中了80多人,军区又让我带队。

1950年初,我们一行几十人换上统一的军装,由我带着从武汉坐火车到北京,又转车到沈阳。下车后,我让大家等着,我先去东北军区联系。东北军区来了一位同志接待我们,让我们住在一个小旅馆里,两天后通知我们参加考试,考场设在沈阳一所小学校里。从中南军区去的80多人中,只有包括我在内的一半人通过了考试,留下换上了水兵服,其他没有考上的人又返回原单位。当时我们的学校叫"中国人民解放军海军学校",这是新中国的第一个海军学校,就设在大连,校长由肖劲光大将兼任,我们是第一批学生。在这里,我第一次见到了苏联人。这次全军总共考上200多人,分两个系,一个是指挥系,一个是机械系。我分在机械系学习。我们于1950年2月入学,一直学到1954年5月。我学的是潜艇机械,毕业后分配到青岛潜艇部队(隶属北海舰队)任机电业务长,1958年改任潜艇基地机电科科长。

五

关于我的创作,刚参加工作时我曾在《中原日报》、《南阳报》上发表过文章。在海军学习四年间,因功课紧一直没有时间搞创作。1958年,由于我爱好文学,平时好写点东西,当时潜艇部队就把我抽出来搞创作,让我写一个反映潜艇部队的剧本。我感到这个剧本难写,因为潜艇部队没有打过仗,平时训练又没啥好写的。我就提出写北洋舰队,写中日甲午海战,因为我对这段历史和邓世昌的事迹比较了解。这之前我还没有写剧本的尝试,能不能写好心里没底,只是抱着试一试的想法。我写了一个多星期,剧名定为《甲午风云》。说来很巧,也算是机遇吧,我刚把这个剧本写出来,长春电影制片厂的编辑和摄影就来了,他们看过后,当即表态要这个本子。1959年,剧本拿到长影经过润色就先发表了。1960年春节前,长影给我发来电报,让我去修改这个剧本。我接到电报就去长影住了一个月,改了两稿。长影的厂长和导演带我去找吉林省委宣传部部长和管文教的书记通本子,我读后,他俩说:"很好!就把它作为今年的影片吧。"

该剧从1960年开拍,直到1962年才拍出来,因为当时正值三年经济困难时期。该片反映的是1894年的中日甲午海战,上映后获得了一致好评,李默然同志因饰演片中主人公邓世昌一举成名,后被称为"邓大人"。我在长影完成了改稿任务,又回到了原单位,继续写些文学作品,主要是写散文。我有一篇散文叫《朱红色的底片》,1961年发表在《人民日报》上,《新港》、《大众日报》也发表过我的作品。从此,我的信心更足了,搞创作的劲头更大了。后来,我的作品在《人民文学》、《解放军文艺》、《山东文学》上都发表过,一年发表三四篇。这样一直到1965年,我被调到北海舰队文化部搞创作。我是1月份调去的,6月份就被派去搞社教。我在山东临沂地区搞了一年的社教。1966年"文革"开始不久,我就又回北海舰队文化部搞创作了。

1974年,长影让我住在他们那里写剧本,写舰队或写边防的事。我在那里一两年都没写出啥重要东西,直到1976年夏,才写出剧本《傲蕾·一兰》。1976年9月毛主席逝世后,我就从长影回到了部队。"四人帮"垮台后,我给外交部写了一封信,介绍《傲蕾·一兰》的创作情况,因为这个剧本是揭露沙俄侵略我国罪行的,外交部给我回信说:"体裁很好,可以拍。"后来上海电影制片厂听说了,就把这个剧本拿去,于1977年拍出了上下集。从此,上影又让我给他们写剧本。当时夏衍让上影写著名植物学家蔡希陶,上影就把这个任务交给了我。1978年春天,我到云南西双版纳植物研究所,和蔡老一起生活了三个多月,回到上海就写出了电影剧本《绿海天涯》,很快就通过了,并拍成了电影。

1979年,上影还不让我走,让我到四川去。我从重庆沿江而下,在船上观察、构思,到上海后写出了电影剧本《巴山夜雨》。上影看了本子后当即决定拍摄。1979年夏,我又到南海舰队深入生活,回来后写了一篇小说《印有金锚的飘带》,在《上海文学》上发表了。回到北京后,北京电影制片厂让我给他们写东西,我说可以给你们改一个东西,于是就把小说《印有金锚的飘带》改写成了电影剧本,名叫《金锚飘带》。1980年夏,我和北影《金锚飘带》摄制组到南海舰队深入生活,拍摄影片。

1980年,《巴山夜雨》也拍出来了,上映后反应很强烈。在1981年全国第一届"金鸡奖"评奖中,《巴山夜雨》荣获最佳故事片奖、最佳男女配角集体奖和最佳音乐奖,我荣获最佳编剧奖,张瑜因饰演《庐山恋》中的周筠和《巴山夜雨》中的刘文英荣获最佳女主角奖。同时,《巴山夜雨》和《傲蕾·一兰》还分别荣获文化部颁发的优秀影片奖。

1981年,我和上影的一位同志一起到河西走廊一带深入体验生活,回来后写出了电影剧本《姐姐》,上影于1982年拍了出来。当时我想在该片的创作手法上搞点新突破,下了一些功夫,所以上映后有点小震动,当时电影学院讲课时还用了这个本子。

1982年,我还在继续搞电影剧本创作。这一年,上影的老导演吴永刚给我写信说:"我年纪大了,只能拍最后一部电影了。以前我们合作得很好,请你再给我写个本子。"于是,我就跟他一块儿到四川。走了很多地方,没有发现太精彩的东西,后来发现一个测绘部队还不错,一个团在川藏高原工作20年,完成了川藏地区的测绘任务。我从四川到了西藏,到了那些最艰苦的地方。根据这段生活的所见所闻,我写了一个剧本,叫《雪山上耀眼的晨星》,1982年发表在上海《电影新作》上。

1983年,我在大兴安岭深入生活。这一年我两次参加国际电影节:一次是作为我国电影代表团团长到香港参加国际电影节,一次以中国电影代表团成员的身份到葡萄牙参加国际电影节。

1984年,我从云南边防前线回来后,写了一个中篇、一个短篇,还写了一个电影剧本,叫《丛林中的雾在消散》,拍成电影后改名叫《鸽子树》。

1986年上半年,我接受了一个任务,给天津电影制片厂写刘邓大军1947年千里跃进大别山的剧本。剧本写出后,10月份还在进行最后修改,剧名叫《伟大的战略转折》。听说最近天津厂已经开拍了。

1986年下半年,我又到大兴安岭去了一趟。从大兴安岭回来后,应内蒙古自治区文联的邀请,我和几位著名作家去内蒙古讲学。接着是到湘西参加纪念红军长征胜利50周年的系列活动,其间我还随有关部门的同志,去了贺龙同志的老家湖南桑植县,参加了在那里举行的为贺龙雕像揭幕的剪彩仪式。会后,我又出发到山西去深入生活。昨晚我刚从山西回来,正好今天你就来了。

我一直觉得,豫南是个好地方,应该多出些作家和艺术家。我跑过全国不少地方,但潢川给我留下的印象特别深、特别美好!我在那里生活了五六年,那里的风土人情、城市风貌、河流大桥、古城店铺、石铺街道,都是典型的南方城市特色。像潢川这样的县城,这样好的自然环境,在我所到过的县级城市里很少见。出人才,自然环境也很重要,因为环境可以陶冶人的情操。前不久,我到了湘西的凤凰县,凤凰和潢川差不多,也是一条大河把县城分为两个城,凤凰出了不少文化名人,像著名作家沈从文、著名画家黄永玉。我还曾去过屈原和王昭君的故乡,那里也是山川秀丽,景色宜人。当然,如果真正要想写出好东西来,必须要有扎实的生活基础,因为生活是大于、重于灵感的,好作品是灵感和生活撞击的结果。我在潢川上学时,爱好文学的同学有不少,但这些年出的人才太少了。能不能多出人才、出好作品,客观条件是一方面,关键是看作者是否肯学习,肯下功夫。要想写出好东西,唯一的办法就是勤学苦练。你这当"父母官"的一定要开明,要为文学工作者的创作,多提供一些有利条件。

最后,请你转告我家乡的文学爱好者们:人的成功是不易的,必须付出艰苦的劳动和努力。要想提高自己、造就自己,只有靠学习、靠奋斗、靠拼搏,除此以外是没有任何捷径可走的……

六

从叶楠的谈话中,我还了解到,他自1947年参加革命离开信阳后,曾于1949年、1954年、1962年回过信阳,但待的时间都很短。自1946年离开潢川后,一直到1986年元旦才又回去,中间相隔40年。

这次拜访叶楠,他跟我的谈话从下午2点一直持续到5点40分。他执意留我在他家吃饭,还拿出了珍藏多年的茅台酒。老郜同志亲手做了丰盛的晚餐。

我是晚上 8 点多离开叶楠家的。临走时,叶楠同志签名送给我一本他的著作《巴山夜雨——从剧本到影片》。为了表达他对家乡文学事业的期望,他还挥毫泼墨,在宣纸上写下了苍劲有力的隶书:

豫南乃中原、巴楚文化汇流之地,人杰地灵,理应有繁茂文艺群落兴起!
与家乡同仁共奋进

丙寅冬月京城西郊　叶楠

当我走出海军大院时,长安大街两旁早已华灯齐放。我踏着绵绵积雪,边走边想:叶楠同志所走过的路,是一条成功的路,一条不平凡的路,也是用汗水和心血铺成的路。我在心里默默地祝愿他健康快乐,祝愿他写出更多更好的无愧于时代、无愧于人民、无愧于自己名望的作品来!

原载《河南文史资料》2013 年第 1 期

也留兴安一段情
——我记忆中的作家叶楠

万以诚

20世纪70年代末,"文革"结束后的第一届全国文代会在北京召开。会上有几个人格外引人注目。他们是夫妻作家贺敬之和柯岩、兄弟作家叶楠和白桦。

我第一次见到叶楠是在1982年。时值春夏之交,作为当地报社的记者,我在内蒙古大兴安岭林管局下属的克一河林业局采访。在那里遇见了林管局党委宣传部的刘勇。他说正陪同作家叶楠到此采风,并约我晚饭后过去一叙。我和叶楠的交谈,从介绍林区情况开始,兼及风土人情,泛泛地,彼此都未必认真。不久话题转及白桦,当我说起白桦的早期作品长篇叙事诗《鹰群》,并背诵了其中某些章节时,叶楠露出几分惊讶,谈话内容便移到创作上来。他说自己本系新中国第一代潜艇工程师,只因为不平于白桦1957年遭遇的霉运,竟然拿起笔来从事创作。不料在1960年代初期,他所创作的电影《甲午风云》,因展示了中日甲午海战那段悲壮历史,塑造了邓世昌民族英雄的高大形象,而一炮走红,以至全国上下家喻户晓。叶楠自我评价道,《甲午风云》是他的成名作,而代表作则当数1980年代上映的《巴山夜雨》。这部电影反映的是几个好人在"文革"中的遭遇。写得很别致,体现出作家独有的社会理想和美学追求,在当时的影坛上别具一格。

接着我们谈到克一河林业局。这个林业局经多年采伐,可采资源濒临枯竭。难能可贵的是他们及时调整经营方针,开始大规模人工造林,并逐步实现了机械化。经过数年努力,百万亩人工林茁壮生长,已形成新的风景。叶楠对这一情状格外感兴趣,并围绕机械化造林进行了几天采访,回北京后写成散文《绿色的希望》,在《人民日报》上发表,成为在林业改革关键阶段的一曲催人奋进的赞歌。克一河的机械化造林规模不断扩大,其经营范围竟然拓展到外省,产生过全国性影响。

后来才知道,叶楠那次到大兴安岭,是为电影《傲蕾·一兰》的创作搜集素材。影片完成后,新中国的银幕上第一次呈现出大兴安岭密林深处达斡尔、鄂温克等少数民族的历史风貌。林区人看到后,感到格外亲切。正是因为《傲蕾·一兰》的创作,让叶楠与大兴安岭结下深厚情谊。1986年,经叶楠从中联络,以中国作家协会副主席蒋子龙为团长的作家访问团来内蒙古大兴安岭林区访问。20多位团员中,有十余位系各省作协的副主席。叶楠随团前来,因是熟人,见面后自感亲切。只是由于我所负担的任务是陪同第一分团走东线。同行作家有蒋子龙、吴若增、许瑞生诸位,叶楠却不在其中,失去了与他再次深谈的机会。在访问过程中,蒋子龙对大兴安岭表现出极大的热情。面对林区绮丽风光,他动情地说,眼前的风光与契诃夫在《萨哈林游记》中描绘的一般无二,是出大作家的地方。访问结束后的第二年,适逢《中国林业报》创刊,我曾约成一、许瑞生、吴若增等为报纸写过一些文字。而蒋子龙却似乎并无有关林业的作品问世。直至2012年10月8日《中国绿色时报》副刊生态文化版发表了他的散文《龙在林海》,才让人眼前一亮。其间似可看到当年那次对大兴安岭的访问在这位作家心底留下的印痕——这让我又一次想起叶楠。

我与叶楠的最后一次见面在1998年。当时《中国绿色时报》的《绿色周末》周刊举办一次野生动物保护宣传活动,意欲得到作家的支持,便在北京西四附近的一家孔乙己酒店邀请王蒙、叶楠、李国文诸位商谈有关事宜。席间与叶楠相逢,他极感意外,后问知我工作近况,格外高兴,共同回忆起在大兴安岭的几次交往,并相约寻求机会同去访问旧游之地。然而因为某些客观原因,彼此均未能履约,竟成终生憾事。为此,当2003年,我得知叶楠辞世的消息,在悲痛之余更有为他写一点文字的冲动,却亦因忙乱而搁置下来。

叶楠早年留学苏联,因成为一位从事潜艇机械制造的工程技术人员而引人注目,又弃武从文,颇具传奇色彩。他从事创作数十年,除在电影剧本创作取得骄人成就外,还创作了大量小说、散文等文学作品,成为中国当代文坛颇具影响力的作家。对林业的关注、对大兴安岭的眷顾,在他的创作活动中,虽占有不多的分量,但正因他的这份情意,融汇于字里行间和言行中的情意,让大兴安岭的务林人认知并记住了他,视之为朋友和文学代言人。在他辞世的这10年间,我也时常想起这位作家。如今将这些记忆诉诸纸笔,作为纪念,也了却我一桩心愿。

原载《中国绿色时报》2014年2月24日

我给李凖、叶楠当编辑

陈清泉

认识作家李凖与叶楠,给他们撰写的电影文学剧本当编辑并促成了他们的作品拍摄成电影,是我从事电影文学编辑生涯中值得回忆的往事。

那时,我在上海电影制片厂文学部当编辑。文学部分为南方组(负责与两广、云贵、福建、湖南等省区的作者联络与组织稿件)、北方组(负责东北三省、京津与河北、山东、河南、山西、内蒙古等省区),以及西北组、中原组、群众来稿组等。我在北方组工作,组长为杨公敏,我担任副组长,成为他的助手。李凖当时在河南,叶楠在山东,都在我分工的省区,他们就成了我联络和组稿的对象。与我一道做联络工作的还有张孟昭老大姐。

原海燕厂副厂长,后来担任了上海电影制片厂厂长的徐桑楚对我说过:"李凖是对上海电影有很大贡献的人,他的许多作品都送给了上影,由我们拍摄成影片,在国内外产生了重大影响。因此,在上影的成绩单上,李凖占了一个十分重要的地位。对于这样一位作家,千万不能忘掉他的杰出贡献。"他在说这番话时,我感受到他是动了真情的。

说李凖对上海电影事业有突出贡献,是有事实根据的。1953年,李凖发表了短篇小说《不能走那条路》被上影看中,由包时改编为剧本,并由著名导演应云卫执导,于1954年上映,这应该是李凖从文坛走向影坛的开始。他参加了文化部电影局举办的电影剧本讲习班,从而获得了创作电影文学剧本的技巧,随后连续创作了多部电影文学剧本。其中由上海拍摄的有《小康人家》(徐韬导演,海燕厂出品)、《老兵新传》(沈浮导演,海燕厂出品)、《夜走骆驼岭》(徐韬、张铮导演,海燕厂出品)、《李双双》(鲁韧导演,海燕厂出品,获第二届《大众电影》"百花奖"最佳故事片奖、最佳编剧奖等多种奖项)。

李凖向海燕厂交出《老兵新传》手稿后不久,海燕厂厂长、著名导演沈浮与摄影师罗从周从苏联归来了,之前他们于1956年奉命去苏联学习彩色宽银幕故事片的拍摄方法。沈浮在看到《老兵新传》剧本后,认为剧本所提供的许多场景很适合用宽银幕来展示。于是,在他与罗从周的通力合作下,新中国第一部宽银幕彩色故事片诞生了,从此我国影坛上增添了一个视角更广、场面更为宏伟、展示戏剧情节的视觉效果更佳的新品种。沈浮与罗从周是这个新品种的开拓者,而李凖提供了一个良好的剧本让他们在新技术领域里自由驰骋,他功莫大焉。

"文革"十年,也是他与上影联系中断的十年。到了"文革"末期,"文革"前与他联系的老编辑张孟昭在北方组讨论组稿工作时,提出了与李凖进行联系的意见,得到大家的认同,编辑组长杨公敏全力支持这一想法,李凖便于 1977 年被请到上海,入住永福路 52 号上影文学部的创作楼内。

这时的叶楠,在完成了《傲蕾·一兰》的剧本创作后,也来到上海准备创作新的剧本,与李凖同住在一层楼内。两位素不相识的作家,虽然都曾听说过对方却从未见过面,如今成了"邻居",怎能不互诉"相见恨晚"之情呢?

对于他们的相识,我作为联系他们的编辑人员,当然格外开心。没过几天,他们就联袂向我提了一个要求。

李凖说:"'四人帮'制造了大量的冤假错案,我们想到政法系统做些采访,看看有没有典型案例可以用作创作素材。"

叶楠做了补充:"如果能够找到'四人帮'垮台前,司法系统几部对冤狱进行平反的就更好。清泉,你是干过公安的,找个老熟人,行吗?"

我一听便笑着说:"你们找对人了。"

只见他俩用期待的眼神看着我,分明是十分急切地等待听我的下文呢!我便告诉他们:"我有一个亲戚曾担任无锡市公安局局长,现在虽然离开公安局担任副市长了,但他与公安系统一定还有联系,不妨找找他。"他俩听了我的话,也笑了起来。叶楠是个急性子,催着我马上打电话到无锡。

当天,我就通过长途电话向我的亲戚陈文章说明了我们的打算。他听后表示:这一类案例是有的,他曾亲自处理过。欢迎李凖和叶楠到无锡来,一切活动由他负责安排。李凖和叶楠听了当然极其高兴。

我们接着讨论了行程的安排,李凖进一步提出:能否利用这个机会,多看江苏的几个城市,多采访几个公安局;叶楠还要求说,清泉,你的家乡扬州可是个好地方,能不能去走一走。李凖也很想看看这个"在唐诗中读到过的扬州",于是,这次与两位作家的采访创作素材之旅,便增加了镇江、扬州两地。

我们的计划很快就得到批准,顺利地来到无锡。

陈文章十分热情地接待了我们,他在自身工作十分繁忙的情况下和我们面谈了三次,每次都在三小时左右,向我们详细地介绍了好几个案例。

在这些案例中,有两个引起了李凖的浓厚兴趣,其中一个是被判为"现行反革命",在粉碎"四人帮"前就宣布平反的。那时,陈文章恢复工作不久,接到一个被判处有期徒刑十五年的"现行反革命"分子的姐姐的来信,从种种迹象来看,这是一桩由造反派导演的冤案。于是,陈文章调来了全部案卷,逐字逐句地加以分析,找出了那些破绽,当即提出应该予以平反。但是,这将大大刺激那位尚在"台上"、将此案定为"铁案"的人。有人劝告陈文章要慎重对待,更有人干脆指明，切勿引火烧身。陈文章真的是"慎重对待"了，他向司法部门的同志逐个征求意见，委婉地向他们表示了自己的看法，终于得到大家的支持，在公开的群众大会上平反。另一位被判十年有期徒刑的"现行反革命"的甄别材料，也已报上级审批，不久即可出狱。

李凖和叶楠听了陈文章的介绍以后，都希望去看看这位蒙冤并即将获释的青年，以便获得直观的印象，有助于对人物的塑造，陈文章毫不犹豫地答应了。

第二天，陈文章派来车子将我们接到无锡市监狱，而他本人已早早守候在那里，将陪同我们会见这位年轻人。

监狱监管人员告诉我们，这位青年虽然还未出狱，但已不在监房中服刑了，上面的批文一到达，他就可以离开监狱。说话之间，他已将我们引到工作人员食堂中，说这个青年正在这里帮厨呢。

当这位监管人员介绍了我们的身份后，指着陈文章向他介绍说："这位就是陈文章局长。"不料，这位蒙冤者竟跪下来对陈文章磕了一个大头，嘴里连连说："谢谢陈局长的大恩大德！"他的举动让一旁的李凖十分感动，两眼已是泪水盈眶了。而我则不仅为这青年的举动感动，也为李凖的感动而感动。因为，被感动了的作家，笔下就会出现感人的文字。

在我们离开无锡之前，陈文章又在他的家中邀请我们三人吃便饭。在话别时李凖说，这几个案例完全可以结构成一个剧本。果然，在他回到北京后不久，就将一个近两万字的剧本提纲寄给了我，我觉得基础不错，便送给陈文章，他读了以后同意我的看法，认为可以鼓励李凖写出来。但可能是身体原因，李凖未能将这个提纲写成剧本，这当然是一件憾事。

离开无锡之后，我们去了镇江。市公安局的同志将我们接到招待所后，我们就开始了采访活动，他们介绍了好多案例，有些事情后来也被李凖写进了剧本提纲。

在镇江，我们自然不会放弃登一登金、焦二山的机会，因为这里有着许多动人的故事和传说，"耳闻不如眼见"嘛，更何况是什么都想听、什么都想看的作家哩！

踏上焦山的山道，面对滔滔的大江，欣赏着山路另一边的摩崖石刻，两位作家挪不动步子了。走不多远，李凖在一块石刻前不住地低吟，从他那一口的河南话中，我听清楚了他吟诵的是石刻上的两句诗——"碧楼丹阁皆时事，唯有江山古到今"，"好，好句子！"我忙说："讲讲你的想法。"他说道："好句子，好就好在'皆时事'，好就好在'古到今'。一切都是过眼云烟的时事，而亘古不变的是文学、是友谊，可以与江山共存！"

后来，叶楠还写了一首卜算子《别扬州》："真是锦扬州，苍翠玲珑透。多少雕楼化作尘，只有山河寿。何处最堪怜，十里清波皱。比那西湖更俊俏，俊在妖娆瘦。"

又过了一年多,已是1979年的春天了,李準与叶楠相约一起来到上海。上一次的江苏之行,让他们产生了要合作写一个剧本的念头。

我们安排他俩入住锦江饭店,那里可以提供给他们一个相对安静,有利于交谈创作构思和进行写作的环境。

我们刚见面,李準就急不可耐地告诉我,他已经有了一个新的电影构思。他说:"每次过三峡,看到那些船夫们勇敢面对惊涛骇浪时,都引起过我心灵的颤动和创作的冲动,但都没有写出什么东西。这一次夜雨中过川江,突然想起了李商隐的那首《夜雨寄北》。'何当共剪西窗烛,却话巴山夜雨时',这是一种什么样的意境呀!这意境引出了我的许多遐想,我克制不住自己的创作冲动了。"

接着,他讲开了故事。概括地说就是,通过一艘在川江夜雨中挣扎前行的航船,表现一些普通人的命运,其中要着力刻画一位面对"四人帮"的淫威而坚强不屈的诗人形象,还要描绘一两个受"四人帮"蒙蔽者的觉醒。在短短的航程中,去揭示那个被扭曲了的时代终将过去这一真理。叶楠也不时补充自己的想法。于是,在我的眼前似乎出现许多未来的电影场景和画面。我服了,我佩服他们讲故事的本领,这是一个十分完整的电影故事,弄好了,可以成为一个电影珍品,我们一定要牢牢地抓住这个题材不放。于是,我向徐桑楚厂长做了汇报,并且希望能让一位导演听听他俩的故事,桑楚思考了一下说:"这个戏,请吴永刚导最适合。"我忙说:"我去请。"

隔了一天,桑楚和吴永刚一起来到锦江饭店,听两位作家讲故事,依然是李準主讲、叶楠不时插话。当两位作家介绍完毕时,只见吴老微眯着眼低吟道:"何当共剪西窗烛,却话巴山夜雨时。好,有意境!"看来,他的整个身心都已沉浸在故事所渗透着的艺术氛围之中了。接着,他对徐桑楚和两位作家说:"在一条轮船上展现了社会众生相,这好比'四人帮'时期苦难中国的缩影。但是新中国的航船毕竟要破浪向前,是任何势力阻挡不住的。意念好,一定可以拍好!"

他的话,不仅是对作者的有力支持,也是对编辑人的极大鼓舞。于是,由桑楚拍板,这个剧目不仅列入上影厂的剧本规划,而且打破常规地列入了当年的摄制计划。

李準因有其他要事回家了,而叶楠却溯江而上,乘上了一条在川江中航行的轮船去体验生活了。本来,我应陪着叶楠参加川江航行的,但因其他事务缠身未能如愿。

叶楠从四川回来后,花了一个星期功夫就拿出了一个剧本初稿。我读了这个名为《巴山夜雨》的初稿后,感到这已经是一个十分成熟的剧本了,虽然我用一个编辑人应具有的严而又苛的眼光,想找找剧本的茬儿,但竟未能挑出什么毛病,便推荐给吴老与桑楚看。

他们两位看后,都赞不绝口,吴永刚说:"叶楠真是一位快干,一个星期就写出这么一个本子,而且人物都'站'起来了,情节展开得那么顺畅,我都可以从剧本中看到画面,这个人,神了!"桑楚则一锤定音说:"让李凖过一下目,请他做些必要的修改和补充就可以定稿投产。"又交代吴永刚说:"老吴啊,摄制组可以马上开始酝酿,李凖的意见一到,就可进入筹备。"

我在一旁听了他们的表态,迅速地与李凖进行了联系,原先大家曾约定,初稿由叶楠撰写,由李凖补充修改后定稿送审,现在,是李凖在接力赛中接棒的时候了。

李凖看完稿子,来电让我转告桑楚和吴老,他说:"叶楠这个本子写得很好,很完整,很动人,将原来的构思体现出来了,而且体现得十分完美。我看,我没有再动笔的必要了。"李凖的这番话出乎我的意料,但也在情理之中,我向桑楚汇报后,《巴山夜雨》便正式投产了。经过吴永刚和他的助手吴贻弓的努力,《巴山夜雨》以清新的风格、准确而细腻的人物刻画,展示了广阔而多变的社会生活面,充分揭示了丰富而深刻的思想内容,获得了广大观众的热诚欢迎,也得到了评论界的普遍赞誉。影片还连续获得"文化部优秀影片奖",第一届"金鸡奖"最佳故事片奖、最佳编剧奖等奖项,第二届"文汇电影奖"最佳故事片奖等奖项,导演吴贻弓也由此脱颖而出。

搞我们这一行的人都知道,构思是剧本的灵魂,如果没有一个好的构思,是写不出优秀作品的。《巴山夜雨》的构思在李凖的脑海中形成已久,当他将叶楠看做可以相交的文友时,不仅表达了与叶楠合作的愿望,而且无私地贡献出他的构思。叶楠写出剧本后,他又是那么坚定地支持叶楠的写作成果,表示了不需加工修改的意见。当我向他征求在字幕上的署名时,他竟慷慨地表示,是叶楠一个人写的,我没写过一个字,应该署他的名。于是,银幕上出现的编剧,就仅仅是叶楠了。这是李凖对电影事业的无私奉献,也是他俩友谊的结晶,再次用事实证明他的话:"文学、友谊,可与江山共存!"

为了文学和友谊,李凖继续为上影默默耕耘,先后撰写了《牧马人》,参加了《清凉寺钟声》和《高山下的花环》的剧本创作。

对《高山下的花环》能否投产,上影厂内是有不同看法的,一些拥有发言权的同志并不赞成这部戏的上马。原因是:全国已有五个话剧团上演了这台话剧,除了已有一部电视剧播映外,还有几家电视台要将此剧改编为电视剧,在这种情况下投产这部影片而且要投巨资来拍,结果难以预料。

厂长徐桑楚自有对策,他举出李凖在《牧马人》中写的那些脍炙人口的对白,说:"有李凖参加加工,加上原作者李存葆的通力合作,一定会拿出一个与舞台剧、电视剧不一样的剧本。"

于是导演谢晋、文学副厂长王林谷和徐桑楚来到浙江,与李凖、李存葆会合搞本子去了。一个多月后,他们果然带回了一个与众不同的剧本。当然,李凖起了独特的作用,后来我们在电影中看到的一些情节和剧中人那些掷地有声的台词,不少是出自李凖的笔下。

这部电影在1984年发行以后,成为全国发行拷贝量最大的影片,也是上影厂乃至全国经济收益最高的影片,单单在新加坡一地,就连映了一个月以上,而且场场客满。

由于工作的变动,我不再担任编辑工作,与李凖也多时未有联系了。

1982年初冬,我去北京开会,在北京首都剧场与李凖巧遇。我们握着手紧紧不放,他分明看出了我与他不期而遇时分外高兴的心情,简略介绍了工作状况后说:"清泉,我读了你纪念吴永刚的文章,谢谢你!"我十分清楚,他是看到我文章中讲述了关于李凖向厂长、吴老详细谈《巴山夜雨》构思及叶楠根据这个构思写成剧本的经过,人们当然可以从中看出李凖对这部电影的贡献,所以他说谢谢我。接着他又问:"你是这个剧本的责任编辑,又出过那么大的力,为什么字幕上没有你的名字,反而写了孟昭呢?"(张孟昭是位老编辑,早就与李凖有联系,后来又曾参与过《巴山夜雨》的部分工作。)我告诉他:"厂领导迟习道为此还主动跟我打招呼,说是疏忽了,问我要不要重印字幕。我觉得这么做经济上损失太大,便回答他不必改了。"于是两个曾对《巴山夜雨》寄予深情的人相视一笑,就把这事搁一边了。

1990年前,李凖大病了一场,我于1991年去北京时曾到他的寓所探望了他。他痊愈不久,连讲话都有些困难了。当时,他紧紧抓着我的手说:"老陈,病不可怕,最让我担心的是我还能动笔吗?"说着,竟流下了眼泪。我忙安慰他说:"你会好起来的,怎么不能写了哩?"但心里头却很难过:难道,这位文坛巨匠,会就此搁笔了吗?但李凖凭着他坚强的毅力以及对文学事业的忠诚,终于走下病榻重新站了起来,并且远赴香港讲学,写出一些新的文章。

然而这一次的见面却是我们的诀别。屈指算来,他已经离开我们十二个年头,每每想到这里,心头不禁涌出了酸楚。

我与叶楠的认识和当他的编辑比李凖要早。那时,我在济南组稿,从军区的作家赵鹫等人处,得知叶楠在北海舰队担任创作员,他和我的同事演员王蓓的丈夫白桦是孪生兄弟,曾参与创作了《甲午风云》,便主动与他取得联系。后来,得到编辑组的支持,又将叶楠请到上海。

当时中苏交恶,叶楠手头有一个反映我边疆人民与老沙皇斗争的故事,我们听了以后就鼓励他写出稿子。

在上影文学部的招待所里,叶楠很快就拿出了初稿,我们一看觉得基础不错就列入了组稿规划,又经北方组和文学部领导上报厂部后,决定作为重大题材来抓,并成立由汤晓丹担任导演、罗从周担任摄影、丁辰担任美工、乐羽侯担任化妆、沈锡元担任制片主任的摄制筹备组,与作家、编辑一起到东北,一边深入生活,补充素材,一边加工剧本并进行开拍前的准备,可见厂部决心之大。

我们一行,经哈尔滨、齐齐哈尔,来到莫力达瓦达斡尔族自治旗,与叶楠笔下抗击沙俄的达斡尔族干部群众生活在一起。

我们这批人,个个都变成了海绵,通过观察、访问、座谈等形式,将当地人民群众的生活变成源头活水吸到自己的躯体内,可谓硕果累累。大家不仅了解到达斡尔族平时的生活习惯、婚丧嫁娶的各种仪式,以及这个能歌善舞的民族最爱跳的"罕伯舞"(意为雄鹰腾飞之舞)的跳法,而且还在当地干部的帮助下,找到已经不再从事迷信活动的巫师,为我们表演了跳大神。

这一切的一切,都使我们处于十分亢奋的状态,而最最激动的莫过于叶楠了。一次,他十分兴奋地对我说:"清泉,我们来得太必要了。不来,你能知道罕伯舞怎么跳吗?你能看到早已禁止的跳大神吗?你能亲耳听到口弦琴的美妙声音吗?"又说:"我看到这一切,马上就觉得剧本的哪些地方要把罕伯舞放进去。看了他们的结婚仪式,剧中婚礼那场戏,就可以进一步丰富了。这些,都对人物的塑造有很大帮助的。"说干就干,他居然在旅途中就动手修改剧本了。

在这过程中,他与汤晓丹导演多次交换意见,一会儿和导演讨论婚礼部分的细节描绘该从哪些地方下手;一会儿又阐明自己的想法说,那个地方的舞蹈是为了烘托什么样情绪的……汤晓丹是位善于吸收他人意见的导演,叶楠的建议他都听了进去,并在后来都转化为电影场景和画面了。

我们这一行人真的是满载而归,大家从不同的专业需要吸取了大量的生活素材,成为重要的创作元素,得益于这次东北之行,后来影片果然逼真地再现了达斡尔人民反沙俄侵略的顽强斗志。叶楠带回来的一剧之本,我们看了后立即向上面打了"可以定稿"的报告,摄制组便宣告正式"开张"了。

叶楠这位河南大汉,具有十分鲜明的中原人民质朴而爽朗的气质。我和他都钟爱"杜康",也曾多次对酌,我有点自我控制的能力,而他在极其兴奋的状态下往往控制不住自己,这一点,在达斡尔族自治旗的一次豪饮中,表现得尤为突出。

当时,我们访问了一个公社后,他们留下我们共进晚餐。席间,叶楠大谈特谈他的创作构想,用他特有的大嗓门和快节奏的语言描绘未来影片的一些场景和几个重头戏中达斡尔人怎样和武装到牙齿的沙俄侵略者进行正义斗争。谈到高兴处,他面对眼前的听众就像宣誓那样地表示:一定要把达斡尔人英勇顽强的斗争精神表现出来。

这番话一出口,就让达斡尔同胞们激动起来并争着向他敬酒,于是就出现了下一幕——

先是公社书记为了表示对作家的敬意,向叶楠敬了一杯,叶楠仰起脖子一饮而尽。见他喝得痛快,社长自然不好怠慢,跟着敬了他一杯。于是社长敬了秘书敬,秘书敬了股长们敬,然后办事员们敬,叶楠显然有些招架不住了,但在达斡尔大汉们的劝说下还是来者不拒地干了一杯又一杯,直至干了二十三杯之后他的舌头大了,从凳子上站起来与人碰杯时十分困难了,这才被几个人架着、拽着,勉强上了车返回住地。

第二天,我问他:"喝了那么多,肯定很难过,为什么不控制一下呢?"

他说:"再难过也得喝呀!清泉,你应该承认少数民族兄弟情感多么真诚,我明知这次非醉不可,但我不能不喝,我不能辜负他们的心意……"

这短短的话语,活活画出这个性情中人的内心世界,我不禁为他的真诚而暗暗喝彩。

这一次的东北之行,让我们之间的友谊上升到了新的高度。很快,他又约我同去西双版纳采风,准备响应夏衍的号召,将林业工作者的感人事迹搬上银幕。

夏衍同志曾经说过:"一个常书鸿、一个蔡希陶,都是值得我们电影剧作家写一写的。他们是知识分子的典范,都很了不起——一个奋斗在荒无人烟的大漠,发掘并守护着敦煌的国宝,一个在西南边陲,与莽莽苍苍的原始森林为伍,为保护这一大片热带雨林默默献身。希望银幕上能出现他们的形象。"

叶楠与我都听说过夏公的这段语重心长的谈话,当叶楠向我提出这个设想时,我表示百分之百的赞成。但当叶楠打点行装准备出发时,我却因另一任务难以成行了,这对我来说当然是一个重大损失。

叶楠在西双版纳生活了一个月左右便返回上海,他在林区采访了众多的林业工作者,采访了许多技术人员、行政领导和普通工人,了解了蔡希陶在那里的工作和生活状况——他们在极其艰苦的条件下,为保护这片热带雨林贡献了青春并在那里坚守了一辈子。他们所演绎的动人事迹,又一次激发了叶楠的创作激情。

他对我详细地介绍了这次去西双版纳生活的具体情况,我们一起讨论了他的初步设想,我听得出他的腹中已经形成了未来的剧本框架,便劝他趁热打铁把本子拿出来。

又只用了一个星期,一个名为《绿海天涯》的电影文学剧本问世了。

我郑重地接过这份手稿,郑重地表示:今天一定看完,明天会把意见反馈给他。当我翻开手稿的封面,一行行熟悉的字迹从我眼前走过,我不禁为他的创作才能赞起好来。我觉得,叶楠设计的情节衍化清新而流畅,塑造了好几个性格鲜明而饱满的艺术形象,似乎在奏一曲为林业工作者谱写的赞歌,抒情之处令人神往。我将观感向组内做了汇报,考虑到这是夏公提倡过的题材,公敏与部领导一起做了决定:将剧本送到北京请夏公审阅。

夏公经过"文革"的摧残,不但行走不便,视力也大大减退,怎能让他阅读手写稿呢?叶楠自告奋勇,将三万五千余字的初稿,亲自朗读录音,将录音带放给夏公听。

于是,我和叶楠携着这个录音带去京了。

经文化部电影局与夏公秘书联系,我们到京后的第二天就到竹竿胡同夏府去拜谒夏公了。在叶楠汇报了创作经过后,夏公高兴地说:"你们要用电影去表现蔡希陶在林业科学领域里探索的脚印,很有意义。"

夏公问了上影的情况,我汇报了当年的创作生产规划,并告诉他:"桑楚厂长已决定把这个作品列入今年投产的剧目之中,嘱咐我们要认真听取您的意见以便修改定稿。"

夏公于次日听了录音,然后就找我们去谈意见。他老人家在充分肯定作品具有坚实基础的同时,指出了主人公在生活中所碰到的矛盾远比剧本描写的尖锐,应该在修改中加以解决,针对结构还不够严密、典型环境的刻画不够生动等缺陷,他要求叶楠大力去除枝枝蔓蔓,以便更好地树立主干(即主人公)。至于对政工人员和领导者的塑造,他说他历来反对把这些人写成天生的才能出众或者写成个苦行僧,让人看起来像个伪君子。这些意见对我们有很大的启发。在谈话结束后,他从茶几上拿出一张大稿纸,说:"我把意见的大意写了一张纸,供你们参考吧。"

叶楠接过来看了一下,又把这张密密麻麻写满了黄豆般大小字迹的意见稿交给了我,当时,我的鼻子竟不听使唤地酸了起来。因为可以想象,老人是如何就着灯光,将眼睛凑近稿纸,一笔一笔地写下他的意见的,这字里行间,是一位老前辈对后辈的提携之情呀。

回到上海,叶楠根据夏公的意见和建议做了修改,并通过审查定稿,不久就由舒适导演接手进行拍摄了。于是,我与叶楠的又一次合作画上句号。

当叶楠又一次向上影奉献他的新作《姐姐》时,因为我的工作变动,失去了继续为他当编辑的机会。

如今,叶楠也已作古,他与李凖在另一个世界里会有新的合作吗?

原载《上海采风》2015年5月第5期

研究论文选辑

我爱《巴山夜雨》
——给叶楠同志的一封信

陈荒煤

叶楠同志：

　　首先,应该向你祝贺,也向你道谢！这是我很受感动的一个电影剧本。我觉得主题、人物、情节、结构等都很新颖,整个剧本可以说颇有新意,不落一般常套。这一点是难能可贵的。两年多来,所谓"伤痕"文学尽管受到许多谴责,但经过风雨的考验,终于茁壮成长起来了。但应该说,有些作品也出现了一般化、雷同化的现象,有个别作品也确有些不够健康的东西。这种情况并不奇怪,不应要求一个新的事物在发展与成长过程中都是完美无缺的。不过,应该看到读者已经不满足于一般地叙述林彪、"四人帮"所造成的种种悲剧故事了。他们需要从这许多悲惨的故事中知道一些更深刻的东西。

　　对林彪、"四人帮"摧残革命艺术的各种罪行,至今还没有得到深刻的揭发。革命文艺工作者受到残酷迫害和镇压、教训的惨痛,也还未在文艺作品中得到较深刻的反映。

　　现今有一些青年失去理想与信仰,缺乏文化修养,少数人甚至道德品质败坏,情操趣味低下……这些现象常常使我们痛心。这都证明要建设一个真正社会主义的国家是不能没有革命文化、革命文艺的。

　　文艺是属于人民的。人民需要文艺,人民也不能没有文艺。没有丰盛的满足人民日益增长的生活需要的物质生产是不行的,而没有丰富的精神生产去满足人民的文化生活的需要也是不行的。革命文艺来自人民,植根于人民,鼓舞人民,为人民所热爱。因此,"四人帮"要镇压人民,也必然要镇压、迫害革命文艺和革命文艺工作者。但事与愿违,他们镇压革命文艺,却吹响了埋葬他们的号角！"四五"运动激起了一个历史上从未有过的天安门诗歌运动！

　　因此,你选择了这个题材和主题：表现一个真正属于人民、忠于党和人民的革命文艺工作者,他懂得人民,热爱人民,他也必然被人们所了解、所热爱。即使他受到迫害,人们也仍然爱戴、保护他,显示出人民的力量。最后,也促使像刘文英这种受骗的青年"造反者"觉醒过来。这个剧本表现了革命文艺工作者是和人民的命运血肉相连的,所以他们是打不垮、镇压不了的。

但是,题材的新颖和主题思想的深刻,归根到底,要靠生动鲜明的各种人物形象的塑造来体现,来表达作者的思想感情。你创造了几个普普通通的却又是英雄的人物,朴素可爱,真实可信;而无论是在结构、情节、环境的描写上,都是注意到可见的画面表现,都颇有诗情画意,很新颖,所以,我认为,这是一个成功的电影剧作。我这个六十多岁的老头子,看到秋石父女的团圆,以及刘文英的转变,也为之感动而落泪。

我十分希望在拍电影时,要特别注意长江三峡一带大好河山的美丽风光,然而却是在"四人帮"制造万千悲剧的特定时代的迷雾中的风光,确有巴山夜雨的特殊风格、民族特色。

当然,不应说剧本已经十全十美了,还应有所提炼,提高一步。我很忙,没有很好考虑,有几点不成熟的想法提供你参考。

1.秋石既被描写为人民的又特别是四川人喜爱的诗人,剧中不妨多有几首诗。例如他讲常在长江行走,与大部分船户都很熟。那么,《巴山夜雨》诗中最好有几句是歌颂船户在江上险滩中勇敢战斗精神的,所以船长背诵他的诗也就自然了,而且后来船停放秋石走时,码头上就有船户的人,船长向他们打个招呼,低语一阵,船户立即认出来,慨然把秋石父女领走,这种巧合想是可以的吧,也可以加强一点秋石与人民的联系的可见的形象,比只是在嘴里讲多数船户认得他好。

2.秋石决定写反"四人帮"的诗到大街上去张贴一事,我觉得未免太"理想化"了这个人物,也不太符合当时残酷斗争的特定现实情况。诗人固然可以感情冲动,但也无必要采取这种"赤膊上阵"的办法,还是要讲斗争策略才好。这和天安门诗歌运动的情况,以及张志新在狱中写诗的情况都不相同。不如改为决定自己写诗,自己印发,用诗和"四人帮"进行斗争,因而这些诗传诵一时,人民欢迎,"四人帮"则十分仇恨恐惧,千方百计要找到这些诗传单的作者和印发者,终于发现,逮捕了秋石。这丝毫不影响与降低秋石的敢于斗争的品质,而且还表现了他善于斗争的特点,这种斗争的效果与影响都更大。而柳姑虽然因有孕而有所顾虑,但仍积极支持,共同合作,准备同时被捕为好。

3.秋石给女儿写诗,不要用口述办法交代,不必在入狱三年之后写。而是在他准备印发诗传单之后,他给柳姑留下这首诗,以示牺牲的决心。

4.秋石既为名诗人,受人民爱戴,不要老是让人背诵《巴山夜雨》一诗,还可以有点别的诗。例如可否考虑让刘文英在什么情节进展中发现这个现行反革命分子的"黑"诗人,却写了一首歌颂怀念周总理在重庆曾家岩身居虎穴,和国民党反动派进行坚决斗争的诗,而不免有所触动。也可通过教师背诵几句反"四人帮"的诗。总之,要使刘文英在思想变化中,也受到秋石诗的影响。而且,在最后,秋石为什么不可以送刘文英一首诗,鼓励她重新战斗?

再者,刘文英的思想转变过程还不够清楚。她的内心矛盾——已经感到人民对"四人帮"不满,而自己还不能理解,不应该在船上才开始,而是早有苦闷,不过是秋石的悲剧加快了她的转变罢了。

5.小女孩的戏已很动人,但似乎还应加强一点。例如刘文英可否与小女孩有些接触?本以为她只是一个孤苦无依的孩子,聪明可怜,产生女性天性的某种心情,后来才知是秋石之女儿。这是否也可加深一点刘文英最后转变的因素?甚至也可以设想秋石与女儿在船上有一两次邂逅,但并不相识。

6.青年工人形象的设计很好。可惜到最后也没有发挥最大的作用,有点遗憾。可否改为船厂或什么工人,水性较好,情节发展中使人感到他对秋石已有所保护。因此当秋石跳水救杏花后,青年工人以为秋石投江,也下水救人。秋石终究因为受"四人帮"迫害较久,身体较弱,几乎不能支持,幸有青年工人一臂之力,才把秋石与杏花救上来。这样,使得青年工人这个形象也更完整一些。

敬礼

陈荒煤
一九八〇年十一月二十八日晨

原载《十月》1980 年第 2 期

一部颇有独特风格的好影片

夏　衍

看了《巴山夜雨》，觉得这是一部好片子，也许可以说，这是打倒"四人帮"以后的一部颇有独特风格的好影片。特别是现在，正当审判林江反革命集团的时刻，让广大观众看看这部影片，回忆一下那时人与人之间的关系，想一想林彪、江青反革命集团的罪恶，特别是让人们从影片中看到最广大的人民内心的爱憎，都很有好处。影片中几个人物都写得很好，诗人秋石、"解差"刘文英，还有其他几个次要的角色，女教师、老艺人、曾经当过造反派的青年工人、小女孩……这些角色的性格都写得很鲜明，演得很不错，都符合人物的身份。对话不多，很简练。特别使我高兴的，是这部影片是由新的导演、新的演员制作成功的。当然，吴永刚同志当总导演，不能忘记他的功劳。现在，三十年代、四十年代搞电影的人已经不多了，希望还得寄托在年轻一代人的身上。电影学院毕业的那些人，恐怕大都当了导演、副导演了吧？《巴山夜雨》这部影片，是在电影界拼命地追求惊险的情节，一窝蜂地竞拍恋爱题材、中日友好、中美友好题材的"风气"中出现的。我不反对拍惊险片，也不反对拍恋爱题材和对外友好题材的影片，但是我反对"一窝蜂"，主要是反对为了迎合俗套而"硬写"作者自己不熟悉的题材的这种"风气"。《巴山夜雨》不论在题材上、艺术表现上都有所创新，而这种创新是年轻的导演、编剧、演员做出的，这是最值得大家高兴的事情。打倒林江反革命集团已经四年多了，电影银幕上似乎还没有出现过这种风格样式的电影，而且写得干净，没有太大的败笔，没有什么看不下去的地方，这是很不容易的。假如说，要找一些小缺点，那么我个人看，有一个小问题，就是小女孩混上船去，交代得不够清楚。她为什么上这条船？她是否知道她父亲在这条船上，没有交代，其实，用一句话来交代或暗示一下就可以弥补的。其次，吹蒲公英这幅画，是片中一个重要线索，而这幅版画在五六十年代就很有名了，假如在那个当了工人的红卫兵抄秋石家的时候，安排一下这幅画挂在秋石书房的墙上，被红卫兵摔在地上，踩上一脚，先留下一个伏笔，那么后来的吹蒲公英、秋石父女相认，就贯穿起来了。还有，影片混录，画外音和内心独白，似乎应压低一点，使之和现实对话有区别，也许效果会更好。

影片的成功之处，是几个人物都合乎各自身份，他们讲的话，他们的动作都符合人物性格，近年来不少影片的最大毛病也就出在这里。而《巴山夜雨》的人物性格刻画是成功的。其中较难写的人物,比如先当过红卫兵后做了工人的那个青年,他同情秋石,但因抄过他的家,自己又有点内疚,而言行则又有点玩世不恭,这样一个人,竟使观众看了不讨厌,很自然;那位老太太更动人,她是一个使人难忘的典型,她和秋石把小枣扔进江里去那场戏,据说不少观众流了眼泪;还有一个着墨不多,而使人留下深刻印象的那个戏曲演员,不用伏笔,不用交代,观众一看就知道他是一个受过迫害,而且还心有余悸的人,他使人笑,也使人同情。在今天这个时期,上映这部影片,我认为很有教育意义。它让观众看到林彪、江青反革命集团的危害,同时,又使观众感到,尽管当时这两个反革命集团还没有打倒,但是船上的人,最少三等舱里的人,都已经看到这伙恶棍的必然失败的命运了。这部影片写出了尽管在那个困难的时期,绝大多数人还是好的,是同情秋石的,是反对和憎恶那两个"解差"的。影片里没有长篇说教,编剧和导演没有站出来讲话,但这个主题却已经很鲜明地表达出来了。

这个戏是写一条船上一天一夜之间发生的事情,"四人帮"十年浩劫中造成的灾难,都通过这几个人物的语言和行动表现出来,这是好处。但是,假如要"求全责备",那么,我认为,对那个时期的政治气氛、时代背景,还描写得不够明确。这种气氛不一定要从人物口中讲出来,或是从戏中表演出来,而可以充分利用一切道具、布景,但也不要多,有一点就可以。为什么有些人看了,认为这部影片都是好人没有一个坏人呢?恐怕也就是因为没有把当时的政治气氛表达出来的缘故,船长、政委、航警、伙夫都是好人,在那种环境中没有一个人害怕和顾虑,太一致了,应该有点差别。他们这几个人,在反对林江反革命集团,同情秋石这一点上,是一致的,但他们之中都有不同的性格、作风、习惯和警惕性。这样,才能使那个"解差"感到孤立,发生苦恼,终于使她在行动上发生变化。

最后,我还想提两点意见,第一是希望电影评论家对于有特色有成就的——特别是年轻电影工作者制作的作品,多写一点有分析的文章,一方面是鼓励电影工作者继续前进;另一方面是帮助电影观众提高对电影艺术的欣赏水平。对有成就的影片(包括电视片)应该鼓励和表扬,同时,对有害的、低级趣味的影片要批评。我对近来不少电影刊物上的影评颇有意见,我认为很多文章应该"正名"为"广告",这对电影工作者和电影观众都是有害无益的。第二,我希望初露锋芒,或者博得了影评界和观众好评的年轻电影工作者,一定要戒骄戒躁,虚心听取各方面的意见,不管是赞美或者是苛评,一定要再接再厉地奋勇前进,为中国电影在世界影坛上取得应有的地位而努力前进。

以上是"即兴"发言,如有不当,请同志们批评。

原载《电影通讯》1981年第1期

《巴山夜雨》的艺术特色

高歌今

　　唐代诗人李商隐写过一首交织着失望和希望的名诗:"君问归期未有期,巴山夜雨涨秋池。何当共剪西窗烛,却话巴山夜雨时。"叶楠编剧,吴永刚、吴贻弓导演的彩色故事影片《巴山夜雨》,巧妙地借用了这首诗中的名句作为片名,十分贴切,寓意深刻。我觉得这部影片新颖、含蓄、抒情、深沉,仿佛嚼橄榄一样,使人余香满口,回味无穷。这种感觉绝非那些直奔主题、一览无余的影片可比。它的思想力量和艺术特色,值得我们深长思之。

一

　　《巴山夜雨》有新颖独创的艺术构思。它的结构奇特,主题思想也不是简单几句话能说清楚的。我们有不少电影,或者按人物的行业结构故事,比如写工厂、农村的,写科技文教、服务行业的;或者把矛盾冲突浓缩到家人、亲友之间。这些都是通常的结构,其中也不乏佳作。《巴山夜雨》却另辟蹊径,把一群年龄、性别、职业、性格不同的素不相识的人物,集中到一条航行在风雨如晦的大江的船上来,展开矛盾冲突,结成同舟共济的关系,真是"同是天涯沦落人,相逢何必曾相识"。值得注意的是,这个船舱并没有一个坏人,只有觉悟不同、性格各异的工、农、文、教等各色人物。这是不是歪曲生活的本质真实,或者搞了什么"无冲突论"、"阶级斗争熄灭论"呢?我以为不能这样来看。不错,在"文化大革命"期间,沉渣泛起,各种坏人都曾出来表演。我们不反对在一些作品里着力写好千差万别的反面人物。但是,我们也不能简单地认为,出现"十年浩劫"这样"史无前例"的大悲剧,全都像某些肤浅的公式化影片中所反映的那样,仅仅是由于每个单位都有几个坏人上下勾结造成的。在现实生活里,每个单位也不一定都有一个、几个乃至一定比例的坏人。有些没有坏人的单位在"文化大革命"中照样吃尽了苦头,人为地分裂成势不两立的派别组织,捕风捉影地把同志当敌人,自相摧残一番。由此可见,"十年浩劫"绝不仅仅是由少数坏人一手造成的,而是有其深刻、复杂的社会历史原因,比如极"左"路线、现代迷信、封建遗毒等,都是不可忽视的重要根源。我们也不能说《巴山夜雨》没有矛盾冲突，它不仅有秋石和刘文英，也可以说是"四人帮"的囚犯同"精神上的囚犯"之间的矛盾冲突贯穿其间；更突出的是，影片所展示的令人窒息的社会环境和时代气氛，即一个好端端的社会主义中国被摧残得遍体鳞伤，濒于崩溃，正如大娘听到杏花的悲惨遭遇后所深深感叹的："看！这旧社会的事，又回来了。"灾难深重的人民群众和大搞封建法西斯专政的"四人帮"一伙，难道没有形成不共戴天的矛盾冲突吗？！应该说，《巴山夜雨》真实动人地截取了当时社会的一个横断面，它主要是通过江轮三等舱13号房的一群乘客的思想性格、道德情操和矛盾冲突的描绘，来反映人民群众在黑暗的政治高压下团结奋进的精神力量和美好心灵，揭示了日益觉醒的人民力量是任何反动势力也不能征服的。

小小船舱，正是当时中国社会现实的一个侧面、一个缩影。它使观众强烈地感到了那个动乱不堪的时代和环境。你看，号称"天府之国"的四川，这几年运动来运动去，生产没人抓，一个农村大姑娘杏花辛辛苦苦劳动一天，最多才挣九分钱，还养不活自己，被逼得抛开情投意合的恋人，要远嫁他乡，去自卖自身，偿还父亲欠下的重债。如同惊弓之鸟的老艺人关盛轩，时时都在提防挨批斗、进牛棚，直到问明船到武汉前不会被夺权，才勉强放下心来。青工宋敏生在工厂不能生产；女教师在学校不准教书。革命诗人秋石成了专人押送的"要犯"。那个河北老大娘的独生子，没死在抗日、打老蒋的战场上，却葬身在"打倒一切、全面内战"的炮火之中……这一切，不都使人仿佛置身那个风雨如磐的年代了吗？特别是关盛轩那些近乎歇斯底里的典型语言和动作，更常常激起观众会心的哄笑。比如他瞅见刘文英的背包里露出了手铐而瞠目结舌，赶紧去找船上领导要求换房间；回到舱里还在摇头摆脑，念念有词："不会，不会，至少到武汉以前不会被夺权了，革委会说的。"女教师朗读了秋石几句优美的诗句，就遭到刘文英训斥时，关又大为惊恐："又……又斗开了哇！"甚至当深夜听到喊叫："船上有人跳水啦！"他最先的反应也是赶紧把头蒙进被子里，下意识地生怕影响到自己的安宁。这种一夕数惊的惊恐症，难道不是那个人身安全毫无保障的年代的典型社会病症之一吗？！

可贵的是，这条船上的人，虽然遭遇不同，思想性格、觉悟程度也有差别，他（她）们都能以自己特有的方式去同情、关怀和帮助遭到不幸、痛苦和迫害的人。这不仅集中体现在秋石抢救杏花和"解差"义释秋石两件大事上，也体现在宋敏生给同舱人分送野菊花和民警老王、胖子厨师追来追去给东躲西藏的小娟子送吃食等小事上。《巴山夜雨》的构思所包含的结构和立意，正是力图通过普通群众在患难中的日益觉醒、同舟共济，来形象地揭示"四人帮"搞的一套是多么不得人心，天怒人怨！而中国人民的心灵又是何等善良正直、坚韧无畏！民心的向背,正预示着一个伟大的历史变革必将到来!

二

　　《巴山夜雨》不以故事情节的惊心动魄、离奇曲折取胜,而是着力刻画一群个性鲜明、栩栩如生的平凡人物,真切感人地展示他们美好的心灵、分明的爱憎和高尚的情操。

　　影片出现了众多人物,但性格风貌个个不同,不少人物都能给观众留下比较深刻的印象,这是很不容易的。编导并未对人物关系及其来龙去脉作繁琐交代,而是善于精选典型的动作和富于个性的语言,让人们对同一件事有着迥然不同的反映,来显示人物的性格、经历、教养等方面的差异。比如围绕着关还是开扩音器听样板戏这一场戏所展开的矛盾斗争和性格冲突,就很有意思。高喊"革命群众同志们好"走进舱来的青工宋敏生,竟然敢于随手关掉正在播放样板戏的扩音器,还对着刘文英老大不敬地说:"怎么样,安静一下吧!"这一典型动作和语言,一眼就能使人猜到这是一个机灵果敢的小伙子,他准是出身红五类,曾经造过反,早已觉悟到自己上当受骗,而对黑暗现实和极"左"高调看不顺眼、听不悦耳,并能巧妙地采取玩世不恭、讽刺挖苦的手段来和"四人帮"推行的一套做斗争。当刘文英不高兴地走过去重新打开扩音器时,宋敏生又把它关掉,还笑嘻嘻地走向正躺在上铺看书的京剧演员关盛轩:"需要安静,你看这位老同志……"胆小怕事的关盛轩赶紧声明:"不!不!我愿意听,很,很受教育……"他吓得把手里的书也震落了。这些言不由衷的答话,很容易使人联想到,这是一个屡遭批斗、吓破了胆的所谓"文艺黑线的社会基础"。当关盛轩被宋敏生认出是京剧名丑时,他竟像在机关挨斗似的背起认罪书来。宋敏生宽慰他说:"这是在船上,又不是在你们单位!"对宋敏生的挑战早就十分气愤、难于容忍的刘文英,好容易才瞅准机会狠狠回敬了宋敏生一句:"这船上也不是真空呀!"一句火药味很浓的话,一个开扩音器听样板戏的典型动作,就把这个唯我独"左"、唯我独"革"的"小将"形象,初步活灵活现地刻画出来了。别林斯基说得好:"性格的艺术刻画就在于:如果诗人给你描写出来他的生活的特定瞬间,你就能讲述在这瞬间以前和以后的他的整个生活。"《巴山夜雨》的编导,是深知其中奥妙的。

　　革命诗人秋石是影片深情赞颂的主要人物,双人押送的囚犯身份这一特殊处境,使他不能用更多的言语来表达自己的思想感情。李志舆扮演的秋石,很好地体现了编导赋予这个人物的神韵。一条留在左额上的明显刀痕,一双布满血丝,时刻都在观察和思索的慧眼,浮雕似的勾勒出了他的肖像特征。关心人民疾苦,唤醒迷途青年,是他时刻牢记的革命责任。编导塑造这个人物,主要用了传神的点睛之笔。他一上船就密切注意杏花的凄苦神情,忡忡忧心,给以热情照顾,暖语劝慰,直到把她从投水自杀的深渊中救了起来,又用自己的信念之火重新点燃杏花求生的欲望、奋斗的勇气。一个"说不定会被判处死刑"的人,对别人的生命远远胜过对自己生命的关心,这是一种何等高尚的思想品质、道德情操!他在深夜的舷边,打破沉默,出于唤醒迷途青年的沉重责任感,以一个囚犯的身份,语重心长地开导刘文英这个"精神上的囚犯"的话,也言简意赅,富于哲理,似重锤击鼓,狠狠敲到了刘文英的心坎上。一个跳水救人的行动,一席富有哲理诗情的谈话,枝蔓不多,就重墨浓涂地把秋石这个革命诗人的鲜明形象塑造出来了。

影片在人物刻画方面,还有一个突出成就,是真实可信、层次分明地塑造了刘文英这个转变中的典型人物。电影表现好转变人物是很不容易的,必须在短短的胶片里,合情合理地交代促成人物转变的契机,这绝不是靠一般地打通几次思想的说教式谈话就能解决问题的。《巴山夜雨》的主角,与其说是秋石,不如说是刘文英,因为秋石的许多感人的言行,戏的落脚点都在促进刘文英的逐步转变上。

我们清楚地看到,刘文英的转变有步步深入的三个明显的层次。深夜舷边,当秋石向刘文英重重地点出"你才是真正的囚犯……你是精神上的囚犯!"之后,刘文英气愤地回击她看管下的"囚犯":"你,你胡说!……"刘文英在秋石的目光逼视下,心虚地转过脸去,秋石的画外音继续响起:"你没感觉到吗……在人群中,你是多么孤独!谁都跟你格格不入。由于你的表现,谁都对你存着戒心……你就不看看周围的现实世界……"这正是刘文英在船舱中所感受到的迷惑和痛苦,不能不引起她的深深思索。导演把这次谈话安排在一个死寂的黑夜是有深意的。他就是要秋石在"四人帮"统治时期那种"实际上是不要文化,不要科学,甚至不要物质生产"的黑暗世界里,向刘文英呼唤人类需要色彩、阳光、森林、花朵等一切美好的东西,来拯救一个幼小的快要僵死的灵魂,使刘文英被异化了的人性得到复苏。在这一段戏里,一连出现了七八个刘文英的特写镜头:"气愤的脸"、"惊愕的脸"、"呆呆思索的脸"、"迷惑痛苦思索的脸"、"躺在上铺辗转反侧的脸"……使观众清楚地看到了刘文英内心的波涛翻滚。这可以说是刘文英转变的第一个层次。

第二个层次是当秋石救起杏花,在医务室里和杏花促膝谈心的时候,刘文英在室外听到了。她转身缓缓走向船舷,瞅着波涛汹涌的江面,在主观想象中复现了秋石刚才对杏花讲述的他和爱人柳姑度过的危难岁月。导演没有使这些镜头出现在秋石忆述往事的当时,而是把其放在稍后切入刘文英思想矛盾斗争时的主观想象之中,不仅可以避免回忆镜头过于密集在一块,而且有力地推动了刘文英的思想转变,使她对秋石这个家破妻亡、舍己救人的"现行反革命"的看法根本动摇了。

第三个层次是当刘文英听到小娟子叙述妈妈的死时,她的泪水的闸门一下子打开了。她急步跨入室内,蹲在小娟子面前,声音颤抖地说:"小娟子……"她多么想一口气告诉她,秋石就是她的爸爸啊,但是想不到却碰到了小娟子充满敌意的目光和躲到民警老王身后的反应。连小娟子对她刘文英也不理睬、不信任,这一打击,像利剑穿心,使她在"文革"高潮中筑成的思想堤坝终于崩溃了,脸上显出极为痛苦的神情。她下定决心义释秋石。当她如释重负地拿着手铐,要求另一个"解差"李彦把她这个放走要犯的人铐起来的时候,对方却把手铐抛入江中。这一意料之外的结局,使刘文英大为惊讶:"你?!……"当她突然醒悟到这是怎么回事时,禁不住失声痛哭了。她本来是想以胜利者的姿态,向"坏人"李彦挑战的,想不到奇峰突起,李彦早已走到了她的前面。她原先以为船上至少还有李彦是同她一样的解差,及至了解李也不站在她原来的一边,她百感交集,孤独、惭愧、回到人民怀中的喜悦……诸般复杂的感情,很自然地混合成了"失声痛哭",这是多么真实可信的绝妙处理啊!影坛新秀张瑜表演的刘文英,神情毕肖。她的思想感情变化幅度大,从骄矜、自信、固执、迷茫、困惑、孤独、怀疑、动摇,到震惊、觉醒,直至升华、转变,观众都能通过张瑜眼神的微妙变化,觉察出刘文英这个人们十分熟悉的典型的红卫兵小将的思想感情的复杂变化来。

三

《巴山夜雨》的镜头处理流畅,紧凑,色调淡雅,景与情随,情深意长。它像一幅隽永淡雅的水墨画,也像一首含蓄深沉的抒情诗,令人久久流连观赏,浮想联翩。比如秋石凭栏远眺神女峰的镜头就很美:虚无缥渺,群峦叠翠,神女高耸,俯视人寰,使秋石触景生情,很自然地回想起他当年在剧场入迷地观赏爱人柳姑跳神女舞的情景。而今"神女应无恙",扮神女的心上人却含冤而死了。此情此景,能不使人对人间美的毁灭凄然泪下?!下面,我只想着重举一个例子来分析一下影片在镜头处理方面的艺术特色。

夜深人静,乌云遮月,细雨蒙蒙。大娘缓缓走上甲板。她手里提着一篮大红枣,默默地倚栏伫立,泪眼发红地注视着江面,汹涌的江水正在奔腾咆哮着。

秋石轻轻走到她的身旁。大娘转身对秋石说:"快到了,就在前面……"原来她的儿子就是在"文革"中前去劝阻两派停止武斗时,白白牺牲在前面的江流之中的。秋石默默地看着大娘,大娘默默地看着江面。江水奔流,刘文英也悄悄走到他们背后来。大娘悲痛地说:"抗日、打老蒋,他都没死,可这会儿……他死了……"大娘费力地向上提柳条篮,秋石帮她提起来,放在栏杆上。大娘的手抚摸着篮里的红枣,顺声说道:"孩子从小就爱吃家乡的大枣……过去每回来四川都给他带,这回也带来了。"大娘双手捧着红枣忍着泪:"……这是妈的一片心哪!……"说着松开双手,将红枣颗颗撒入江中。接着镜头摇下,红枣落入江中,随波飘去。大娘又捧起一把红枣撒向江面,秋石也抓起一把红枣向江面撒去。大娘和秋石一同举起篮子将红枣倾入江中。随着大娘悲痛的脸,秋石激动的脸和刘文英惊愕不已的脸,这三个特写镜头的交错出现,江面上也反复出现了颗颗红枣卷入漩涡的空镜头。这是一个多么惊心动魄、催人泪下、发人深省的空镜头啊!它象征着"文化大革命"中,有多少无辜人民的鲜血,变成点点血花,卷进了"打倒一切,全面内战"的巨大漩涡之中。真是冤魂无数随波去,唯见大江日夜流。这样新颖、含蓄、抒情、深沉的镜头处理,难道不是对"文化大革命"的创痛巨深的历史教训的艺术概括吗?!

在这一组镜头之前,正是秋石和刘文英在舷边夜谈,指出刘的危险在于闭眼不看现实,听任骗子愚弄,是"精神上的囚犯"。紧接着,在大娘和秋石撒枣祭江之后,则是刘文英心灵受到震动,信念开始动摇,陷入深思猛省之中,以至于细雨飘打在她发红的脸上也全然不觉的镜头。这一系列不同凡响的镜头组接在一起,流畅紧凑,寓意极深。它隐喻中国当时虽然黑夜沉沉,但是广大人民正在迅速觉醒。此情此景,多像鲁迅先生的"万家墨面没蒿莱,敢有歌吟动地哀,心事浩茫连广宇,于无声处听惊雷"所显示的深刻意境啊!

当然,《巴山夜雨》也有美中不足之处。影片中的船舱过分整洁。"文革"中各单位的墙上经常出现大标语、大字报,地上也满是纸屑,这些很有时代特征的东西客船上却一点痕迹也没有。杏花的某些言行也不大可信。她穷得自卖自身,一般来说,是买不起三等舱的船票的。她说的"这几年运动来运动去……"等等,其语气是明目张胆否定"文化大革命"运动的。这些话她当时心里可能想得到,也可以在家里发发牢骚,但要一个比较软弱的农村姑娘在大庭广众之中,特别是明知船上有解差的情况下去说这种犯忌的话,是不大可能的。影片中的柳姑这条线,戏也显得一般,与全片风格不够协调。影片结尾,秋石背着女儿,真的逃到了一个似乎是风景如画的世外桃源之地,无忧无虑地吹着蒲公英玩,心安理得地把危险留给了船上的"解差",这是不够真实可信的。它不符合秋石早把个人生死置之度外,曾经舍生忘死救别人的革命者的性格逻辑,有损于这个人物的崇高形象,也削弱了蒲公英的深刻寓意。秋石父女见面一场,也处理得过于草率。小娟子从未见过父亲秋石,乍一相认,按照人之常情,总有一个迟疑、辨别、判断、肯定和培养感情的过程,不会一下子就深情地扑到爸爸怀里。在银幕上这个过程虽然可以缩短,但是不能取消。此外,影片过多地在一条船上展开,没有充分利用电影特有的丰富表现手段,把生活场景适当地较多地拉到船外的广阔天地去,也限制了《巴山夜雨》更加电影化,在一定程度上削弱了影片的银幕感。

摘自《〈巴山夜雨〉——从剧本到影片》,原载《红旗》1981年第1期,作者略有修改和补充

却话巴山夜雨时
——影片《巴山夜雨》漫评

山 骥

读叶楠同志的电影文学剧本《巴山夜雨》时,我很钦佩作者在把握和处理揭露"四人帮"的题材上,能不落窠臼和刻意求新的创造精神。一群善良的、有同情心和正义感的好人,在一艘由重庆驶往武汉的长江客轮上不期而遇了。虽然只有短短的一天一夜的旅途生活,但从这些旅客各自不同的遭遇里,揭露了"四人帮"统治时期的阴霾给他们带来的苦难和内心的隐痛;并从人物各自表露的对待生活的态度上,让我们感受到了人民的力量,看到了在黑夜中闪耀着的正义和真理之光。应该说,这个艺术构思是颇有新意的。

现在搬上银幕的《巴山夜雨》,在原剧本提供的文学基础上,遵循剧作者的独特构思和艺术追求,在主题的阐述、情节的提炼、人物内心世界的揭示和意境创造上,又有了新的丰富和提高。一艘客轮,一群人物,在一天一夜的时间里集中地揭示、展开和解决了戏的矛盾;影片的叙事、写人、状物,既含蓄隽永、意境独具,又在淡雅而不失深邃的诗情氛围中,始终给观众提供思索和想象的余地。显然,如果艺术家没有高度的艺术概括能力和丰富的艺术想象,是很难如此出色地完成这个剧作的再创作的。

在叙事性文艺作品中,表现一定的事件,侧重点往往在于刻画一定的人物,努力塑造出性格鲜明,能够揭示一定社会现象本质的典型人物形象。《巴山夜雨》在艺术创造上的一个显著特色,表现在作者没有把一切事物中的正反面都展现在观众面前,而是截取生活中的一个横断面,着力写了那个波谲云诡的年代里一群劫后余生的人物命运,写了他们的性格和思想感情的发展,窥探和揭示了他们蕴藏在内心深处的人性美。

人民是伟大的。影片中的主人公秋石是属于人民的。他懂得人民,热爱人民,因此尽管遭受"四人帮"的残酷迫害,家破、妻亡、女离,自己被打成"现行反革命分子",但他对生活仍然充满信心,对祖国、对人民也仍寄托着无限深情。秋石在影片中是以"囚犯"的身份出现的。这个特定的处境,规定了人物不可能有很多的对话,他的一切感情只能依赖于有限的行动和神情变化来表现。影片从人物的规定情境出发,抓住这个特点,不追求外在和表象的矛盾激化,而是把镜头焦点放在人物内心的揭示上,这就使秋石的形象于平凡中见光彩,质朴、亲切、真实。例如秋石在倾听卖身还债的农村姑娘杏花述说遭遇时,从眼神中不时显露出来的同情和思考;杏花投江,又正是这个"沉默的人"第一个奋身跳入江心冒死抢救。人物在这些场合中虽然没有一句对话,但通过他的眼神和行动,打开了人物的心灵之窗。这是一位多么坚强而对生活又充满信念的人民诗人啊!最后,他与刘文英在舷边夜谈,从"囚犯"的话题引起,他针对刘文英的思想状态,坦率地指出刘才是真正的"囚犯",是"精神上的囚犯",义正词严,情真意切。这席富有哲理的慷慨陈词不由不促使刘文英的震动、思考,她开始要在形而上学的桎梏中挣脱出来了。而这次夜谈,也更迸发了秋石沉着、坚毅、敏锐和智慧的思想火花。

刘文英的身份和经历,截然不同于秋石。但她在这场浩劫中确也是一个值得引起人们深思的、标志着一代人的心灵创伤的艺术形象。她是"文化大革命"中的"革命小将",她一出场那种自命不凡、唯我独"左"的"英雄气概",确能唤起人们对冲杀在那个年月里的"红卫兵"的记忆。她上舱后与青工宋敏生围绕样板戏之争,影片只是赋予这两个人物一关、一开广播器的动作,寥寥几笔,就勾勒出了刘文英那种惯用抽象的概念去看待一切人和事的"左派"的思想特征。船舱里的广播器播放着样板戏,这个曾经也在"造反"营垒里冲杀过一阵,而现已恍然大悟的宋敏生听后嘲讽地说:"这个世界够嘈杂的了,让大伙安静点儿……"边说,边关掉了广播器。而刘文英对此却很不以为然,她为了"保卫样板戏",挺身而出,一面狠狠地瞪了小宋一眼,一面又以严厉的目光扫视着舱内旅客,带有示威性地重又打开了广播器。但回答她的却是一片冷漠,使刘文英处于极端孤立的境地。影片就是这样细腻地善于抓住人物的每个细节动作,传神地揣摩了刘文英的矜持、自傲而又困惑、孤独的心情。最后,当她在周围事物的启迪和教育下觉醒过来,毅然放走秋石,准备自首投案而得到大家的谅解和信任时,她禁不住对着同来的专案人员李彦哭了起来。这一笔确是精彩极了,因为这个表面看来声色俱厉的"解差",毕竟还是一个涉世不深的小姑娘啊!

秋石和刘文英的思想矛盾,是全片的中心矛盾。而秋石一家的悲惨遭遇,又是催化刘文英觉醒、转变的一个重要契机。影片为了充分揭示人物的内心冲突和思想活动,按照人物的情绪发展,对剧本结构又做了非常出色的相应的调整。如原剧本介绍秋石与柳姑的热恋,以及抄家、结婚、迫害,直到柳姑之死,几乎用了一大段篇幅循着时间的顺序从头说起。这样回忆,虽然比较集中,似乎有利于把秋石的遭遇交代清楚,但从戏的进展来看,却割断了秋石与刘文英这条矛盾主线的发展,使情节结构显得松散、拖沓,而刘文英也只是处于一般的客观"听讲"地位,不利于人物内心波澜的展现。而现在影片把这一大块回忆化整为零,使之有机地穿插到船上情节发展的进程中去,这就更推动了戏的矛盾进展和人物内心冲突的展开。

例如在轮船餐厅里,宋敏生主动找秋石谈话,这时随着宋敏生的画外音,急遽地插入一组秋石当时遭到抄家的闪念镜头;又如夜阑人静,秋石思家,随着激荡的音乐旋律,在秋石的脑海中自然地映现了当年柳姑不畏压力,毅然投奔秋石的生活片断。至于原来回忆中有关秋石与柳姑的一段坎坷生活,则都分别穿插在刘文英听了秋石的述说后,用人物的主观想象来表现,这样就让刘文英的思想感情与对方有了交流,更有力地烘托和渲染了刘文英的内心活动,为人物的转变做了很好的伏笔。同样,柳姑之死,在影片中也巧妙地被安排在刘文英听了小娟子找妈妈的述说过程中,用人物的想象来补充、再现,骤然增强了戏的气氛。原来剧本中出现回忆场面的情节段落,只保留秋石与柳姑最欢乐的一些片断,删除了柳姑遭受迫害的一般过程的描写。这些调整和删节,终于把原来冗长的回忆改造成若干用来写人的生活片断,并使之有机地交织到情节主线的发展中,这样每次回忆和闪念,对于层层开掘秋石的内心世界和推动、促进刘文英的思想转化,起到了很好的作用。

看来影片的总导演吴永刚和导演吴贻弓两位同志,是十分注意运用镜头的调度来揭示人物的内心活动的。他们没有简单地满足于一般的镜头分切来完成人物的回忆,而是始终抓住人物内心冲突的时机,运用镜头之间的衔接、转换、陪衬和烘托,把每个揭示人物内心活动的画面部署得十分细致,从而深刻地刻画了人物的性格特征和他们思想感情的由来。例如秋石听了杏花的诉说后,影片赋予人物一个很长的近景:秋石先是同情,继而激愤,随即又用一种质询的眼光投向同舱的刘文英;接着镜头转向刘文英的近景:她始而木然,继而似有触动地微微抬眼看了一下对方,但瞬息即逝,她又矜持地故作不介意状,转过脸去看着窗外。这些人物细微的脸部和眼神变化,可以说惟妙惟肖地表现了刘文英当时的复杂心情。导演的可贵之处在于,对人物的刻画,没有一般地停留在剧本提供的、已从人物外在行动里概括出来的思想内容,而是充分借助镜头画面的变化,深入地挖掘了蕴藏在人物内心深处的奥秘。这里的每一个镜头,都成为体现导演揭示人物内心活动的构思的一个有力的音符。

又如秋石同宋敏生交谈后,很快地在眼前闪现了当年抄家的情景。宋敏生对秋石说:"那一年,我去抄过你的家。"这时画面上先出现秋石惊异而迷惘的神情的近景;接着画外响起了抄家时翻箱倒柜的音响效果,并迅速地切入一组抄家的特写。这样穿插回忆的变换镜头,是完全符合人物的思维逻辑的。秋石想起抄家,他脑子里闪现的必然是过去抄家时那些印象最强烈的画面;在突然的袭击下,他不可能仔细观察来抄家的每个成员或记住他们的面庞。所以影片在表现这一场面时,镜头全落在一些手和脚的特写上,这是合乎人物的心理活动的。但由于宋敏生在抄家时曾拿过秋石心爱的诗稿,因此秋石对他必然会"惊鸿一瞥",有似曾相识之感。这组镜头运动,活而不乱,徐疾有致,写人状情,兼而有之,充分发挥了蒙太奇的节奏作用。

还值得称道的是扮演秋石和刘文英的两位演员李志舆与张瑜的表演艺术,他们都出色地完成了角色的创造任务。李志舆正如他在《苦恼人的笑》中扮演傅彬一样,他的表演魅力在于善于运用无言的表情和深沉的眼神来刻画人物的性格和内蕴的思想感情。上面谈到的这几场戏与后来听到小娟子唱起"蒲公英之歌",百感交集、热泪盈眶,父女团聚的场面都演得深沉、内含、质朴、自然,感人至深。而张瑜扮演的刘文英,则比较注意掌握人物外表和内在的矛盾,把人物的思想发展演得很有层次:起初的自信、固执、矜持,到后来的迷惘、困惑、怀疑、动摇,乃至觉醒,特别是最后满腔委屈的哭泣,确是细致而传神地把一颗冷漠的心终于被人情复苏的衍变过程,给清晰地表现出来了。

其他人物虽然着墨不多,但也人各有貌。如朴实、正直的老大娘,玩世不恭的宋敏生,正直不阿的女教师,聪明、机灵的小娟子,哀怨满怀的杏花,备受折磨、犹如惊弓之鸟的京剧演员关盛轩,以及富有幽默感和同情心的民警老王等,都给人留下了较深的印象。即使是那个同刘文英一起担负押解任务的李彦,影片也很见匠心地采取欲扬先抑的手法,一开始竭力写他严密监视秋石的行动,让人感到有些"阴险、冷酷",但在刘文英义释秋石的节骨眼上,他终于亮相了,原来他也是一个在暗中同情和保护秋石的人。有些同志觉得这样描写过于做戏了。但我却认为这还是合乎生活的真实的。在那个恐怖的年代里,他不采取这种不可捉摸的行为,又如何暗地保护秋石呢?剧作者写了一台好人,是有他的构思的,旨在说明:造成十年浩劫的罪魁是"四人帮",而这场动乱的形成,并不是到处都有一个具体的敌人,而是有着更深远的原因。这就需要我们去回顾、总结和思考……

君问归期未有期,巴山夜雨涨秋池;

何当共剪西窗烛,却话巴山夜雨时。

这原是唐朝诗人李商隐的《夜雨寄北》诗。这首诗不仅委婉、缠绵地传达了诗人当时当地的满腔愁绪,而且也表露了他希冀有一天能结束现在处境,再来"却话"当年的殷切期望。《巴山夜雨》以此命题,是深有寓意的。如果说银幕上展现的这群好人的不同命运,是作者借此表达自己在构思这个剧本时的心情和对这场浩劫的看法;那么影片中出现的细雨蒙蒙、夜色沉沉,大娘"祭江"的场面,以及那淙淙东去的长江流水,那变幻明灭的神女峰,那满山遍野的野菊花,那几次重复主人公的妻女吹散蒲公英花絮的画面、意境,这些借景物来隐喻或直抒情怀的描写,又何尝不寄托着艺术家热爱祖国河山,热爱我们民族和人民的深厚感情呢?所谓意境,原是指作品描写的自然景物和人生图画与作者思想感情的结合,正是在这个意义上,《巴山夜雨》的意境创造,也是十分成功的。

原载《电影新作》1981 年 3 月第 1 期

不灭的火焰
——影片《巴山夜雨》观后漫笔

梅 朵

光明与黑暗交战的时刻,"四人帮"在进行着覆灭前的猛扑。

像铁块一般沉重的乌云紧贴着大地,似乎一切生灵已经停止呼吸,它要把整个世界吞噬。但地火在疾行,人们心中理想的圣火在燃烧。"四五"运动天安门前的烈火正是从这儿开始,"四人帮"的彻底焚毁正是由这里注定。

影片《巴山夜雨》为我们写出了这一点点圣火,这一串串火焰,这喷薄欲出的地火,写出了我们坚强勇敢的人民。它是一部描写有关"四人帮"浩劫十年的成功的影片。

我们完全同意,我们应该向前看;如果不是为了未来的理想,我们又为什么要在今天战斗?但是,这绝不意味着我们不应该同时向后看。如果我们不回顾走过的道路,不从挫折、坎坷、血迹斑斑中吸取教训,我们又怎能看清未来的道路?尤其重要的,那里有着人民战斗的业绩,那里有着强烈的对未来的呼唤,我们正可以从那里、从先行者身上取得战斗的力量,影片《巴山夜雨》正给了我们这样的力量。

影片构思深刻:一条在长江上航行的轮船,载着从东西南北走来的一个个有着不同命运的旅客,它让我们从一个侧面看到了一幅"四人帮"横行期间我们人民沉没于苦难悲惨之中的缩影。

一位叫杏花的农村姑娘,由于生产遭到破坏,一天仅有九分钱的工分,一家债台高筑,挣扎于死亡线上,她被迫割断自己的爱情,廉价出卖给远方不知底细的人。一位白发苍苍的老大娘,抗日战争时她送儿子上战场,解放战争时她送儿子打老蒋,而这个在和敌人战斗中没有牺牲的儿子,却死于武斗者们的炮火中;她心痛地带着一篮儿子爱吃的红枣,到儿子牺牲的江上来奠祭他找不到尸骨的冤魂。一位忠诚于党的教育事业的女教师,在横扫"封资修"的文化专制主义的镇压下,被迫离开了辛勤教学几十年的岗位,痛心地哀伤着祖国的文化遭到了空前浩劫。一位演丑角的京剧演员,被"文化大革命"的洪水猛兽吓破了胆,一天到晚心惊肉跳,不能自已;他深恐今天说话算数的革命委员会,明天又被夺了权;他深恐自己不小心漏了嘴的一句话,遭到棍棒批斗,遭到"革命"专政。一位青年工人,昔日也是臂戴红卫兵袖章,抄无辜者的家,执行所谓的"革命行动"的人,今天却从欺骗中惊醒过来,再也不愿当那些阴谋家、刽子手的工具。一位航船上的老民警,几十年忠于职守,心中明白这乌烟瘴气的"文化大革命"不过是一场违法乱纪、使人民遭殃的大灾难,他默默地竭尽自己的力量保护着人民的利益,把一颗心扑在失掉了父母的流浪四处的女孩子身上。一位热爱生活的诗人,虽然自己明知被"四人帮"判了死刑,但当他看到农村姑娘杏花走投无路、投江自尽的时候,立即义无反顾地跳下黑夜茫茫中的大江救起了她;不仅救起了她的生命,并且给予了她生活下去的信心。这位诗人所谱写的一首充满着生命的欢乐的诗篇《蒲公英》,终于召唤着他的失掉了妈妈的女儿,投进了他的怀抱……

这是一艘载负着人民苦难的航船。但是,这也是一艘满载着人民的希望、信念和力量的航船!一位曾经被"四人帮"的符咒所深深麻痹的精神上的囚徒,一个正在押解着诗人秋石去执刑的造反派,也终于从人民的苦难中体会到自己的错误,从人民的力量中深感到自己的孤独。她终于觉醒了,从震撼着她灵魂的痛苦中觉醒了,她从一个精神上的囚徒,变成了历史的主人。

这里没有血鞭和绞架,但是,你深深感到压在人们生活上、精神上的"四人帮"的幢幢魔影。这里没有呐喊和誓言,但是你深深感到矗立在人民心中不可动摇的意志和理想。我们可以欢喜听取那使人回肠荡气、热泪横流的富于戏剧性的故事,但是,我们也会更加喜爱默读一首首使人心扉打开、泪水模糊的单纯、质朴的诗篇。英雄的歌,可以唱得响亮而高昂,但是,也可以唱得低回而深沉。《巴山夜雨》就是这样一首朴素的诗,就是这样一首英雄的朴素的歌。我愿人们都去读读这首诗,听听这首歌。

影片的艺术家们在这里,为我们创造了一个个独具魅力的银幕形象。诗人秋石,是以深挚、真切、精练的诗的语言来抒写的。一首《蒲公英》,一个个飘荡在天空中的蒲公英种子的镜头,就把秋石的情操高远、热爱生活、富于幻想的诗人气质呈现在我们面前。尤其小娟子这个天真可爱的小姑娘形象的出现,不仅写出了秋石的不幸遭遇,写出了他们父女之间动人肺腑的感情,而且她本身就是一首诗,就是一个诗的形象。这个诗的形象,好像就是秋石的诗的精神和风格的体现,也就当然在银幕上,使秋石这个诗人的独特性格,更加丰富地呈现在我们面前。影片不仅写出了秋石是一个思考着生活、热爱着生活的诗人,而且还写出了他是一个勇于行动的诗人,影片描写他忘我地拯救投江自尽的杏花的一笔,就让我们激动地看到秋石是一个用生命写诗的诗人。我想,如果我们的艺术家们,寻找到了一种更为准确的线条和色彩来描写秋石和爱人之间的爱情和遭遇,那么秋石作为一个诗的形象,会更加深刻地印在我们心中,也更具生命力地活在银幕之上。演员李志舆同志在影片给予他的活动天地中,成功地塑造了秋石这个人物形象。影片的表现风格决定着,常常要把镜头对准演员的眼睛,这就严格地要求演员更好地发挥他们的表演才能。我们从李志舆同志的一双眼睛中,不但感觉到秋石原来是一个温和善良的人,而且我们更感到这突然的打击、反常的动乱所给予他的折磨和痛苦,他变得忧郁了,经常陷入沉思之中。但是这种忧郁和沉思却又掩盖不住时时出现在他眼神中的热爱生活的火花,使我们感到他有着一颗从来没有熄灭的燃烧的心。他的每一句话,都是经过深深思考的,都是灵魂的真诚的抒发。李志舆同志塑造了一个热爱人民、有着丰富的内在感情的、诚实朴素的诗人的形象。他是成功的。

影片着力描写了一个深受"四人帮"思想毒害的精神上的囚徒——刘文英的转变。这个形象有着深刻的社会意义。影片虽然没有把她作为一场历史悲剧尖锐地呈现在我们面前,但在她身上,我们同样可以感到:这一场打着革命旗号的疯狂、愚昧的动乱,曾经伤害了多少青年的心灵、青春和理想。由于影片不是通过和人物的直接的情节冲突来展现她的转变,而只是通过描写客观生活的影响来刻画她的思想、感情的变化,这就要求演员十分细致、贴切、可信地演出她的感情上的反映、思想上的波动、内心中的矛盾,以及它们发展的脉络。演员张瑜同志所创造的刘文英这个形象是有说服力的。由于她正确地把握了人物性格中诚实的基调,从而使人物思想、感情上的变化成为合理。刘文英和很多青年一样,他们不是借革命以营私,他们是赤诚地热爱着党、热爱着革命事业,只是由于自己的幼稚、天真而受到欺骗。正因为他们有着一颗赤诚的心,他们就必然要在客观事实面前引起内心激烈的矛盾。张瑜同志毫无刀斧痕迹地揭示了在一个诚实的心灵中激起的动荡,她真实可信地在银幕上创造了一个在我们的特定时代中带着悲剧色彩的人物形象。这个人物形象,在我们的银幕上还是第一次出现。

在这里,我必须特别提出在影片中出现的老妈妈江祭独生儿子冤魂的描写。这段描写让我们强烈地感受到我们艺术家们与人民休戚与共的感情和他们独特的艺术构思,它将永久地在我们银幕上闪闪发光。我们的艺术家们以不多几笔的描写,就让我们的对革命无限忠诚的老妈妈的形象栩栩如生地活现在银幕之上,那一颗颗落在江中的红枣,那一颗颗被漩涡卷去的红枣,我们好似听到了在这个坚强的老妈妈心中落下的泪滴的声音,我们又好似听到了震响在大江之上的控诉的声音。我们感谢艺术家们给予我们的这一艺术上的享受,这一感情上的升华,这一思想上的飞跃。

我觉得《巴山夜雨》是一部对演员要求特高,也可以让演员大展才华的影片,他们都作出了程度不同的贡献。这里特别应该提一提小演员茅为蕙的表演,她为小娟子这个诗的形象增添了动人的色彩,使我们通过这诗的形象,更感到生活的美好。饰演京剧演员的石灵,把一个喜剧角色演得富有悲剧色彩,使我们在笑声中感到一种辛酸,这和演员准确地掌握角色,不显过火的表演是分不开的。

这是一部独具风格的影片,这里没有千奇百变的情节纠葛,这里没有浓笔描写的复杂性格,这里只是一篇散文,几个素描人物,它很容易使人感到平淡拖沓。这就需要导演具有更深的功力,去挖掘生活中的诗情、性格中的深意,让那一个个镜头的转换,都能揭示出人物内心的颤动、相互感情的反应,以及流贯于他们之间的共鸣与同情,使看来不见奇谲的电影语言,变成这样富有深情和热意,使一篇生活的散文,变成了一篇生活的诗。当我看到银幕上出现的蒲公英种子飞翔的镜头时,我深深地感到我们的导演有一颗诗人的心。

我们也曾经看到过一些描写在一只航船上发生的故事的影片,但它不能成为对《巴山夜雨》进行挑剔的根据。这不仅因为影片反映的时代和生活不同,而且因为艺术家们的思想、情操也不同。我更喜爱《巴山夜雨》,因为它使我们更深切地感受到:在我们人民心中永不熄灭的理想的火焰。

原载《新观察》1981 年第 1 期

《巴山夜雨》的不足之处

梅东伟

《巴山夜雨》上映前后，一些报刊、杂志都十分夸赞这部新摄制的影片，我也十分同意这些好评。但我觉得许多评论文章都没有谈到影片的不足和弱点，这对影片的老编导叶楠和吴永刚同志是不会有多大帮助的，我相信他们所希望的还是多提意见和不同的看法，因为他们还要编导很多很多电影。为了便于他们进一步提高电影创作的质量，我想直率地谈点《巴山夜雨》的不足之处。

影片最大的不足是没有将主人翁、著名诗人秋石的形象刻画深刻和完善。影片反复交代诗人秋石很出名，并且对生活、前途抱有极大的希望和信心，从来也没有想到死。一个诗人是以什么出名呢？主要是他的诗，他的作品。是什么东西使他不愿意过早地结束自己的生命呢？依然是他所从事的事业——诗，使他不愿早早离开人间（这里只谈诗人的职业，至于他有坚定的信仰才要活下来，又作别论了）。但是在整个影片中没有看到著名诗人秋石的一句诗文，哪怕只是几个字也好。至于影片中小娟子唱的歌虽是以秋石的诗谱成的，但并没有充分起到展示诗人精神面貌的作用。老教师手上拿的一本烧煳了角的诗集，由于字迹模糊，也不知是不是秋石所著。当年抄家的青年工人在船上遇见秋石后，声明诗稿还保存着，影片也未交代是什么样的诗稿。特别是舱室内每个人的那些不同心境、不同遭遇，从四川至武汉沿途的祖国山川的美景是那么值得诗人触景生情和感怀，却没有引出著名诗人秋石一言半语的诗文。这就使人觉得秋石只是一个"著名"的而没有作品的诗人，这不能不说是编导的一个败笔。

或许有人说，当时秋石是在两名专案人员的严密控制下，说话的资格都没有，加之他的心情又不好，哪有心思写诗作句？其实不然，古有李白，被官府冷落后处境也不妙，但无论他去长安，或进蜀道，或在楚地，都留下了不朽的诗文；今有郭小川，在他被管制，被下放劳动改造的恶劣环境下，他依然出口成章，挥笔著诗。难道编导在影片中就不能够通过人物的内心独白或联想等电影手法来展示一下诗人秋石的诗文吗？秋石对刘文英的说教为什么不能用句诗表示，而还是用那些俗套的政治开导和"横眉冷眼"或"愁眉苦脸"的八股方法呢？既然编导同志能够在影片的整个构思和布局方面放开手脚，解放思想，为什么在充分表现主要人物秋石的方法上依然摆脱不了"样板"的格调？

《巴山夜雨》选材好,取景好,演员也选择得好,表现手法也较新颖,但看完电影后,总觉还不能给观众留下更多值得咀嚼回味的东西,主要问题是不是在这里? 姑且提出来让有关同志去考究吧!

原载《电影评介》1981 年 4 月第 3 期

甲午风云气壮　巴山夜雨意深
——叶楠电影剧作的艺术特色

翁睦瑞

叶楠是一位部队电影作家，先后写了《甲午风云》（与人合写）、《傲蕾·一兰》、《绿海天涯》、《巴山夜雨》、《黄沙掩不住的刻痕》等电影剧本，他的创作态度和作风认真严谨，无论在剧作的思想上还是艺术上，都有自己独特的追求，形成了比较明显的风格特色。

一

强烈的爱国主义激情，这是叶楠一开始从事电影文学创作就在作品中表现出来的一个最突出的特点。他参加创作的《甲午风云》，以遒劲雄健的笔法，勾画出了发生在1894年我国领海上的一场抗击外来侵略的悲壮的海战。北洋舰队爱国官兵和威海百姓面对日寇的猖狂侵略，坚决要求对日作战。这种强烈的爱国主义精神，集中地体现在"致远"号管带邓世昌身上。他极力反对满清朝廷以忍求和，大胆收留因违令开炮还击敌舰而被管带方伯谦逼走的水兵王国成，当众揭露贪生怕死挂白旗而又无耻冒领战功的方伯谦的投降派面目，两次代表百姓向清政府请战。在我旗舰被击沉的紧急情况下，他毅然挂起帅旗指挥作战，击中日军旗舰，因弹绝，决定和敌人同归于尽，最后，不幸被鱼雷击中，邓世昌全舰官兵壮烈牺牲。剧本通过这场海战，表现了邓世昌带领我官兵为保卫祖国神圣海疆誓死而战的英雄气概，成功地塑造了一位高高地屹立于祖国海疆之上的爱国将领的硬骨头形象，以及簇拥在邓世昌周围的广大爱国官兵的英雄群像。

与描写保卫祖国将领的《甲午风云》相互辉映的是，《傲蕾·一兰》中描写了一场历时持久的保卫祖国领土的顽强壮烈的战斗。面对沙俄"远征队"的酷刑和诱降，一兰的父亲说："我们不能背叛自己的国家，就像不能背叛亲娘一样！我们绝不能成为俄罗斯沙皇的臣民，就像松树不能变成柳树一样，不可能！"他临危不惧，直至惨遭杀害，表现了民族的尊严和无畏气概。一兰的母亲在战斗中双目失明,仍机智地在饭里搀下毒药,诱使敌兵中毒,保护一兰继续进行战斗。她临终前留下遗嘱:"将来你们打回来,把我埋在黑龙江高高的江岸上,让我永远守着我们的土地!"一兰继承了父母亲的爱国主义精神,在被骗作人质期间,任凭敌人严刑利诱不变节;回来后,在乡亲们误中敌人奸计而怀疑自己变节的难言委屈和痛苦中,仍耐心说服和组织乡亲们团结抗敌;在其他部落援兵和朝廷水师未到,为了拖住敌人而使自己的部落有可能全部覆灭的情况下,一兰庄严地表示:"为了部落,一个人可以去死;为了民族,一个部落也可以牺牲!"她带领全部落的人在烽火台周围形成重重人墙,准备用炸药与敌人同归于尽。剧本把她的爱国主义的思想感情,升华到了一个新的高度。这是属于整个中华民族的一种宝贵的民族精神。

如果说,《甲午风云》和《傲蕾·一兰》中爱国主义精神表现在抗击外来侵略,保卫祖国的领土和领海上,那么《绿海天涯》中的爱国主义精神,则就表现在献身于科学考察,保卫祖国的科研资源和成果不被外国掠夺,努力使穷困的祖国尽快地富起来。植物学家南林新婚仅三天就离别妻子,到西南边陲去做植物调查。后来,美国人用重金聘请他去美国,他坚决拒绝;美国人要以资助他一笔研究经费为条件买下他采集的植物标本,他严词揭穿说:"我没有出卖标本的权力!告诉你,谁也没有这个权力,这和出卖领土一样!"这种保卫祖国的植物标本的爱国主义精神,不是和邓世昌、傲蕾·一兰保卫祖国的领海和领土一样,是相通相同的吗?

热爱祖国,对外表现为反抗侵略,保卫祖国的领土领海和一切权益,对内就表现为人民之间的同心协力和各民族之间的友爱团结。叶楠的电影剧作中,描绘了一幅幅人民团结和民族团结的生动感人的图画。在《黄沙掩不住的刻痕》中,剧作者以蘸满深情的笔,细腻地描写了一个邂逅相遇的裕固族姑娘与汉族大姐和小刘之间的感情接近的过程。她那由敌视到接近、由接近到了解、由了解到产生感情,以及感情由浅到深的变化发展的过程,正是民族感情互相融合的过程,消除隔阂而实现民族团结的过程。她与大姐、小刘分手去找寻部落,到半路上返身跑回来,与大姐、小刘三人拥抱在一起去寻找共同的家——红军部队的情景,被描写得激动人心。剧本《傲蕾·一兰》中写了达斡尔全族的群众虽然很勇敢,但只有各族人民联合起来作战,才能最终给予入侵之敌以歼灭性的打击,有效地保卫祖国的安全。看来,这正是剧作者所要表现的思想——民族大团结的重要性的思想。叶楠正是把他对于祖国的热爱之情,灌注到这种民族大团结的动人情景的描写之中去,从而使他的电影剧作中的感情描写,具有了更大的范围和更高的境界,大于那种局限在对一家一户之间的感情、爱情关系的孤立描写,这在当前电影创作中感情描写过于褊狭、爱情描写到处泛滥成灾的情况下，就更显得可贵了。

人民，是创造历史的动力。这是叶楠电影剧作的一个重要的思想特色。在他的剧作中，写出了人民群众是产生杰出英雄人物的沃土的思想。《甲午风云》和《傲蕾·一兰》，用了很多的笔墨描绘了一幅幅如火如荼的群众斗争的画面，为英雄人物的跃现做了很好的铺垫。威海百姓强烈的抗日要求和呼声，他们自发书写的"万民折"，激发了邓世昌，使他倍增与清朝投降派做斗争的勇气、信心和力量；全舰官兵对他的拥护、支持和密切配合，才使他能够多次扭转战局，给入侵者以有力打击。特别是弹尽之后，他下达的以舰撞舰的决定，如果没有全舰官兵生死与共的一致支持，是难于实施的。

由于贯穿作品的是这样一种历史唯物主义的基本观点，所以尽管叶楠电影剧作写的多是一些在极其艰难困苦的时代和环境里的斗争生活，然而却仍然能够从对斗争的描写中，给人以对光明前途的信念和信心。在《傲蕾·一兰》中，他写了一个很有传奇色彩的人物西窝土萨满，尽管这位类似巫师的人物自己迷信"神"的力量能够降服敌人，但恰恰正是他自己冒险策马闯入敌阵，夺过敌人火把丢入火药桶，在炎炎火光中仰面大笑着与敌人的炮兵同归于尽。这种感人的描写，形象地告诉了读者：人民自己就是"火神"，人民自己就是"上帝"，希望、力量和信心应该来自对于人民力量的充分认识。这种对于人民群众创造和推动历史前进的信念，在叶楠最近的新作《黄沙掩不住的刻痕》中，又有明显的艺术揭示。剧本通过开头、末尾和中间几次对于刻在古长城断壁上的一架犁杖图案的描写，寓意深刻地表现了人民力量必然战胜种种阻力，就像迎着风沙永远前进的犁杖一样，把人类社会不断地推向前进。在主人公大姐的记忆中，在她身后扶犁的，"是一个佝偻着身子的老人"。他是谁？大姐没有说，作者也没有说，但是很明显的，他就是生我们养我们的劳动人民！正是对于这副犁杖的不可磨灭的信念，鼓舞着大姐负伤忍痛前去寻找红军队伍。叶楠通过对这副犁杖的反复多次描写，对人民创造历史、推动历史前进的意念进行了反复的强调，像写诗一样，对人民力量的伟大作用进行了热情的赞颂。

二

由于叶楠的剧作多以爱国斗争生活为题材，因而在艺术表现上与之相适应的一个突出特点就是民族化。《甲午风云》和《傲蕾·一兰》显然是吸取了我国戏剧在尖锐激烈的矛盾冲突中描写人物，着重从人物行动中表现人物性格的传统表现方法，让人物经过一个个矛盾冲突的关卡，逐渐释放出思想性格的火花，并在最后矛盾冲突的高潮中亮相,给读者留下强烈的印象。《巴山夜雨》除了从我国古代诗词中受到启发来创造意境外,对于船舱中那八个不同年龄和职业的乘客的描写,也是明显地借鉴了我国传统文学的白描手法,往往只用三言两语、一两个细节的描写,就勾画出了人物的思想性格和心理状态,做到了人各有貌,栩栩如生,互不雷同。在谋篇结构上,尽管《傲蕾·一兰》以一兰回到故土后,跪吻乡土的镜头为开头和结尾,采用倒叙方式来讲故事,但就整个故事情节的开展来说,还是按照我国传统的时空顺序式来讲述的。

诗的风格、韵味和意境,是叶楠电影剧作的又一个艺术特点。《甲午风云》和《傲蕾·一兰》所写内容比较丰富,展现的场面比较开阔,故事情节也较为复杂多样,尤其是《傲蕾·一兰》时间跨度长,具有史诗的气魄,显得瑰丽壮观。而《巴山夜雨》、《黄沙掩不住的刻痕》则在写实中透出诗意,分别以"巴山夜雨"、"犁杖图案"等物象,进行诗的比兴,创造诗的意境,力图使人读着剧本就像读诗一样,进入诗的意境,感到有所咀嚼,很有韵味。电影是一种综合了各种文学艺术特长的艺术,它除了已经比较充分地表现出来的对于戏剧的借鉴外,对于诗、散文、小说等其他文学形式的技巧也还大有可学之处。叶楠的电影剧作近几年来比较偏重于对诗的表现技巧的学习和运用,这是他的剧作显得诗意浓郁、耐人回味、文学性比较强的一个重要原因。他在这方面所进行的有明显效果的探索,对于当前我国电影剧作加强文学性,提高质量,发展多种艺术风格来说,是有一定的启发意义的。

叶楠的电影剧作虽然不算多,但我们却可以看出,他已经能较好地掌握主要通过外向的行动描写和主要通过对内向的意识性思想情绪的揭示来进行表达,后一种人物表现手法的加强,使他的剧作中的戏剧性逐渐减弱,日益明显地为诗的抒情性所代替。在这种艺术表现特点的发展变化中,《甲午风云》和《巴山夜雨》是这两种艺术表现特点的成功之作。从这两部剧作及其所拍成的影片来看,无论是采用前一种艺术表现方法,还是采用后一种艺术表现方法,都可以具有巨大的艺术魅力。甲午风云气壮,巴山夜雨意深。一个作家善于根据作品的题材和内容表现上的需要,采用多种艺术手法,表现出不同的艺术风格和特色,而且达到同样好的艺术效果,具有较高的思想艺术质量,应该说,这正是创作上趋向成熟的一种表现。

叶楠在一篇文章中说:"电影与其他艺术有许多共同的特点,应该从它们身上得到更多的借鉴。"例如,可以"借鉴诗的精炼、比兴和意境";又例如,要看到"电影与戏剧的渊源"关系,"所以,要能让观众接受,完全排除矛盾冲突来推动剧情发展,是不行的"。叶楠已经在《甲午风云》和《巴山夜雨》中,实践了他主张的对于戏剧和诗的表现技巧的学习和借鉴,并取得了较好的艺术效果。他还在其他的电影剧作中,在不同的程度上表现出了对于音乐和美术的表现技巧的运用。例如,《黄沙掩不住的刻痕》就是以一个"梨形图案"的美术画面来进行诗的比兴,展开故事情节的,整个剧作少用对话,多用画面描写,让画面来传情达意。请看如下一段描写:"无垠的平坦的戈壁滩上,有隆起的曲线,这是仰卧着的一个人,他和大地连在一起,是大地的一部分。他的轮廓是黑色的剪影,皎月在他身上镀上银色的轮廓线,以至轮廓是如此的清晰,连睫毛都看得出来。这是牺牲了的小刘,军号还在他身边。"这简直就是一幅画,不是电影作家借用画家的笔在说话吗?叶楠剧作对于其他文学艺术表现技巧的借鉴,主要的和突出的还只是对于戏剧和诗的借鉴,并且正在朝着电影诗化的艺术方向发展,至于对其他文学艺术的借鉴,还只表现在剧作的某些方面和局部的范围内,尚未形成某一种新的明显风格特色和某一种新的浓烈的艺术基调。因此,我们希望叶楠更全面地开拓自己的艺术路子,成为电影创新中艺术探索的多面手。

叶楠根据自己在创作实践中的体会,认为"不能把文学艺术同生活等同起来",不能"把浪漫主义等同于虚假"。他说:"作家没有想象和希望是不行的,每个作家都会给生活涂上自己想象的色彩。"(原载《电影艺术》1981年第1期)这种对于文艺创作中的现实主义和浪漫主义的理解,是正确的。我们之所以说《巴山夜雨》是叶楠的一部成功之作,一个重要原因也正是它成功地处理了文学同生活的关系、现实主义同浪漫主义的关系,由于这部剧作中的理念、哲理是以现实生活的本质为基础的,因而具有说服力,使人感到作者所表现的对于光明前途的信心,并不是盲目的乐观,而是生活发展的必然。表现理念、理想不等于作品描写的抽象化。现在叶楠的剧作中理念性和抒情性越来越加强了,这种内向描写的加强,无疑是出于对人物心灵世界充分的和深入挖掘的需要。但是如果相对来说,比起同样对人物心灵作了深刻揭示的《巴山夜雨》来,《黄沙掩不住的刻痕》中的具体描写似乎减弱了,显得虚幻起来了,作品在内容上不是很充实,因而剧作的艺术感染力不能不受到了影响。这个情况是否有引起注意的必要呢?

在叶楠的电影剧作中,《绿海天涯》是处在他的创作由着重借鉴戏剧到着重借鉴诗的艺术变化中间的一个过渡性的剧作,存在着前不如《甲午风云》那样情节集中强烈,后不如《巴山夜雨》那样情浓意深的弱点。这个剧作在叙事描写上也有朴素、自然、流畅的特点,但显得平淡、拖沓和松散,不够精练,比较一般化。

我们热切地希望叶楠在电影文学创作实践中,高质多产,用各种洪亮、动听的和声,歌唱伟大的祖国、伟大的人民和伟大的时代。

原载《电影研究》1982年第9期

评《巴山夜雨》的艺术魅力

翁睦瑞

　　以歌颂人民为主题的作品，我们见过不少，其中好些看过后就淡忘了；然而彩色故事片《巴山夜雨》却给我们留下了深刻的印象，影片中的人物群像至今栩栩如生地浮现在我们眼前，编导者诚挚深厚的创作热情仍使我们心潮澎湃。《巴山夜雨》为什么能取得这样的艺术效果？它的艺术魅力何在？

一

　　任何作品的艺术魅力，都与其对生活的典型反映有关。电影也不例外。然而电影对生活的典型反映，有其自身的规律。关于这一点，普多夫金有一段话说得好："电影似乎竭力想叫它的观众具有超过人类一般理解力的范围之外的理解力。一方面，电影以整个画面来表现最小的细节的方法，使观众具有令人难以置信的集中的观察力，从而加强观众的理解力。同时，它又使观众几乎能在同一时间内完全了解在莫斯科发生的一些事件和在美国发生的一些跟这些事件有密切关系的事件。要做到集中注意细节和广泛了解整体这两点，就首先需要掌握特别丰富的材料。"[①]《巴山夜雨》的创作，正是在掌握丰富的生活素材基础上，联面写点，以点带面，"做到集中注意细节和广泛了解整体这两点"，从而使观众加强了理解力和联想力。这是影片艺术魅力产生的一个重要原因。

　　在"点"——所选取的生活素材的描写方面，《巴山夜雨》并没有像某些影片那样，采取大空间、长跨度的史诗性写法，而是把时间和空间压缩到了一个很短的限度和很小的范围内。影片仅仅描写了一艘普通客轮在一天一夜的旅程中所发生的一些事情，而且还把很多镜头集中对准其中一个小小的客房。由于这些镜头描写是那么的集中、具体、细致和逼真，使人看后倍感亲切。

　　秋石与杏花，是影片描写的重要人物之一。其中秋石救助杏花的过程，描写得很有层次。满脸泪痕的杏花刚出现时，身为"囚犯"的秋石因为行动不便，

[①] B.普多夫金：《论电影的编剧、导演和演员》，中国电影出版社，1984年，第79页。

只能用自己的眼睛加以关注和猜测;继之,吃饭时他乘"解差"暂时不在场,"目光里流露出鼓励和温存的抚慰",劝杏花吃一点,"俯下身"低声对她说:"出远门,要当心身体,别让送你的那个人担心。"紧接着,是他关切地注视着神色异常的杏花,一见她突然奔出舱外便"闻声起床紧追出去",跳江救起她。最后,秋石用自己一家的遭遇和以大娘坚强活着为榜样,重新点燃了这个对生活失去希望的农村姑娘的生命之火。影片通过这些细致、真切的画面,使观众从一个方面窥见了秋石坚强勇敢的思想性格和美好感人的心灵世界。

"舷边夜谈",是表现秋石与刘文英思想交锋的一场戏,编导者充分运用了电影的特长,在秋石直截了当地指出"你才是真正的囚犯"、"你是精神上的囚犯",镜头迅速切换着刘文英"气愤的脸"、"惊愕的脸"、"思索的脸"。从这些不同脸部表情的急遽变化中,我们看到了这个人物在极"左"思潮影响下,人生观的迅速崩毁,透视到了她的内心世界在一刹那间所发生的深刻变化。

《巴山夜雨》之所以具有较强的艺术魅力,是因为它所写之"点"——选取的素材内容的描绘,是细致逼真的,而且也因为这些素材内容无论细节、局部还是整体,具有广泛的典型性,从"面"上来考察,即放到十年动乱的年代中去看,也符合实际情况,因而使人信服。影片具体描写的,虽然只是一条客轮,只是一个十几平方米的普通客舱,却浓缩了一个巨大社会在一段非常时期中的真实情况。

为了做到以小见大,影片通过这个客房,对社会上各个阶层的人物做了广泛的描写,其中有工人、农民、学生、诗人、教师、老人、儿童、干部,以及船上的民警、厨师、船长、政委、医生等工作人员。他们的组合,就是人民。他们的不幸遭遇,就是十年动乱中人民群众备受劫难的具体情况。他们的控诉和对秋石的保护,就是当时人民群众的斗争。他们在黑夜中的希冀,就是人民群众不可折服的意志和对于社会主义前途的信心。镜头虽小,角度却大。从影片中人物设置如此多样来看,编导者对当时整个社会生活面的联系是力图广泛和全面的。

此外,影片在对十年动乱中人民群众与"四人帮"所作斗争的正面力量的反映上,虽然集中地写了船上的人们如何保护和放走秋石,但也注意表现了船上群众斗争力量的外联和外延。影片末尾李彦对刘文英说:"我早就跟宜昌的同志联系好了。"这句话很重要,点明了救助秋石的力量,也来自岸上同志的配合。这就使人民斗争力量的范畴得到了超越一船群众力量的表现。

在反面力量的表现上,虽然影片中没有写一个坏人,但一开始就通过码头上戴红袖章的那几个人强行把传单塞给群众的画面,渲染出十年动乱中白色恐怖的政治气氛。影片还通过刘文英反复声明秋石的反革命罪名是所谓的"中央首长定下的",通过船长怒骂对秋石的迫害"是暴政",通过秋石指出刘文英迷信的那些所谓权威"实际上都是一些骗子",一而再再而三地把斗争的矛头指向了"四人帮",从而大大地加强了船上人们为放走秋石所进行的斗争的政治意义和社会意义。俏皮的宋敏生说:"我们乘坐这一叶扁舟,就要离开这让人烦恼的人间。"这分明也是影片的编导者在点出所描写的这条客轮与当时整个中国的社会生活的"点"与"面"的关系,有助于启发观众理解影片的典型意义。

关于电影艺术典型创造中个别与一般的关系,普多夫金还说过:"只有当现实主义作品在表现某个现象时能说明其一般的外在联系,并对其内在涵义进行概括(描写了现象的外部形式后再进行概括,就能使现象本身成为和整体相连的一部分)的时候,它才能摆脱掉自然主义。"①B.普多夫金:《巴山夜雨》正因为写的船上斗争生活是与当时整个中国的社会生活,"紧密相连的一部分",表现出了"其一般的外在联系"具有典型意义,才能引起各阶层观众的强烈共鸣,具有很强的艺术魅力。诗人柯岩同志在写给《巴山夜雨》作者的信中激动地说:"到底是什么这样打动了我——我们的呢?……生活扑面而来,就像长江滔滔地流在我的脚下,而我就生活在你众多的人物中间。他们没有一个是我不熟悉的,好像就是从我身边直接迈步跨上银幕去的。"②她以切身感受评赞影片的这番话,说得既动情又确切。

二

叶楠同志在谈《巴山夜雨》创作的文章中,不但一再强调他的目的是"写人民心灵的美",也即社会现实概括的广泛性,而且也谈到了对这种"人民心灵的美"的描写与开掘的历史深刻性。他对"人与历史"的理解是:"各个时代的人有差异,但他身上总是可以找到与他的民族历史传统有关联的禀赋。毕竟人是生活在本民族的人群中,主要是由本民族的文化的乳汁养大的。""他们与历史人物和祖国山河有割不断的血缘关系,所以我在写这些人物时,是把他们放在历史的长河中去思考的。"③在一定程度上说,《巴山夜雨》的创作,也正是因体现出了对我们民族长期以来形成的优秀品德和精神的继承和发扬,才能这么容易引起观众的强烈共鸣而特具魅力。

诗人秋石是影片着力塑造、热烈讴歌的一个主要人物。编导者以富于浪漫

---

①《论电影的编剧、导演和演员》,中国电影出版社,1984年,第216页。
②柯岩:《诗人的眼睛——给〈巴山夜雨〉的作者》,《文艺报》1981年第1期。
③叶楠:《西窗剪烛话巴山》,《电影文化》1981年第2期。

主义色彩的手法，展现了他与妻子昔日幸福生活，戏逐于郊野花间草丛和河边的情景，末尾也以同样的手法表现他被放走后与小女儿欢乐地回归自由，又像过去与妻子一起一样吹起蒲公英来。当然，末尾的这一处理，有失分寸，不尽恰当，不利于反映当时整个社会环境的严酷政治情况和人物对这种情况的清醒认识。但另一方面，这种描写，也确实表现了人物对于光明、自由、爱情、幸福的追求与向往，对于祖国山川的热爱与眷恋。船上受押期间，影片则着重通过他对大娘的敬重，对杏花和刘文英的勇敢挽救，表现了他对人民的信任、热爱和见义勇为、不怕邪恶、为真理而斗争的精神。这些描写，确实如作者说的，使我们看到了这个人物与屈原、李白、杜甫、关汉卿等历史人物和祖国山河"有割不断的血缘关系"。秋石对刘文英说的最后一段话，极富哲理，很有色彩，也十分深刻："你想一想，现在有些人，他们实际上是不要文化，不要科学，甚至于不要物质生产，就像世界不要阳光，不要森林，不要花朵，不要色彩。这将是一个死了的世界！"他用诗人特有的语言，对"四人帮"破坏人类物质文明和精神文明的罪行，进行了多么尖锐、有力和深刻的批判，表现出了他作为一位当代诗人所具有的思想觉悟和理论水平。从这一点来说，他确实是与上述古代那些优秀历史人物有明显的区别。然而从这段话里，我们看到他作为当代诗人的这种思想特质，也还是与我国古代优秀历史人物追求自由、光明、幸福，眷恋祖国美丽河山，善恶分明的优秀传统品格相通的。紧紧地联系着历史深度的开掘来进行当代思想高度的揭示与表现，无疑是这一崭新的诗人形象塑造获得成功的一个重要原因。

被秋石敬称为"了不起的母亲"的老大娘的形象，在影片中也被塑造得深刻而感人。她虽然没有秋石那样高的文化知识，说不出高深的理论见解，但她走过漫长而艰辛的道路，拥有深厚丰富的人生阅历。她那朴素的语言，同样道出了深刻的思想。听了杏花的悲诉，她慨叹："这旧社会的事，又回来了！"短短一句话，以旧比新，唤起了人们对旧社会悲惨生活的历史回忆，道出"四人帮"搞复辟倒退的反动本质。述说儿子的死，她的话也不多，同样富于历史的深刻性："抗日、打老蒋，他都没死，可这会儿……他死了！……"这是对"四人帮"挑动群众武斗造成的灾难的控诉，是对"文革"的有力否定，触发人们从历史发展的深度上去认识和思考十年动乱这一段不正常的社会政治生活，从中总结出深刻的教训。在这里，编导者充分地发挥了电影在人物细节描写方面的特殊表现功力，如舷边撒枣的细节，影片通过滔滔的江水、大娘含泪的眼睛等画面，使一位具有崇高胸怀的坚强的母亲形象屹立在观众面前。

由于《巴山夜雨》的编导者把人物"放在历史的长河中去思考"，从而使这些具有当代新特点和新素质的人物，在思想性格的形成和表现上，具有了某种民族历史传统的继承性。布鲁斯东说:"看了一个民族的电影,就可以了解这个民族的心理历史。"①电影创作应该努力做到这一点。因为电影的魅力首先决定于典型化的程度,而典型化既需要对现实生活作广泛的概括,也需要对历史生活渊源作深刻的开掘。

长江,是我们伟大祖国和民族的象征。《巴山夜雨》把故事和人物集中到一条客轮上去描写,又放到这条源远流长的大江旅途中去发展,正是要人们把电影所反映的那段动乱的政治生活,放到我们民族发展的历史长河里去观察和思考。看来,编导者这种深刻的创作构想及其效果是实现和达到了的。

三

别林斯基说:"现实本身是美的,不过它是美在本质、成分或内容上,不是美在形式上。就这一点而论,现实好似地下矿苗中未经洗练的黄金,科学和艺术则把现实这黄金洗练出来,熔化在优美的形式里。"②据有关材料介绍,《巴山夜雨》中写的那些人物和事件,几乎全都是剧作者亲身所遇亲眼所见,有生活的原型。那么,影片的编导者是怎样把这些现实生活中的黄金洗炼出来,"熔化在优美的形式里"的呢?是怎样使影片不但以其内容表现的典型意义和人物塑造的心灵美,而且也以其艺术创造上的形式美,而对观众产生较大的魅力的呢?

首先,这部影片在艺术表现上学习和借鉴了我国古典诗词和水墨绘画的创作技巧。叶楠说,作品基调的形成,"与作者生活于其中的山河和文化传统都有关,还可以追溯到孩提时母亲温柔的眼神和轻声吟唱的古老民歌所打上的底色"③。《巴山夜雨》从片名的选定,到影调、节奏和客轮、长江等场景、背景的设计,都得到了古典诗词和中国绘画技巧的启发。唐代诗人李商隐写过一首诗:"君问归期未有期,巴山夜雨涨秋池。何当共剪西窗烛,却话巴山夜雨时。"《巴山夜雨》的片名正是源于此。除了如前所述,采用象征的写法,把人物和事件安排在航行于长江中的一条客轮里,比喻十年动乱的岁月只是历史发展长河中的一段航程外,影片还着重于写意和抒情。长江、夜月、远山、薄雾、细雨、客轮,宛似一幅淡墨山水画,一首引人遐想的抒情诗,使人感到,大好的河山正笼罩在一片白色恐怖之中,我们的祖国和人民正经历着黎明前的阵痛,衬托出一种令人

---

① 布鲁斯东:《从小说到电影》,中国电影出版社,1981年,第47页。
② 别林斯基:《别林斯基论文学》,新文艺出版社,1958年,第7页。
③ 叶楠:《西窗剪烛话巴山》,《电影文化》1981年第2期。

压抑和窒息的社会气氛。农村少女杏花,与心上人岸上痛别,大娘舷边细雨中撒枣祭奠儿子,秋石与文英在墨染般的黑夜中舱外交谈,昔日秋石与妻子河边戏水追逐,娟子从童心中飞出的"谁也不知道我的快乐和悲伤"的声声哀诉,都被表现得情景交融,意境深邃。由于运用诗词创作中想象、写意、抒情的表现技巧,影片含意深远,具有一种促人联想、引人入境、使人共鸣的艺术引发的魅力,令人流连忘返。

观众有一种喜新好奇的心理,因此风格样式的独特新颖也是一种吸引人的魅力。《巴山夜雨》之所以能成为夏衍同志称道的"一部颇有独特风格的好影片"①,与其采用散文结构的方式有关。传统的戏剧结构固然能以尖锐的矛盾冲突和引人入胜的故事情节扣人心弦,而散文式结构也因其舒展自如的形式美而受到人们的喜爱。这部影片打破了往常那种善恶对立、好坏分明的人物结构框架,全部人物都是好人,没有一个坏人出现;在对这些好人的描写上,又虚写具体遭遇和生活经历,实写具体细节和心灵世界,这样便可以把从事件过程描写中节省出来的篇幅,用来频繁交杂地勾勒和抒写更多的出场人物。叶楠说:"人物之间产生了相互关系,这个纽带就是小女孩。""如果说其他人物是一颗颗珠子,她是将珠子穿起来的金线。"②《巴山夜雨》能够在短短一天一夜的航程中描绘出近十个形象鲜明、性格各异的人物,也是得力于这种"一线穿多珠"的散文式结构的运用。这些人物虽然各有独特的遭遇和命运,但影片都没有对他们作过独立的、完整的、一次性的描写和交代,而是把对他们的描写和交代错杂穿插起来,让观众自己从那些零零碎碎、断断续续的描写和交代的联系中,去全面地了解他们,对他们得出一个总的印象。

"一线穿多珠"的散文式结构对人物事件采取的这种交杂、断续的描写与交代,在吸引观众、促使观众思考中,能使观众产生疑问、错觉和感到意外,因此戏剧创作中的悬念、误会、巧合等手法便获得运用的良好契机。《巴山夜雨》中一个又一个的悬念就这样叠生而来,如:戴着手铐被押送上船的中年男子究竟犯了什么"重罪"?小姑娘偷偷溜上船来干什么?拎篮子的大娘为何神情那么悲恸?与小伙痛别的农村少女要到哪里去?女"解差"为什么对什么人都咄咄逼人?男"解差"又为什么恰好相反地一言不发、神秘莫测?那个工人模样的小伙子怎么对女"解差"特别看不惯地处处故意碰撞?戴花镜的老演员因何坐卧不安,如此胆小怕事?这些人物都是一上船就各自以其特点引人生奇和注目,随着剧情的发展,才逐渐让人看清各自原委的。其中的男"解差"被影片中的其

---

① 夏衍:《一部颇有独特风格的好影片》,《人民日报》1981 年 1 月 14 日。
② 叶楠:《西窗剪烛话巴山》,《电影文化》1981 年第 2 期。

他人物误认为"坏人",甚至连我们观众在好长一段时间里也一直以为他是一个执行"四人帮"旨意的忠实走卒。其实这是编导者运用误会法故意埋伏着的一个大好人——正是他最先安排好放走秋石。曾经在学生时代参加抄秋石家的那个"红卫兵",如今已是一个青年工人,他恰巧与秋石同舱而遇,得以"反戈一击",暗中保护秋石,并告知将把由他完好保存的诗稿交还秋石;从未见过面的秋石和小娟子父女,在大家的帮助下,也恰巧同船相认,骨肉团圆。这种巧合的描写,顺乎民心合乎民意,令人看了共洒激动的热泪。把如此众多的悬念、误会、巧合等戏剧手法成功地运用到这样一部抒情色彩强烈的散文式结构的影片中来,使散文式和戏剧式的两种电影表现技巧如此贴切地融合起来,这不能不说是《巴山夜雨》的一大特点。正是因为这一特点,使《巴山夜雨》产生了较强的艺术魅力。

由于《巴山夜雨》注意多方面地吸收和融合诗词、绘画、散文、戏剧等其他文艺形式的技巧和手法,因而它的创作实践及其客观效果,可以说在一定程度上,证实了电影在当代各种艺术形式中所显示出来的特殊功能和发展优势。这部影片的创作说明,电影越是多方面地吸收其他艺术形式的表现技巧,就越有综合性,就越像电影本身,就越有表现力,因而它作为一门最有群众性的艺术,对观众就越有魅力。

原载《当代电影》1985 年第 6 期

白桦叶楠剧作艺术风格比较

张仲春

白桦、叶楠是我国著名的电影剧作家,他们在创作上都涉猎历史素材,都表现现代人民的革命斗争,都探索民族的传统精神,但剧作风格迥然不同。探讨这种不同,对于我们加深理解作家的剧作,认识作家的美学追求和创作个性,是有启发和帮助的。

一

白桦是电影剧作家,又是诗人,在他看来诗与电影有相通之处。叶楠不是诗人,但也认为电影应借鉴诗的精炼、比兴和意境,甚至认为白居易的叙事诗《长恨歌》就可以拍成意境极佳的影片。在电影创作中,他们都追求电影诗化,但表现方式不同,白桦往往赋予生活以浓烈的诗意,叶楠则长于挖掘并表现出生活的底蕴。白桦的剧作,令人感到有一股灼热烫人的气息,一种激越奋发的力量,如草原上盛夏的热风,似大海汹涌澎湃的巨涛;叶楠的剧作,令人感到有一个美好的理想和一股潜在的力量,如远航的舟船遥望灯塔之再现,似沸腾的岩浆要冲破地壳的禁锢。

白桦的《今夜星光灿烂》表现激烈而残酷的淮海战役,描绘血与火的战斗场面,写了那么多年轻战士的牺牲,然而格调昂扬,没有低回压抑的感叹,没有恐怖气氛。它不是通过大规模的兵团作战,而是通过几个小人物的生活和牺牲,不是表现人物大吹大擂的死,哭泣声中死,而是表现人物默默地死,微笑着死。从他们身上,我们唯见其青春的活力和朝气,唯感其对胜利的渴望,对革命的忠诚。通讯员小郭用手榴弹炸毁敌人坦克后,仰面倒在地上,在十分舒畅的笑声中,回忆着坦克履带滑落下来的那个瞬间,安详地闭上眼睛;电话兵小于只身摸进敌人营垒,强迫敌师长与我军司令员通话,在身负重伤的情况下,拉响缠在腰间的手榴弹,与敌人同归于尽;连长何战云攻克敌人最后一个堡垒,在冲锋号声中与世长辞。他们都仰望着黎明的曙光倒下去,没有丝毫的痛苦和悔恨。难道他们没有生活的信念与追求?不!他们才十八岁,还要看到"新中国国旗的颜色",还要听"好听的国歌",还要去建设"像诗一样美"的国家。可是,为了这美好的未来,必须有人作出牺牲。而他们,都愿意用自己的青春去换取这未来。在这种精神激励下,他们说出的每一句话,做出的每一个行动,就是一首壮丽的诗。小郭述说自己炸毁敌人坦克"等于向南京走了好几步",小于回答蒋介石特派记者乔菲娜关于新中国美好的缘由说:"从我们这个军队,这个党身上看到。"小邱甚至把填写每一张日报表当成写一首诗。他说得多么好哇:"当我填写阵亡数字时,我又看到了那些牺牲了的战友。"这种诗的语言和气质,使他们始终保持坚强、乐观的情绪,勇敢战斗,视死如归。

《今夜星光灿烂》一剧不仅赋予人物浓厚的诗意,而且在景物描写乃至音乐配置上,都带有作家特意点染的诗的色彩。地灶里熊熊的火焰,霎时间化出杨玉香甜蜜的梦,战场上敌我双方的恶战,在作家笔下是一幅幅瑰丽的奇观,更有那充满希望和幻想的主旋律,激越昂扬,它在剧中出现达十二次之多,每一次出现都凝聚着作家火烈的诗心:既悼念战场上英勇牺牲的战士,又准确表达出他们虽死犹生的革命精神。还有剧本开头关于静静的天安门广场,雨后积水反射着灯火和星光,灿烂的天空,无数颗星星闪烁着奇异的光彩的大段描写,与结尾何战云数星星,"满天璀璨的繁星缓缓旋转着","繁星化为五彩缤纷的节日焰火"的描写相互映衬,构成一幅美丽的图景,揭示出:是千百万烈士用自己的星星之光,照亮了革命的前程,迎来了新中国光辉灿烂的今天。

叶楠的《巴山夜雨》描写动乱后期邂逅于三等舱里的几个不幸者,他们各有自己的忧愁和悲伤。老大娘的儿子是解放军某部团长,前几年在制止武斗中牺牲了;丑角演员关盛轩曾被戴上"美化封建衙门的鹰犬"的高帽,历尽批判,至今心有余悸;农村青年杏花为了还债,被迫离开恋人去与不认识的人结婚;女教师维护国家几千年的文化,结果教书教不成;宋敏生曾是抄家的红卫兵,而今醒悟过来,悔恨交集;李彦同情秋石,却又奉命押解秋石,默默地忍受着人们的仇视和白眼;刘文英身上,既有被"革命"剥夺人性时所留下的阴影,又有不甘失去的人性在挣扎和觉醒。至于主人公秋石,因写诗歌颂神女峰成为"黑"诗人,妻子含恨死去,女儿流落街头,自己被解送他乡。剧本以秋石为中心逐步交代这些人物的不幸遭遇,使全剧笼罩着悲怆和哀凉的气氛。然而,作家的艺术笔触并不停止在这表面的悲哀上,而是透过悲哀写出不幸者美好的心灵。秋石身陷囹圄而心里记挂着情绪反常的杏花,深夜下水救护;宋敏生把自己采集的鲜花献给秋石,告诉他诗稿的下落;刘文英在惶惑中觉醒,毅然要求船长停船放走秋石。他们善良、正直,不畏强暴,为了他人幸福,不惜献出一切。正如作者所说:他们"全身心将爱倾注给他们的祖国和人民","在任何情况下,顽强地去追求美好,至死不渝"。哪怕在十年动乱中,也始终抱着美好的信念,相信这是暂时的噩梦,从而用理想的光辉去照亮黑暗的征途,"用自己受伤的心去温暖他人受伤的心"①。历史上,这一美德所谱写的赞歌,撼动多少人的心灵,赢得多少人的热泪呵!今天,叶楠又用它续写美丽的诗篇。"东舟西舫悄无言,唯见江心秋月白。"多么高雅,多么耐人寻味。它使人难忘,使人动情,又使人思索,使人探究。经过认真思索,理解了其中蕴藏的诗意,心就慢慢充实起来,动摇者坚定,颓废者振作,坚强者迸发出巨大的力量。

白桦、叶楠的剧作充满诗情画意,基于他们对生活、对人生意义的认识。在他们看来,生活对于那些抱有理想、不丧失信念、不忘记友情的人来说,本身就是一首美好的诗。他们把这一思想融进自己笔下的理想人物,并通过不同的方式表现出来。《曙光》中保卫局长冯大坚面对兰剑罪恶的枪口,心里想的是尽快把情报报告贺龙,勤务兵小高被打成"资产阶级独立派",与被俘的敌司令长官同关一室,心里却记挂着编草鞋行军打仗。《孔雀公主》中喃·穆鲁娜被诬为妖,烧杀她的柴堆已经点燃,她仍从容不迫,翩翩起舞,要用最后的一点时光,为患难相交的人民跳一次家乡的舞蹈。面对死神,不为悲伤所压倒,相反,让余生放射出最灿烂的光辉。白桦就善于捕捉这最有意义的一刻而重笔描绘,带有作家强烈的主观色彩。他在《今夜星光灿烂》拍摄前说:"这个剧本与其说是讲了一个故事,不如说是我在由衷地、有感而发地歌唱,因而它必然具有比较浓的抒情色彩。"②这种由"我"的歌唱而带来的"抒情色彩",恰与叶楠相反。叶楠是在"讲一个故事",而不是由"我"在歌唱,因而,他往往通过平凡的,似乎微不足道的事情表现出人物一生的追求奋斗,不轻易流露个人的主观情绪。《绿海天涯》描写南林进入西双版纳探索热带雨林,采集植物标本,建立群落基地的曲折遭遇,《傲蕾·一兰》表现巾帼英雄傲蕾·一兰保卫疆土,反击沙俄侵略者的事迹,其间经历了许多事件,整个情节系列,娓娓叙来,委婉动听。与白桦比较,虽同注意诗意的锤炼,但作品中的诗情,一为炽热、火烈,如色彩浓郁的油画;一为蕴藏、淡雅,如色彩素淡的水墨画。

二

电影文学同其他文学形式一样,都要塑造人物形象。不过,它以塑造视觉形象为目的。白桦认为:"一个电影剧本的成功关键和小说戏剧一样,归根结蒂

---

① 叶楠:《西窗剪烛话巴山》,《电影文化》1981年第2期。
② 白桦:《由衷的有感而发的歌唱》,《电影艺术》1980年第7期。

还是要在作品里塑造出具有鲜明性格的典型形象。"①叶楠也认为:"一部影片的优秀,仍然是要以人物形象……来决定的。外国优秀影片,莫不是由于塑造了动人的形象而被人称道的。"②他们都注重人物的塑造,但白桦剧作的人物雄奇壮丽,叶楠剧作的人物深沉凝重,色彩、风貌截然不同。

白桦《李白与杜甫》中,李白扁舟穿江峡,说不尽风流才子的英姿。只见重岩迭嶂扑面而来,如倾如侧,李白佩剑立于船头,"乘长风破万里浪",追上前面大船,与吴道子躬手攀谈。他的袍带凌风舒卷,飘飘欲仙,谈吐与青山长存,峡谷同鸣。《曙光》里冯大坚侦察途中袭击刘雨斋,又冒充国民党将领搭救刘雨斋,只身进入敌营,夺得敌人密件,飞骑返回驻地;独立师师长岳明华被押赴刑场,就在执刑队举枪瞄准的时刻,警卫员赵安宝大喝一声,单骑冲到岳明华跟前,猛勒缰绳,让马人立起来,用身体挡住执刑队的枪口。这一个个艺术造型,雄伟、俊健,写尽了革命战士的英雄气概!

叶楠的《傲蕾·一兰》同样表现历史题材和战斗场面,但写法平实而无浪漫。傲蕾·一兰弯弓搭箭射敌旗,穿门洞,刀劈匪徒,大显神威,如果在白桦笔下,将会构成一幅幅雄伟壮观的图景,而叶楠却只寥寥几笔,写她利索的动作、健美的射姿和出色的刀技。最后,让这些朴实的动作构成"大雪满弓刀"的图景,引起人们深远的联想。他早年执笔写的《甲午风云》就开始表现出作家的这种美学追求。作品中真正震撼人心的,不是那激烈的炮击、高昂的呼唤,而是那深沉、缓慢、朴实的人物动作。邓世昌为民请愿被革职,深夜弹琵琶,随着他微微拨动琴弦的手,低沉哀怨的琵琶声如歌如泣,倾诉着爱国志士忧国忧民之心。它飞过门窗,越过院墙,荡旋在祖国大地上,叩击着每一个战士的心扉。最后,致远号弹尽援绝,邓世昌屹立船头,指挥战舰向敌舰撞击。他表情冷峻,动作缓慢,但从他喷火的双眼中,可以看到他内心燃烧着仇恨的烈焰,看到一个民族英雄忧国爱民的赤胆忠心。

白桦乐于通过强烈的外部动作塑造人物的雄姿,叶楠长于通过深沉缓慢的内心动作揭示人物的精神境界。有时,白桦笔下的人物动作近于浪漫主义,叶楠笔下的人物动作却趋于返璞还真。这两种不同的发展倾向,突出地表现在《李白与杜甫》和《巴山夜雨》中,试以李杜相见和秋石父女相认为例:

> 黎明,太阳将要升起,杜甫仍然在黄河边。他依偎着马颈正在沉睡,他似梦非梦地听见有人在慷慨长吟:
> "君不见,黄河之水天上来……"

---

① 白桦:《先有故事?先有人物?》,《电影创作》1979 年第 7 期。
② 叶楠:《我们要思考、鉴别……》,《当代文艺思潮》1982 年第 2 期。

杜甫惊醒,朝霞判目,但看不见一个人……

"奔流到海不复回。君不见,高堂明镜悲白发,朝如青丝暮成雪……"

杜甫用手掌遮住霞光,才看见一面白帆从巨大的日轮中飞出。

杜甫兴奋地纵马投入滚滚黄河,

杜甫策马破浪前进,

波涛传递着呼声,只听得"李白""杜甫""杜甫""李白",起伏回旋不断,和风浪交织成一片奇迹的音响。

李白与杜甫并马从黄河波涛中跃出……

黄河卷着亿万金鳞般的阳光……向巨大的日轮奔去……

李白与杜甫的身影在鲜艳丹红的日轮中相互拜见。……

长风掀动着波浪,祥云拥抱着红日。

李白与杜甫在黄河岸边并骑飞驰。

多么动人的一幅相会图!神奇、浪漫、美丽壮观。它凝集着作者(也是千百万人)的理想,道出了作者(也是千百万人)的心声。李白杜甫相慕已久,只恨无缘相见,而一旦相见,热烈、激动之情自不待言。作者通过想象,设置了杜甫跃入黄河,李白从波涛跃出,两人并骑飞驰等情节,表现出诗人的这种情绪。这种神话般的描绘,构成了白桦剧作的浪漫主义色彩。

在老王的舱间。

秋石不解地看着船长、老王、大厨。

老王从大厨身后推出小鹃子。

小鹃子疑惧地看着秋石。

秋石审视着小鹃子。

老王几乎控制不住自己的感情了,他对小鹃子柔声说:"孩子,唱歌!"

小鹃子生硬地低声唱:"我是一个蒲公英的种子。"

秋石像被电击一样,颤抖了一下,眼睛出现了奇异的光亮,他伏下身去……

小鹃子受到秋石情绪的感染,眼神全变了——热烈、含有希望的眼神,歌声变得流畅而含有深情:"谁也不知道我们快乐和悲伤。"

秋石嘴唇抖动了一下,伸出手……

小鹃子唱不下去了,也伸出手……

秋石猛地抱起小鹃子,两人几乎同时喊"女儿!""爸爸!"

歌声断了,音乐低声继续着,弦乐队的弓子轻轻触动琴弦……

很难得哭的孩子,在爸爸怀里,泪从眼眶里涌出来了。

这段描写对比李、杜相见的描写，人物动作显得朴实纯真。同样表现人物激烈的感情，白桦用人物强烈的形体动作，并配以黄河、红日等博大场景和长风、波澜的巨大声响，叶楠用人物细微的情绪变化：眼神、嘴唇、伏身，并选择了与这种动作情绪相一致的场景（舱室）和音乐（乐队轻触琴弦的乐声），他以静景写动、乐境写哀，益显其惊心动魄的艺术感染力。

三

文学作品是社会生活在作家头脑里反映的产物，作家创作，无不在作品中倾注自己的思想感情。白桦、叶楠也不例外，他们看重作品中的思想，甚至说法也差不多。白桦认为："在世界上，任何生命力强的文艺作品（包括电影）无一不是因为作品本身具有深刻的思想。"①叶楠认为："世界上优秀影片，莫不是具有丰富深刻的思想内涵。"②然而，个人思想感情表现在作品中，白桦是激昂慷慨之情溢于言表，叶楠是蕴含深情于客观描绘之中。

从白桦剧作中我们看到，作家往往借剧中人物抒发自己的感情，呼出自己的心声。《曙光》中，蒋军十万围剿洪湖，林寒"用自己的自负和固执来推行王明的主张"，与国民党军队打正规战，又信任内奸兰剑，把一大批忠诚的干部战士打成"资产阶级独立派"，给革命事业带来巨大的损失。白桦多次通过剧中人物，表达出自己所要喊出的话："'左'倾机会主义害死人！'左'倾机会主义路线误党误国！"最后，甚至通过贺龙的画外音："谁要想整垮我们的党是不容易的！"借以表达对党的信赖和革命必胜的信念。《孔雀公主》中，他通过召·树屯与父王的斗争，提出要恢复"人的尊严"，通过民众的歌唱，歌颂了诚恳勇敢，重申了"相信人"不相信神的主张。《芳草青青》中，他通过刘志山、周明健的对话，表达出作品的思想主题："千千万万不声不响自觉和共产党一起奋斗牺牲的人民群众……才是有功之臣呀。"

叶楠剧作中，很少作家自己忍不住出来表态或说话。他的人物动作，似乎都是生活的再现。作家是那样的不动声色，那样的深藏不露，虽然从那极典型的人物动作中，可以触摸到作家热烈跳动的脉搏、火一样燃烧的心，但却无法直接地从人物口中，觅找和发现作家要说的话。换句话说，剧中人物，似乎没有作

---

① 白桦：《思想多了吗?》，《电影创作》1979 年第 8 期。
② 叶楠：《我们要思考、鉴别……》，《当代文艺思潮》1982 年第 2 期。

家赋予的主观色彩,有的只是特定环境中的特定行动,没有长篇对话,更多的是用画面揭示人物的心灵。《巴山夜雨》就表明作家运用这种艺术手法已经十分娴熟。剧本开端人物没有语言,但发生了一系列动作,这一系列动作,把人物的思想性格表现得淋漓尽致。刘文英以监押者的身份给秋石开锁,用敌视的目光向秋石发出警告,这是她思想感情的真实流露。从她的眼神里,我们不难看到一个受愚弄和欺骗的"革命战士"对"现行反革命分子"的愤恨和仇视。秋石无视刘文英的警告,旁若无人,径直上船,表现了诗人的胸怀和气质。他懂得刘文英目光的分量,可是不放在眼里。他心里装的是祖国的灾难、人民的苦痛,无暇顾及个人的安危。小鹃子是不满五岁的孤儿。为觅生父,她要混上轮船,于是挤到提枣的老大娘身旁,把手放在篮子上。这一动作,表明了小鹃子复杂的思想活动,揭示了她的聪明机灵。

白桦、叶楠不仅通过人物语言动作表现自己的爱憎嫌恶,而且通过景物描写来抒发自己的思想感情。景物描写不受人物性格的限制,便于作家健笔纵横。在这种情况下,白桦往往一泻无余,唯恐意犹未尽;叶楠则浅尝辄止,惜墨如金。《芳草青青》中刘志山与唐明健关于功臣的对话之后,白桦写道:

"满月下的大地,无穷无尽的小草在微风中摆动着,它们总是那样容易被人忽视,容易被人忘怀,容易被人践踏!年复一年,'春风吹又生',开花、结子,生生相因,繁衍不已。"

"天空中闪耀着无数小星,地面上那些相依为命的草叶上闪耀着无数露珠,亮晶晶似的露珠。"

这些景物描写,无疑是为了更充分更有力地表现作品的主题。正如剧中大学生周静君所歌唱的:"它们的地位总是那样谦卑,它们的要求总是那样微小,它们却给予人间的芬芳,使山河无限美好,它们覆盖着大地,依恋着泥土,礼拜着日月、星辰,为一滴露珠高兴得歌唱,为一线阳光快乐得舞蹈。"不过,她是从景物描写的角度,不是从诗人咏叹的角度,来对小草进行歌唱的。其中,毫无保留地倾注着作家对广大劳动群众景仰、赞叹之情。

叶楠近作《黄沙掩不住的刻痕》,描写长征途中激战之后,红军女战士和号兵小刘掉队了,为了追赶大部队,他们相互搀扶着坚持前进。不料过沙漠的时候,小刘死于敌人枪下,大姐也因伤口恶化而牺牲了。但在他们的精神感召下,向往革命的裕固族姑娘掩埋好烈士的尸体,接过小刘的军号,背起大姐留下的蓝印花包袱,向着红军走过的道路前进。这时,叶楠写道:

"在沙漠的凹处,竟有一丛野草绿了,且挂着一朵紫色的小小花朵……"

同样用小草来比喻向往革命、支持革命的人民群众,白桦画出小草满月下、微风中、地面上的姿态,又写尽它们虽然被人践踏、忘怀,然而年复一年地生长、挺立,默默散发着芳香又无所求的精神品格,通俗直白,淋漓尽致。叶楠没有纵笔描绘野草在恶劣情况下的各种姿态,也没有进一步展示它的未来。他只用寥寥二十个字,两个形容词,写了小草之绿,且开出紫色小花,用以象征裕固族姑娘踏上长征路,去完成烈士未竟的事业。用笔省俭,却又寓意深长,给读者以充分想象的余地。

四

电影有节奏,作为影片基础的文学剧本,也有一个节奏问题。白桦、叶楠剧作的节奏也是不同的,叶楠剧作的节奏低回委婉,"像海鸥飞行的轨道",白桦剧作的节奏明朗轻快,像山鹰扇动坚强有力的翅膀搏击长空。

淮海战役之后,白桦随军进入大西南,在兄弟民族地区生活了一段时间,熟悉高原上的风物,看惯了山鹰的飞翔。这段生活对他创作产生了影响,慢慢形成其创作明朗轻快的特点。叶楠在新中国成立后调海军学校学习,毕业后分配上潜艇搞技术工作。他熟悉大海的性格,看惯了海鸥的飞行,耳濡目染,潜移默化,于是有了低回委婉的节奏。这种不同,突出表现在人物事件、景物描写和时空交叉的结构形式上。

白桦、叶楠笔下的人物,就其思想倾向来看,都属于蓬勃向上的。但白桦的人物清丽,性格开朗,动作洒脱,叶楠的人物浓郁,性格醇厚,动作凝重。《芳草青青》和《黄沙掩不住的刻痕》,同是描写战争生活中的人,人物性格却完全不同。《芳草青青》中老区农民刘志山,不论在敌人监狱里,还是遭受唐国庆奚落,皆不失其乐观诙谐。他冒名顶替唐明健,遭受酷刑之后,还幽默地说:"幸好我啥都不知道,要是知道点啥,说不定真会叫你们给逼出来!"说完竟自庆幸地笑了。新中国成立后,他行千里路求见唐明健,被唐明健的儿子戏弄一番,但他不羞不怒,反以周静君送他一瓶从未见过的桔子水为满足,认为没白跑,发出快慰的笑声,回到家门口,看到儿孙们在辛勤劳动,他于是沉醉在欢乐的气氛中。还有他那双永远闪烁着天真笑意的眼睛,也给读者留下深刻的印象。表现这样一种人物性格,非明快的节奏不能淋漓尽致;反过来,人物的乐观诙谐,益发使剧本节奏显得轻松明快。《黄沙掩不住的刻痕》中红军战士大姐、小刘则不同,他们虽说是青年人,但性格比刘志山深沉得多。他们在混战中掉了队,凭着对事业的忠诚,他们决心横跨沙漠,觅找北上的主力。然而,没有水,没有粮食。在与恶劣的环境和凶恶的敌人搏斗中,他们牺牲了。表现他们与饥饿斗、与风沙斗、与敌人斗的顽强精神与不懈的努力,舍低回委婉不能淋漓尽致,而表达作者对烈士缅怀之情,一唱三叹,则是最合适的节奏了。

与节奏相联系的,白桦剧作中的事件往往多短促,叶楠剧作的事件往往少而曲折。《今夜星光灿烂》写几个年青战士牺牲,事件一个接一个;《芳草青青》人物不多,事件却不少,从抗战时期写到解放战争,令人应接不暇。叶楠剧作则不同,《巴山夜雨》写秋石在押和被释的一昼夜;《黄沙掩不住的刻痕》表现两个红军战士追赶部队的经历;《绿海天涯》虽然事件较多,基本情节却只有一个,即南林进入西双版纳,探索和发展祖国的植物学。事件间连接紧密,没有跳跃感。这是造成他们剧作节奏不同的另一个重要因素。

白桦、叶楠剧作的景物描写,同样表现出他们节奏的不同。《今夜星光灿烂》中被炸后的坦克断履"轻轻地从传动轮上滑落下来",《芳草青青》中"湍急的山溪流淌的声音轻快而悦耳",桔子水瓶子在早晨的太阳下,"突然迸发出奇异的光彩",还有"那开着小花的草"在田埂上、山路上摆动,"亲切地抚摸着每一双风尘仆仆的脚"等。何等的欢乐!它们都发生在危急和艰难的情况下——小郭胸脯淌出鲜血,唐明健刚刚离开敌人监狱,刘志山遭受奚落和敌人大军压境,然而和谐,无突兀之感。欢乐的景物描写所表现出来的轻快节奏,突出了人物性格,突出了主题,足见作家艺术手法之娴熟,用心之良苦。叶楠剧作的景物描写不多,但一字一句寓意深长。《绿海天涯》在多次出现的"古琴忧伤的调子"中,穿插描写了"山回路转,马孤人单"、"夕阳坠落,云雾四阖"、"天际蒙蒙"、"四野茫茫",节奏显得低回平缓。《巴山夜雨》在贯穿始终的"雾蒙蒙"、"雨蒙蒙"中,反复地点染江流"凶险的旋涡",天上"飞驰的云朵"和江轮船尾"翻滚的浪花",最后又描写"无数由绒毛组成的小伞悬垂着的种子,在整个银幕上飘荡、飘荡",更给人低沉委婉循环无尽的感觉。后者的景物描写简洁、形象,为完美地表现剧作节奏提供了卓越的例子。

白桦、叶楠运用时空交叉的手法是在其近期剧作中才出现的。他们前期的作品《李白与杜甫》、《甲午风云》等都没有采用这种结构手段。《今夜星光灿烂》、《傲蕾·一兰》开始部分运用时空交叉来结构剧本,《巴山夜雨》、《芳草青青》则几乎让时空交叉穿播全剧。《巴山夜雨》的时空交叉起着补充说明秋石下船前遭遇的作用。幅度小,画面不多,但安排紧凑,把秋石对往日幸福美满生活的怀念思虑表现得十分充分,大有"孔雀东南飞,五里一徘徊"之势。其间人物动作缓慢,情思幽怨、缠绵,令人想起李白的著名诗句:"白发三千丈,缘愁似个长。"

如果说《巴山夜雨》运用时空交叉,重点在现在时画面,那么,《芳草青青》恰好相反,它主要是回叙老区农民刘志山一家对革命的贡献,重点在过去时画面。然而,它只用了六次时空交叉,就完成了对刘志山一家的全部回叙画面。它幅度大,内容多,大起大落,大喜大悲。

　　白桦、叶楠运用时空交叉,上下几十年,纵横几千里,跨越无数地域空间,而基本保持剧本结构和风格的和谐和统一。这是作家在长期的创作实践中逐步形成的。毋庸讳言,《今夜星光灿烂》、《傲蕾·一兰》中的时空交叉,仅仅起着介绍人物的作用,并没有显示出它们在剧本节奏上的特殊功能,后者某些段落连接甚至出现臃肿和松弛的问题。《巴山夜雨》比较注意发挥时空交叉在结构上的作用,让它为表现作品主题,表现人物思想感情服务,并形成独特的节奏感,可以说,删去这些时空交叉(过去时画面)人物形象就不完整,结构就鸡零狗碎。但《巴山夜雨》还未能很好地注意时空交叉在促使人物行动方面的作用,虽然随着时空交叉的一次次展开,我们对秋石的思想、道德、情操的认识逐渐加深,从同情、赞叹到爱戴,最后产生了无法抑制的景仰之情。但是,秋石的现时动作,与过去动作并没有明显的内在联系,这就在一定程度上影响了节奏的和谐性。如果能够把时空交叉与人物动作结合起来,让过去时画面成为推动现在时画面的强大动力,那么,就完全避免了为时空交叉而用时空交叉,为回忆而回忆的倾向。更重要的是,它可以使剧本结构更加完善,节奏更为和谐。在这方面,白桦在《芳草青青》中似乎做出了努力。随着每一次时空交叉,唐明健(包括读者)觅找刘志山的信念就更加坚定,渴望相见的愿望就更加强烈,这使现在时画面与过去时画面衔接所产生的节奏有一种内在的逻辑力量。自然,它并非尽善尽美。在这方面,法国著名影片《老枪》提供了卓越的例子:随着影片每一次时空交叉的出现,主人公复仇的信念就更加坚定,手段就更加猛烈。它使全剧浑然一体,无懈可击,节奏感强烈,然而和谐,不露作者斧凿之功。

　　本文对白桦、叶楠剧作的艺术风格作比较论述,并非说他们的风格有高低优劣之分。亘古及今,风格多姿多样,犹如"天生花卉,春兰秋菊,各有一时之秀,不容人为之轩轾"[①]。我国电影百花园,希望有各具形状、色香的花朵,这是广大人民群众的欣赏爱好所决定的。因此,对于剧作家的不同风格,应该提倡、支持、扶植、栽培,使之逐步提高、完美,才能形成百花齐放、争奇斗妍的局面,促使电影光辉灿烂的时代的到来。

原载《深圳大学学报》1984 年 4 月第 1 期创刊号

[①] 袁枚:《随园诗话》,卷三。

独具一格的意境美
——故事片《姐姐》观后

张跃中

　　电影要讲究意境美。所谓意境,质言之就是意蕴与境象的统一。境象要鲜明而富有启示力;意蕴则要求可供思索、玩味。故事片《姐姐》写的是长征路上一个死里逃生的受伤的女红军,一个同样是死里逃生的红军小号兵,还有一个裕固族小姑娘这三个人的故事。这里既没有曲折惊险的故事情节,更没有桃红柳绿的绮丽风光。但是,我们却从敌我双方力量的悬殊对比中,人与自然环境的顽强拼搏中,感受到红军战士不屈不挠的斗志和强大的生命力。影片的这一总体构思就很有意境,发人联想。在具体的镜头画面中,导演吴贻弓同志善于赋普通的景物以意境美。大漠落日,红霞满天,这景象是无比壮丽的,凝视着渐渐西沉的落日,三双眸子透出无限的神往,红军女战士不由得喃喃自语:"明天还会升起来的。"这是一幅画,一首诗。这一镜头具有"言外之味,弦外之响",在有余不尽之间,留广阔的联想空间给观众。它没有感伤和惆怅,而是让人感受到刚刚受挫的革命事业必将如一轮红日喷薄而出,而女战士的坚定不移的信念也正是在这个意境里得到深隽而丰满的体现,甚至一草一木在特定条件下也能产生意境美。很难忘怀片头那茫茫戈壁上的一丛小草,在强劲的沙漠之风的袭击下顽强挺立。这一境象不是让人立即领悟到"疾风知劲草"这一意蕴吗?女战士牺牲前,挣扎着把脸挨近一簇沙漠上盛开的小花。小花并不娇艳,但却分外精神,格外美丽,在这平沙漫漫的荒原上,它的出现给人一种美的享受和力的鼓舞。

　　三个普通的人物,一个简单的故事,竟构成一部长达百余分钟的故事片,这是很见导演的功力的。但我觉得导演在追求意境美的同时,对影片的节奏注意不够。慢!——这是观众的普遍反映。是否电影一讲究意境美就非得把节奏放得异常地缓慢呢?

原载《电影评介》1985年第2期

这是一次失误
——简评影片《姐姐》

黄德佃

在影片《姐姐》拍摄的过程中，上海电影制片厂对此做了大量的宣传，不少报刊做了不少报道。由于叶楠和吴贻弓都是观众所熟悉并喜爱的编导，故对影片寄予厚望。但是，看过影片后却令人大失所望。这里，谈两点意见。

首先，《姐姐》这个剧本就不适宜拍电影，吴贻弓同志选择这个剧本，是一个失误。当然，影片的主题是积极的，编导演力求塑造一个对人民革命表现了坚强信念、忠贞不贰的女战士的光辉形象。但整个故事太简单了，没有什么情节。如果作为一个中篇小说或是一篇散文，或将是十分精彩的。因为，小说和散文可以用笔触对姐姐的希望、信念、忠贞和情操作深刻细致的描绘，可以写得激动人心。但是，精彩的小说和散文并不都适宜被改编成影片搬上银幕。也许，吴贻弓同志偏爱这类没有什么情节的散文式的风格，并企图继《城南旧事》之后，作一些新的探索。但他没有很好地总结一下，《城南旧事》之所以得到观众的承认，是通过一个儿童的眼光，对那个时代的社会风貌和风土人情作了很大的概括，给人留下了思索和回味，而且画面、人物都有一种自然淳朴的美。而《姐姐》的主题和人物的感情，让观众一览无余。影片从姐姐自死尸堆里爬起来走上茫茫的戈壁滩起，到姐姐死去以后影片结束为止，犹如一杯苦水，始终让观众感到苦涩，有的观众说："宋春丽在戈壁滩上演戏苦头吃了不少，我们坐在观众席上也不好过。"

其次，影片《姐姐》的表现形式，本身就存在着不容易克服的单调感。影片的全部戏都是在戈壁滩上进行的，只有三个人在做戏。观众看到的全是沙漠和荒原，饥饿和疲累。正如有人反映说："演员好不容易挨到死，我们也好不容易挨到影片结束。"观众的这些意见，我认为是对影片最确切的批评。观众产生这样的意见，关键是影片的编导忽略了电影作为以视觉形象为主的这一综合性艺术的特点，使观众产生视觉的单调感和疲劳感，最终造成影片在实际放映后和导演设想完全相反的实际效果。花了这么多钱拍成一部片子，有的省要一个拷贝都嫌多，像这样的情况，应该引起各电影制片厂的严重注意了。

原载《电影评介》1985年3月第2期

交响乐韵律与艺术形象的独到选择
——读《大江和高山的回声》

罗强烈

叶楠的《大江和高山的回声》（以下简称《回声》，载《山东文学》1986年第10期），内容是中华鲟和野鸭的生活。我很感兴趣，因为我正思考小说中除人物形象之外，艺术形象的其他构成及其表现功能的问题，叶楠这个小说对我的路子。一看后发现虽和我的思路有契合，但也存在不小距离。那么，我只有在批评小说的同时，渗进我的部分艺术观点了。

先对题目进行必要的解释。把《回声》比喻成"交响乐"，是从作品的结构——构思的形态与功能入手的；而我所说的"韵律"，又是指一种主调的重复，而不是用于比较狭隘的意义时（如听觉成分）的"韵律"。因为我不想从常说的"主题"的角度来理解《回声》；虽然作者在作品尾部也作了这样的指向，但是，我们作为主动的审美接受者，完全有理由不受这个窄狭的主题指向的限制。在叙事性文学作品中（非叙事性文学作品中，我的主张像"公理"一样存在），对艺术形象应该做宽泛的理解，它可以是人物形象，但也可以不是人物形象，而是动物形象、植物形象，甚至是一种情绪、情感、感觉、意象……有时，还可以是这诸多元素组成，但又超越这诸多因素的复合体。所以，作家在自己具体的创造中，对艺术形象应该做出独到的选择——这种选择的权力是自由的，但成功却是定向的。

我知道叶楠，始于电影《巴山夜雨》。看了《巴山夜雨》，我佩服作者感受生活的别致新颖的方式和创造独特艺术形态的才能。这次读了《回声》，感到叶楠的这一形象思维特点依然保持着。当然，坦率地说，我认为作为小说家的叶楠，显然不及电影剧作家的叶楠，因为《回声》的语言，比较缺乏个性，较少才华熠熠闪光。而作为小说，我是很看重语言的艺术的。电影中，这一艺术魅力，可以由表导演去创造。不过，这并不影响我从另外的角度来分析和称道《回声》这部小说。

我并不看轻贴近"现实"。但是，文学的广阔空间使我反对急功近利的贴近"现实"。所以，我常常思考文学创作在选材上的"距离"问题。一种审美心理"距离"，能产生一种吸力的"距离"。更何况，这之中实际上也有贴近"现实"的作用,就是贴近人们的审美心理的"现实"。比如,有的人喜欢在文学中看到自己"眼面前"的生活,有的人却喜欢领略和自己的生活有某种"距离"的领域,这大概就是像戏曲中许多古典的和传奇的东西历久不衰地吸引着许多观众的原因吧——这也是一种现实存在的"心理现实"。这样来理解文学,艺术思维的空间才是广阔的。《回声》就取材于自然界,描写的对象是动物。这虽然不很新鲜,中外文学史上都有先例,但却能及时地引起我们对当代文学中这个问题的思考。

《回声》在结构——构思上,极大地利用了"空间"因素,具有很强的"空间意识"。这是形成它的交响乐框架的根本一点,它的"韵律",也是从一种空间转换的内在节奏中产生的。《回声》主要写了两条线索:由海而江的中华鲟鳖鳖和姣姣姐妹俩与由南回北的大兴安岭野鸭夫妇呷呷和嘎嘎,以及它们周围的生活。两条动物生活线中,都流贯着相似的生活流质:自由、天然、艰难、顽强、温暖、友谊……这样的两条线相交,就产生一种"主调的重复",形成小说的"韵律",从而,构成自己有指向、有魅力的艺术世界。

我赞成这样一种想法:文学意味着人与世界之间所缔结的一种特殊关系。这种关系显示出人类接触和了解世界的一种奇异方式,显示出世界对这种接触和了解方式所提供的奇异呈现,而且,这种关系最终还得显示出人类对于自身生活的遥远憧憬和现实选择。在叶楠的《回声》中,因其艺术世界是一个与人类的经验世界存在一定距离的世界,所以,这一意味就显得更为明显。他是要在这一世界中表现出美的东西,以供我们进行"现实选择";他提倡人类社会和这个世界的相处中的,一种和谐互存关系。

在小说所塑造的动物生存形态中,我们可以看到作者所描述的三个层次。

一、动物生存的原生形态,也就是一种自由自在的生存形态。这可以作为一个"参照物",使人类借以检视和调整自己的生存结构。这里的生活是单纯的,更多地以一种天性存在。我们看两条鲟鱼的求爱:两尾雄鲟鱼,像两艘潜艇高速从鳖鳖和姣姣两侧超越过去,漂亮的尾鳍在面前摆动,身子扭动着,像是跳扭摆舞;但两姐妹矜持地游着,既不改变航向,也不改变航速,像是根本没有看见这两个毛头小伙子。两条雄鲟鱼并不因为遭到冷遇而罢休,在异性面前放肆地表现,是万物的天性,它们没有像雄孔雀那样可开屏的尾巴,只有用疯狂的动作,表现它们不可抑制的热情。它们陡然跃起来,仰身向上翻滚,从两姐妹脊背上绕到身后,再从腹下窜到前面去,周而复始地绕圈子,毫不觉得疲惫,像飞机飞特技。这里也有友谊和同情。野鸭夫妇呷呷和嘎嘎从南方过冬回到大兴安岭,大兴安岭的土著飞龙便前来看望。飞龙和野鸭相互问好以后,就默默无语了。野鸭夫妇惊诧地伸着脖子打量飞龙。飞龙从来就是爱说爱道的快活的鸟,现在像只呆子。它满面戚容，又疲惫不堪的模样，原先头上非常漂亮的卷曲的凤头，如今稀疏而蓬乱，像几根被风打折的枯草，原来一身黑色锦缎般的闪闪发光的羽毛也失去了光泽。原来，野鸭夫妇到南方过冬后，这里发生了一场灾难。然而，飞龙却不愿向远方归来的故旧倾诉，以免使它们对故乡失望。

二、小说描述了动物中一种生命延续的神圣力量。这里，最动人的是中华鲟的回游。它们从长江上游而来，如今，要回到那里去繁殖后代。这种生命意志，在鱼类的身上也体现得那样坚强而壮丽。我们看姣姣，在回游中，它既失去了姐姐，又失去了情人，但它仍要冲过大坝，寻找情人，繁衍生命。碰了一次壁后，它几乎处于癫狂状态，它要冲过大坝，这是它此时本能的唯一欲望，任何力量都无法阻止的欲望。它竭尽全力摆动腹鳍和尾鳍，猛向大坝冲撞而去。水下响起一声沉闷的筋骨断裂声。大坝下面泛起一摊鲜红的血液。这血液的红色，瞬息即逝，被滔滔江水冲去了，没留下一缕血丝……这是一次为情爱为生命而死的壮美举动。野鸭夫妇在孵卵时，与狐狸的智斗，以及它们为了后代的生存力而在水中训练儿女的场面和细节，都是写得很感人的。

三、在动物世界与人类的冲突中，谴责人类自戕性的不善。比如用最原始最野蛮的绞杀刑具——套子绞杀动物，这是真正的猎人所不使用，且深恶痛绝的，因为这是残忍的、灭绝性的绞杀。套子是绳索或钢索拴在树干的下部，带活扣的套圈，随便丢在地上。谋杀者可以去睡觉、打扑克，干什么都行。大兴安岭的树林中，河套里、水泡子边沿……一切有野兽出没的地方都布下了套子，多少为爱情、为生儿育女而奔忙的动物，因上了圈套而丢掉性命。那些下套子的暗杀者，既残忍又不负责任。他们从不及时察看自己下的套子，是否套住了野兽，甚至于忘了自己布的绞杀凶器。布得太多了，经常出现这样的情形：误中圈套的马鹿、犴、狍子……在山野里挣扎、哀号。这种悲怆绝望的惨叫，声震山岳，使林中所有生灵颤抖。罹难者的至亲，往往陪伴着受刑者哀鸣，而无能为力，看着它被套子勒破腿上的皮肉，鲜血流尽，精疲力竭，奄奄一息，直到倒毙。日久腐烂，留下一具白骨。这是暴殄天物。

《回声》从三个层次描绘了一个独特的艺术世界，是为了让我们从作者的感情活动和表现中去认识到一种东西，或者说，其本身就是一种情感认识活动。这个艺术世界，由于利用了空间因素，显得宏大，而具有某种普遍性。利用空间因素结构——构思艺术世界，自然是一个优点，但是，这必须与所描写的主人翁的内在情感和生活逻辑同步衍进，从而才能显得饱满，不是音响干瘪的交响乐模式。从后者来要求，《回声》当然还存在不足，现象描写多于内蕴开拓。

艺术作品，用苏珊·朗格的话说，是"生命的形式"，其要点在于它的整体性给人的感觉。在小说中，就意味着艺术形象对人物形象的超越，人物形象只是小说的一个构成部件,而艺术形象才是小说的整体结构,也才能体现出"生命的形式"。而构成艺术形象的因素,在叙事性文学中,除了人物形象外,还有许多其他的因素。

在当代小说中,艺术形象结构的变化,正体现出我所说的这一形态。早的如汪曾祺的小说,就是人物形象因素和其他因素并重,从而构成一个艺术整体,也即"生命的形式"。如果,按《水浒》式的人物塑造法要求,把其他因素从汪曾祺的《大淖记事》、《受戒》等小说中抽出来,那么这些小说也就失去了它特殊的艺术魅力,或者可以说失去了他这种小说形式中的生命,而只能得到一些"断腿残肢"。何立伟的小说,因采用"绝句"的写法,更是超出了塑造人物的范围,而重视一种整体蕴含和意味,这才是他这种小说形式的"生命"所在。莫言的一系列小说更是如此,就如近作《红高粱》,其中"红高粱"的因素,就是这部小说艺术形象的重要构成部分,舍此,这部小说也就没有了现在的生命。这是小说在当代发展的一种趋向——这种形态,在中外文学史上都存在,只是没有这样集中地形成一种引人注目的文学现象。李陀把这种趋向称为"营造意象",认为这是一种"意象的激发",出现了一种"现代意象主义"。我则从艺术形象的构成成分上来分析这种现象,认为它是对我们的艺术形态的突破和丰富,相应地,也应该突破和丰富我们原来的文学理论。

在《回声》中,因描写的对象是动物世界,这在小说的艺术形象的改变上,是明显的。当然,这种方式还不是很新鲜。但是,就从艺术形象的构成上说,也就是从我们的理论的第二个层次上说,《回声》所选择的艺术形象仍然是独到的。很明显,这里的艺术世界更是浑然一体。如果我们把犟犟、姣姣和呷呷、嘎嘎比成"主人公",显然可以看到,在这个艺术整体中,单独来看这四个动物,是没有多大意义的。正因为它们是作为一部分因素,组成一个艺术整体,才显示出魅力的。

原载《山东文学》1986 年 10 月第 10 期

叶楠电影剧作的诗意特色

丁富云

  叶楠是我国当代文坛上著名的电影剧作家。20世纪50年代,他与希侬等合写的《甲午风云》曾以强烈的爱国激情、雄浑的气魄、浓郁的生活气息、个性鲜明的人物形象,在读者和观众心中留下了深刻的印象。十年动乱之后,他又创作了《傲蕾·一兰》、《绿海天涯》、《巴山夜雨》、《金锚飘带》等剧本。纵观叶楠的电影剧作,无论是主题的深刻、情节的巧妙安排、个性化语言的运用、表现手法的创新,都有其独特的风格。这自然与作家敏捷的艺术才思和雄厚的生活积累分不开。除此之外,笔者认为叶楠的电影剧作之所以自成风格,为广大观众所喜闻乐见,还在于他准确而巧妙地运用了电影意境创造的特殊手法,使其剧作以意境取胜,具有浓郁的诗意特色。电影意境具有自己的特质。法国著名电影评论家雷内·克莱尔说过:"文学的诗和电影的诗是互不相容的","在一部电影中,唯独画面本身所创造的诗才能存在,这是一种异常新颖,没有固定的格律可循的诗。"(《电影随感录》)这两段话论述了电影意境的本质特点,并把它严格区别于文学诗的意境。这种"互不相容"的原因,主要取决于文学诗与电影诗创造意境的方式不同和所使用的要素不尽相同。在主观方面,文学诗与电影诗都离不开情;在客观方面,文学诗离不开"景",而电影诗却可以有景,也可以无景,它可以借助于画面、光影、节奏、音乐、音响、细节、蒙太奇、特技处理、特定情景中道具的运用来创造意境。又因"境非独谓景物也,喜怒哀乐,亦人心中之境界"[①]。所以,也可借助人物内心世界的细微变化来创造电影的意境。另外,文学诗的意境是靠语言文字体现出来的,而电影诗的意境是通过"电影语言"来体现的,是靠电影艺术手段来表现的。电影作为一门综合艺术,它自身的特性为其意境创造提供了较之其他艺术更为广阔的天地。叶楠电影剧作的意境创造,主要有如下四个特点。

[①] 王国维著,滕咸惠校注:《人间词话新注》,齐鲁书社,1982年,第39页。

一、情景交融,全剧体现一个大意境

叶楠剧作素以意境取胜,就情景交融创造意境而论,在不同的剧作中,他根据不同的情形,或以情染景创造意境,或融情于景创造意境,或触景生情创造意境,或虚景实写创造意境……而最具叶楠特色的莫过于根据主题需要,情景交融,全剧体现一个大意境。故事在意境中开始,又在意境中结束,蕴藏着巨大的艺术感染力。

《巴山夜雨》是叶楠的代表作,是我国影坛上继《小花》之后,在电影美学上做出重大突破的创新之作。它"以独特的创作构想和抒情诗般的艺术风格,塑造了具有鲜明个性色彩的人物群像,表现了我国人民在特定的历史时期的美好心灵"(第一届金鸡奖评语)。全剧也正是"以独特的创作构想和抒情诗般的艺术风格",创造了一个贯穿始终的完整的艺术境界,将观赏者笼罩在一种特定的诗的氛围中,感受着时代的风风雨雨和人物的悲欢离合……

雾漫川江,云绕巴山。一阵抑郁悠长的汽笛声,祖国命运之舟起航了。一群不同年龄、身份和经历的人们,被作者安置在一间普通的三等客舱里。在他们中间有无罪蒙冤的诗人,有实际是精神囚犯的"解差",有在生活中扮演着悲剧角色的喜剧演员,有被逼卖身还债、违心赴婚的村姑,有老来丧子的烈属大娘,有欲教不能、欲罢不忍的女教师,有拥有勤劳的双手却不能创造财富的"失业"工人……这些人物,被作者安顿得就像生活本身一样谐调,形成了时代画卷中的一个剪影。观赏者通过这个窗口,可以透视到一个充满尖锐矛盾的颠倒了的世界,一个荒谬的年代!更重要的是,剧作通过对丑恶面的暴露,拨开迷雾,揭示出人们崇高的心灵美和对生活的坚强信念。作者自己说,"文化大革命","那十年,确实风狂雨猛了吧!……我却写巴山蜀水之无声的细雨","我只是写了一条船上的普通的小民,他们乘船穿过三峡,顺流而下,心里盛着愤怒、忧伤、悲愁……但也怀着希望,这些怀着希望的小民,正是我们民族不会沉沦的主力!这就是我的心愿"①,"这部作品,我原本的意思,是写人民心灵的美"②。以上这些,正是创造整个大意境主观感情方面的东西。然而,作者忠于生活,不从意念出发,服从统一的艺术构思。他写了茫茫晨雾,漫漫夜色,蒙蒙细雨,幢幢山影,溅溅水声,淡淡星斗,浅浅明月……把这艘当时社会缩影的江轮安置在这样的

---

① 叶楠:《写在〈巴山夜雨〉上映之前》,《电影评介》1980 年第 11 期。
② 叶楠:《〈巴山夜雨〉为什么没写坏人?》,《人民日报》1980 年 12 月 20 日。

背景中,把人物悲愤、压抑的心境和高尚的情操、美好的心灵与这些人格化了的美丽景物有机地统一起来,使人际间的关系,爱与憎,怨与颂,通过人物的情和灰蒙蒙的景的交流得到体现,创造了一个完整谐调,空间广阔,富有哲理意味的大意境。它犹如一轴巨幅水墨画卷,给人一种清新、淡雅、空灵、隽永、质朴的感觉,给观赏者提供了再想象再创造的充分条件。

二、意与境浑,创造意境

王国维在评价意境时指出:"上焉者意与境浑,其次或以意胜,或以境胜。"①可见,"意与境浑"是意境中的上品。意与境浑,即"意中有景,景中有意"、"境与意会"或"思与境偕"。就是要求作者的主观感情和所描绘的客观景物浑然一体,水乳交融。在《绿海天涯》中,意与境浑的意境创造有几处非常成功。如南林第二次离别妻子赴南疆考察时,敏淑湖边相送的场面。

    离乱的生活,危险的旅途,并没有使南林失去对理想和事业的追求,他装上妻子卖掉古琴换来的银元和药物,与妻子告别来到湖边码头。他们是那样情深意切,难舍难分。敏淑羞涩地告诉南林他们要有孩子啦。
  南林黯然失神地说:"我真不该这时候离开……"
  李敏淑:"不!不!本来我不想告诉你,怕你……分心。去吧,等你回来,会有两个人接你……我和孩子……"
  南林:"敏淑!"
  李敏淑:"去吧,一帆风顺!"

  扬帆的船驰离岸边……

  李敏淑扬起手中洁白的手帕……
  站在船尾的南林招着手……
  风帆远了……
  李敏淑还在挥着手帕……
  风帆模糊了,渐渐融于天际的白色的轻雾中……

---

① 王国维著,滕咸惠校注:《人间词话新注》,齐鲁书社,1982年,第8页。

李敏淑挥动手帕的手还在摆动,不过频率放慢了。眼眶滚出晶莹的泪珠……

　　孤帆……

此类送别的场面描写,在我国古典诗歌中早有先例,而且不乏千古绝唱。但就主人公的思想境界、感情的炽烈程度,当然与南林、敏淑无从相比。南林他们是志同道合的同志、救国图强的战友、患难与共的夫妻。但无论怎样,"悲莫悲兮生别离",更何况非常时期长期分手。特殊的时代背景,使得这个离别非同寻常,更加动人。主人公种种复杂的情感交织在一起,"意"可谓深,"情"可谓切。然而,情有千万种,景却一帆单。作者在这里创造性地借用了李白《送孟浩然之广陵》中"孤帆远影碧空尽,唯见长江天际流"的意境描写,借助电影画面,创造了一个送别场面的杰作:满岸云树,一叶孤帆,敏淑洁白的手帕还在镜头前晃动,载着南林远去的帆船已消失在漠漠天际。

三、借助蒙太奇创造意境

蒙太奇是电影所特有的艺术表现手法。它的显著特点是既可以把观众直接引入"画面之中"使观众产生身临其境的感觉,还可以通过各种不同镜头的衔接,产生诗情画意,创造出动人的意境。叶楠在《傲蕾·一兰》中,巧妙地运用蒙太奇创造了成功的意境。

牢狱里,一兰赶走了伪善的神父,倚着窗口,忆起了在家乡的岁月,忆起了和奥布库订婚的良辰。定亲仪式结束了,他俩在故乡的草地上并驾齐驱,引弓比射。一兰戴着奥布库为她编织的花环,向奥布库倾吐了冬天成亲的心愿。两个陶醉在爱情中的人儿在《马上的哥哥在何方》歌曲中愉快地分手了。就在歌曲叠句音乐还在轻轻飘荡的时候,镜头一转,一兰回到了现实中。此时,音乐和环境是那样地不谐调,一兰的心境和现实是那样地不统一。这个回忆与现实的蒙太奇的转化,使此情此景充满了对比,充满了矛盾:昔日与心上人在故乡锦绣般的草地上纵马驰骋,现在形单影只在异国他乡铁笼般的囚笼里忍受煎熬;昔日的欢歌还在耳畔回旋,而现实中相伴的却是镣铐声声;昔日盼望冬天喜结良缘,此时冬天终于来到,却从一兰口中发出"冬天!"的诅咒声。这种由对比形成的巨大反差,把生活中的真善美与假恶丑呈现在观众面前,使观众与主人公在情感上产生强烈共鸣,生发出对祖国的无限热爱和对侵略者的无比痛恨。剧中运用蒙太奇的转化在完成意境创造的同时深刻地揭示了主题。

四、借助细节创造意境

任何一部文艺作品,都离不开细节的描写。就诗歌和电影而言,前者用准确细腻的文字描写,后者则用具体可感的动作或物件表达;前者借助于读者的想象,后者则直接诉诸观众的视觉和听觉。电影细节的描写,可以是一个细微的动作、一件道具的运用,也可以是一个小场面、一句台词。它的作用,不仅在于刻画人物形象,推动剧情发展,而且是创造完美意境、深化主题的重要手段。《巴山夜雨》巧妙地借助两个极平常的细节,创造出深邃感人的意境,即小鹃子两次隔窗寻找食物的细节描写。秋石的女儿小鹃子,在妈妈死后,过着流浪生活。她从一位叔叔口中得知,爸爸就在这艘船上被押向远方。她混上了江轮,凭着妈妈生前教给她的《蒲公英》歌词(爸爸为小鹃子写的)寻找爸爸。时间长了,她早已腹中空空,饥肠辘辘。但在餐厅里,爸爸和押送他的人在吃饭,她却无从认出。剧本这样写道:

> 餐厅外
> 小鹃子踮着脚从窗户外向里看,她是饿了,用舌头湿润一下干燥的嘴唇。她把衣兜全翻过来,空空如也。
> 后来,她来到厨房外:
> 小鹃子在厨房外看着厨师掂炒瓢炒菜。
> 炒瓢四周火焰上窜,瓢内蒸汽升腾,吱吱作响。
> 小鹃子将食指放在下唇边,眸子一动不动……
> 炒勺敲击声美妙极了。

前后两个细节构成了一个完美的意境。这里,没有自然景物,没有对话,但它有的是催人泪下的激情。一个六七岁的小女孩,在一般人家穿衣吃饭还得大人照料。然而,不公平的年代却使小鹃子失去了童年的幸福与欢乐。她这颗"蒲公英"的种子,在人生社会的风雨中几经飘打,过早地懂得了人情冷暖、世态炎凉。她隔窗想望的举动,目不转睛的眼神,咬着食指的小嘴,激起人们多少心酸与联想啊!要是小鹃子的妈妈还在世……要是找到了爸爸……要是不遇上这个动荡的年代……小鹃子怎么会这样呢?!在叶楠笔下,一个极平常的细节,由于它凝聚着时代和社会的风风雨雨,在刻画人物、创造意境、深化主题上产生了巨大的作用,实在是细节中的上品、意境中的佳作。然而,由小鹃子吹蒲公英的细节描写所创造的意境,较之更胜一筹。

蒲公英是一种极普通的植物,它的每一颗种子都由一把小伞似的绒团所载,宛如一顶降落伞。春风一吹,漫天飘舞。叶楠把它融入情节的发展中,从而创造出一种淡远开阔的意境,例如剧作最后一次蒲公英的出现:

秋石父女在被李彦、刘文英义释后,得到了自由,来到遍地野花的山冈。伴着《蒲公英》插曲,小鹃子采一枝花球,鼓起腮帮,轻轻一吹,很多带小伞的种子随风飘去,荡荡悠悠占满银幕。透过明快的背景,观赏者联想到一把把小伞,在明朗的天空中飘荡。它们来自万能的大自然,又飘落在大自然的怀抱里,飘落在田野上、树林里、山坡上、河畔上……落到哪儿,哪儿就是家。"大自然为一切生物创造了生存的条件。"结合剧情的发展、人物的遭遇、时代的风雨,观赏者自然能体会出祖国的可爱,联想到真理的传播,感觉到小鹃子身上蕴藏着蓬勃生机。这个优美、淡远、开阔的意境,激发观赏者进行思维活动的再创造,感悟出生活的哲理、人生的真谛,从而使剧作达到艺术的圆满性。

以上仅就叶楠的部分剧作进行了一些粗浅的探讨,但已足见电影意境魅力所在,电影意境创造天地之广;也足以说明叶楠的电影剧作之所以为广大观众喜闻乐见的一个主要原因,在于作家善于创造电影意境,使其剧作具有诗的激情、诗的气势、诗的韵味、诗的凝练、诗的魅力。正如柯岩称赞叶楠时所说:"你不是一个'编剧',不!你是一个诗人。"是的,叶楠是一个诗人,是一个影坛上的诗人,他为广大观赏者谱写了一曲曲意境深远、格调高雅的动人的诗。

原载《许昌学院学报》2007 年第 4 期

叶楠作品中的海洋意识和爱国情怀

卢 雁

叶楠20岁进入海军,并以海军军人的身份终其一生。他一生在海上的航程,远远超过陆地上的旅程。叶楠爱海笃深,与大海有难以割舍的深厚感情,"即便在昏暗肆虐的热带风暴中,他也会感受出海洋美的惊人。他说,那是一种具有无比强劲生命活力的美,狞厉的美,他会因此而产生一种欲与海风腾飞的狂喜。"[①]叶楠在"蓝色国土"题材的创作中用心良苦、用力较多,他始终不倦地吟咏着"戍边卫国的忠勇浩歌",也曾发自肺腑地说"我期待着震撼南中国海的雷霆",期待着中国海军在保卫南沙海域的斗争中展现神威。心系海洋,心系海防,可以说是叶楠文学创作的重中之重。

叶楠的海军题材作品,体裁包括小说、散文和电影剧本,他以不同文体抒写自己的海洋情结,却有"一条蓝线似磁石一般"贯穿其中,这条蓝线便是作家十分强烈的对国家主权完整、领海安全的忧患意识和对祖国的深沉爱恋。叶楠大半生都在海军服役,心中饱含着中国人的民族感和军人的使命感,这使他紧密关注领土和领海安全、民族尊严以及国家利益。叶楠的小说《海之屋》和《大洋守望》、电影剧本《甲午风云》以及散文名篇《苍老的蓝》等众多海军题材作品无不以此为出发点,叙述平凡的中国海军战士们以美好的青春和宝贵的生命为代价艰难保卫领海,维护领海安全和国界尊严的历史和现实。

一、叶楠的遗憾

叶楠写过一篇短文,文中谈道:

> 我从20岁开始进入海军,前半生在潜艇部队工作,我热爱潜艇,已经与潜艇建立了深厚的感情,如果我再年轻一次,还会在海军,要我重新选择到哪个舰种工作的话,我仍然会选择到潜艇工作。作为一个中国人,谁不热切地盼望着我们国家拥有巡洋舰、航空母舰呢?谁没有做过这大舰之梦

[①] 曲实强:《海军的叶楠》,《当代海军》1995年第3期。

呢？一个国家的舰队,当然应该有大型军舰。从建国开始,我国的第一代国家领导人,都希望我国尽早能有一支强大的海上武装力量,但他们又一直不主张建造和购置航空母舰等大型军舰。因为从国家经济的角度考虑,建造和购置大型军舰,以及它们日常消耗和维修,是需要数字惊人的巨额资金的。……

这是叶楠发表在一家既远离文学又远离军事的刊物,2001年第12期《中国税务》杂志的"名人·税收"专栏中的随笔,是其晚年在医院的病床上写出来的,离他去世只有一年多的时间,也可以看做他临终的绝笔之一。① 名人谈税收,是该杂志的一页副刊,属于花边文字的小点缀,可以说,这本来是轻松随意的栏目。但是,在叶楠这里,他所谈的却并不轻松,而是一个非常重要的、事关国防建设和国家核心利益的重要话题,如何建造一支强大的海军,建造标志着海军发展水平的中国的航空母舰,如何更好地保卫中国的海洋,是叶楠耿耿于怀的心中梦想。

在一篇名为《叶楠的遗憾》的悼念文章中,作者夏廷献写叶楠有三个遗憾。第一个,他没有见到自己在病床上精心选编的《叶楠中短篇小说自选集》,该书正式出版前10天,病魔无情地夺去了这位文坛老将的宝贵生命。"第二个是,他觉得自己在文学创作中的精力分配有些不当。……花在影视方面的精力太大,虽然有些收获,但因种种原因,也有不少'无效劳动',有的甚至是自己花了许多心血的'无效劳动'。如果把这部分精力用在小说创作上,小说就可能写得更多些更好些。……第三个是,身为海军作家,却没有写出一部反映中国海军生活的长篇小说。那一年,俄罗斯'库艇'沉没的事情,对潜艇兵出身的叶楠触动很大。一个阶段,他几乎天天同我说到这件事,感叹中外海军建设中的一些问题。由此引起,说到了他酝酿已久的一部反映中国海军百年历史的长篇小说,还说了他为此做的资料准备和实地考察。一天晚上散步时,他又进一步向我讲了'故事梗概'——以旅顺口为背景,从俄、日、清、民国海军一直写到共和国的人民海军。我从他的讲述中,感受到了他是想来个'最后一搏',把对大海和海军的爱融汇成篇,献给毕生为之奋斗的海军事业。然而,癌变把他的这一宏愿无情地变成了遗憾。"② 作者感慨地说,第三个遗憾是"叶先生的最大遗憾"。"当时他曾几次谈到这部书的主题、架构,说到其中的人物。我记得其中有一个贯穿全书的小人物,是一个理发师。这个理发师由童年到老年,因职业关

---

① 根据我的检索,叶楠最后一篇公开发表的文字是《那个幸运的夏天》,发表于《人民文学》2002年第5期,《大舰之梦》则是紧排在其后的倒数第2篇文章。
② 夏廷献:《叶楠的遗憾》,《解放军报》2003年6月23日。

系——给各个时代的海军将领理发而目睹了旅顺口的'海军史'……作为海军作家,先生写过不少反映海军官兵生活的作品:散文集《海祭》、《浪花集》,中短篇小说集《海之屋》、《一帆风顺,燕鸥!》,电影文学剧本《金锚飘带》等,但从《甲午风云》起就萌发的写一部'百年海军史'的愿望一直萦绕在他的心头。要是上天再给先生几年时间,相信先生一定会完成这部巨著。在先生同我的多次交谈中,我感受到了先生对海军事业的挚爱,感受到了先生想以手中之笔报答大海陶冶之恩的深情。"[1]

二、《甲午风云》塑英雄

叶楠的遗憾令人感叹,也令人钦佩。作为共和国第一代海军中的一员,在半个多世纪的岁月里,他为海军的建设和发展作出了重要的贡献。叶楠身为中国最早的海军潜艇技术军官,参与了中国第一支潜艇部队的建设,曾经随着潜艇在海上和海底训练和航行。也正是他在海军学校学习期间发生的一件事情,一位老渔民对北洋舰队军舰命运的询问,成为他进行《甲午风云》电影剧本创作的最初诱因。由北海舰队组织的、多人参与、叶楠执笔创作和修改的《甲午风云》,在共和国60余年的电影史上,是最为成功地描写中国海军军人的战斗生涯,塑造出一批激励民族情绪、鼓舞爱国热情的英雄志士的一部电影。这部电影的突出成就,是以清朝末期发生的中日之间的甲午战争为背景,在宏阔的历史风云中,描写了邓世昌、林永升、丁汝昌等北洋海军将领,以及老水手、王国成、小顺子、李仕茂等一批普通战士,为了抵抗日本海军,在海洋上浴血奋战的壮烈一幕。

影片的中心人物,北洋海军"致远号"管带邓世昌,是一个赤诚地投入保卫国家利益的严峻战场,不惜牺牲自己的一切,一定要在气概和精神上压倒强大的敌人,生命可以捐献,意志却绝不屈服的英雄豪杰,也是一个性格鲜明的艺术形象。在影片一开始,他和林永升在巧妙地规避开海面的水雷之后,又遭遇到伊东指挥的日军舰队,两军敌意浓密,高度对峙,邓世昌毫不畏惧,迅速做好和敌人决一死战的决断,在气势上首先压倒了伊东,对日本海军产生了震慑作用,使其不敢轻举妄动。接下来,在得知怕死鬼方伯谦在日本军舰面前亲手升起白旗投降,仓皇逃窜,最后却又谎报军情,冒领海军战士们的战功的劣迹之后,邓世昌怒不可遏,在海军提督丁汝昌为方伯谦举办的庆功宴会上,不惜打破那种

---

[1] 夏廷献:《叶楠的遗憾》,《解放军报》2003年6月23日。

虚假的兴奋的庆祝场面,愤然揭露方伯谦临战脱逃乃至挂起白旗的可耻行径,还其贪生怕死的真相。邓世昌性格刻画的第三个回合,是尊重民心民意,懂得民心可用,在海边众渔民为了保卫家园、同仇敌忾、要向皇帝上万民书的重要时刻,他能够积极地站出来,以为民请命的姿态,代民众书写万民书,并且将其转达给朝廷。在北洋大臣李鸿章对日本军队的来势汹汹缺少战而胜之的信念,向各国列强寻求帮助,希望在西方大国的斡旋下息事宁人,取得妥协,举行宴会宴请列强各国的公使时,各国公使或者虚与委蛇,或者乘机渔利,根本无视中国的国家利益,也无视李鸿章的良苦用心。为了伸张决心与日本海军决一死战的民意和军心,特意前来求见的邓世昌,按捺不住心头愤怒,奋然出声抨击列强的无耻言论,"咆哮公堂"。接下来,李鸿章在书房接见邓世昌和丁汝昌,邓世昌甘冒犯上之险,将个人和家庭的安危置之度外,据理力争,与李鸿章进行辩论,这成为全剧最关键的时刻,也是邓世昌的胆识和人格最为深刻的袒露。

影片结尾,浓烈的硝烟中,隆隆的炮声中,邓世昌亲自驾驶着打光了炮弹的伤痕累累的"致远号"战舰,劈波斩浪,向日舰"吉野号"直冲而去的镜头,形成了影片视觉上的高峰,其实,就故事情节而言,在邓世昌与李鸿章据理力争一场戏中,这场战争和邓世昌的命运就已经决定了:生死存亡的大战在即,从最高统帅到各级将士却不能同心协力,在战争展开之前,就已经先输一着;邓世昌既然已经做好了以身殉国的心理准备,在敌强我弱的殊死搏斗中,他也就很难再有生还的希望了。

时至今日,对于甲午战争的评价,对于李鸿章乃至慈禧太后的历史地位和个人品格,都出现了新的评价。《甲午风云》对李鸿章的描写,似乎也有些过于脸谱化简单化,但是,就影片的爱国主义和英雄主义基调而言,它仍然有着强烈的当代性,尤其是在当下的国际形势面前,在周边国家侵蚀和掠夺中国海洋的行径有恃无恐的现实面前。

在叶楠的散文名作《苍老的蓝》中,作家再次倾诉了自己对这段历史的再思考。敏锐的叶楠,虽然年近六旬,但是,对于时下的思想文化状况,并没有多少隔膜,他是个与时俱进的而且及时地作出自己的回应的思想者。在叙述了慈禧太后挪用海军军费修建颐和园的往事之后,他讲到了当下的一种观点:"后世也有人以哲人的口气轻松地说,幸而建成了颐和园,不然,这些银两也会和北洋水师一样,化作烟尘沉落海底。我不以此说为然,姑且不说,颐和园同样可以毁于兵灾,即便如事实而幸存,它也是一座蒙上羞辱的园林,它的价值应该是告诫后人不忘民族的耻辱。颐和园的大门两侧,应该立起北洋水师从'镇远'直到小艇的铁锚,让人们记着这些兵船为保卫祖国而沉落黄海。……北洋水师的覆灭,并非官兵败绩,失败者是清廷,北洋水师在黄海反侵略抗争,毕竟是我国唯一的一次大规模自卫海战,在中国历史上,写下了悲壮的一页,黄海海战燃起的火焰,会作为警世火炬,永不熄灭。"失败的英雄仍然是英雄,永远值得人们尊敬;历史的耻辱仍然是耻辱,并不会因为后来发生的各种偶然和必然而被改写,更不能轻易忘却;叶楠的心地和他的文字,都是非常明丽的,他旗帜鲜明的态度,也让人感到他的历史豪情。

三、"我期待着震撼南中国海的雷霆"

叶楠的历史忧思,是和他对现实的密切关注分不开的。

在一篇名为《叶楠的名片》的博客文章中,作者李寿生谈到了90年代与叶楠交谈中,叶楠表达出来的忧患重重的海洋意识:

> 谈到重播《甲午风云》,叶楠很有感触地说:中国历史上有国耻,但失败的不是人民而是统治者,清政府那样腐败,下层军官、士兵还是英勇的。《甲午风云》并没有过时。这种悲剧可以激励人民的爱国主义斗志。影片启示我们:中华民族是从来不屈服于外来侵略的坚强的民族,中国人民是永远灭亡不了的。谈到影片的现实意义,叶楠说:现在条件好了,但人们的海洋意识还不是太强,重播这部片子,对于提高人民的海洋观念,发展海防事业,是很有激励作用的。①

《海之屋》是叶楠的重要的中篇小说。这篇小说以第一人称"我"的口吻,讲述了年轻一代的中国海军战士,"我"、班长、大丘、马欢、小乔,兴致勃勃地,充满使命感,慨然出征,前往南沙群岛的礁盘,在高脚屋上,为祖国守望海疆的经历。比较起邓世昌那一代人,在历史的危难关口展现出自己的精神风貌来,这些在20世纪60年代后期出生的年轻人们,在经历和心态上,都没有多少悲凉慷慨的成分,甚至连十年"文革",因为他们年纪幼小,也没有留下多少可供回忆的悲剧或者闹剧。在70年代末期,在中国军人与越南军队发生武装冲突之后,他们奉命出征戍疆,但是,等待他们的,并没有什么激烈的激动人心的战场厮杀,更多的是一种平平常常的、日复一日的大海洋上的孤独和寂寞。于是,他们只能把那些寻常的或者奇特的人生往事互相讲述,将大陆带来的电影录像带看了又看,甚至因为百无聊赖而发生彼此的冲突。但是,在平凡和单调之中,这些年轻的战士,却仍然恪尽职守,屹立在遥远的南沙海疆,屹立在那孤独的高脚屋上。

---

① 李寿生:《叶楠的名片》,http://blog.cz001.com.cn/index.php/375/viewspace—36034.html。

《大洋守望》是一部反映我国海洋军事斗争的重要作品,也是叶楠写潜艇部队的重要作品。这篇小说通过"415 潜艇"奉命在南沙海域执行代号为"大洋守望"的秘密任务,讲述了潜艇兵鲜为人知的故事。在水下,凭借声呐捕捉到的外部声源和声呐手安逸平超常灵敏的听力,艇长张敏带领大家与敌人斗智;当侦察到可疑的"鬼船"后,安逸平和周大勇冒险登岛寻找敌人在那里安置的综合电子侦察设备,尽管两人在岛上已感大风即将来临,还是坚持完成任务,最终迎着台风和巨浪返回潜艇。由于潜艇长时间潜航,潜艇兵很少有机会看到海洋的风光,不能呼吸足够多的新鲜的空气,睡觉的床是空间狭小的吊铺,喝一杯淡水都显得奢侈,尽管如此,战士们依然保持昂扬的斗志,圆满完成任务。

是的,浩浩南沙,在文学作家中,恐怕要数叶楠对它是最为牵挂的了。据有关资料,叶楠曾经和海军创作室的画家张道兴一道,上了一条给水船,下榻在紧靠机舱的一个小间里,马达震耳欲聋,浓烈的柴油气味令人窒息。来回十多天,漂泊在海上,逐个海岛送水。风高浪急,常常难以靠岸,船上岛上急作一团。赶上 9 级大风,将船抛上抛下,惊心动魄,剧烈的颠簸使人吃不下、睡不着、吐不出,连年轻的水手都受不了,亏得叶楠和张道兴能够挺过。这样的体验,对于叶楠来讲,弥足珍贵,也激发了他以不同文体抒写他的南沙情思的创作热情。

叶楠的长篇散文力作《苍老的蓝》,被选入多个散文选本,其引人注目的地方,就是他的海洋情结和海军战士的忠诚。这是他搭乘海军船只前往南沙群岛途中的所见所感。在这篇散文中,从大陆前往南沙的路程,变得那样漫长,那样地充满了情趣,又那样充满了沉思。南沙之行,成为他思考人类与海洋和大自然的关系,思考中国人面对海洋的历史进程和长久困惑的思想情感的长途旅行。在全文临近结尾,本来应该是进行概括和总结的段落,叶楠的笔触却忽然变得异常艰涩和凄苦。下面这段文字也许是叶楠所有文字中最为惨痛感伤的:

> 很怪,连一只水鸟也不飞临海面,连一条飞鱼,也不从水下跃出来,大海沉默了!这是我第一次遇到这样的天气,海竟停止了运动,甚至停止了呼吸。令人心悸、烦乱、不知所措。不变化不流动的光和颜色,给人以虚假僵死的感觉,光和色失去了生命。船像是静坐在船坞的墩木上,船旗沮丧地耷拉着……
>
> 船在死寂中抽起铁锚,起航,锚链喑哑地呻吟,没引起一声应和的回响。螺旋桨愤懑地旋转,没能激起一朵浪花,只留下一道孤单的苍白的航迹,伸向遥远,也将消逝,只有苍老的蓝……

"苍老的蓝"的篇名意味深长。通观全篇,在万余字的长文中,描写海洋风光的文字屡屡出现,例如下面这样的风光描写:"南沙的海蓝极了,蓝得令人惊愕,蓝得令人不可置信,好像一海没有掺滴水的蓝靛,靛蓝色的海面上,绽开亿万朵碎玉般欢乐的浪花,这是伸展向天际的一幅素净美丽的蓝底白花的蜡染布。铿鸟、燕鸥、海燕和浪花一起腾跃飞舞……"在全文中,各种各样的词汇,描述着海洋之美,但是,为什么不采用文中所使用过的"蓝色的阳光"、"孔雀蓝"、"缤纷的"、"神奇的"等大量的明亮的词语,而要用"苍老"来修饰这海洋的蓝色呢?烟波浩荡的海洋,气象万千,色彩缤纷,为什么种种美景最终会归结为"苍老的蓝"呢?这"苍老",带着落日时分的自然景象,带着千万年的历史的沧海桑田,更为内在的是叶楠告别南沙时不能自已的压抑和悲怆。叶楠曾经声称,自己不是诗人,在前面引用的那一句"只有苍老的蓝"之后,叶楠却情不自禁地写下了这样的诗句:

苍老的蓝是如此沉重,/竟没有表情和语言。/由于愤怒,/还是由于忧郁,/由于怆恨,/还是由于沉思?/我们要返航了,怀着困惑、焦虑、激愤和揪心的眷恋

眼中的大海洋的死寂和苍老,交织了作家的愤怒、忧郁、怆恨、焦虑、激愤,交织了揪心的眷恋和沉思。由于种种原因,对于南沙海域的危机,我们的传媒没有予以多少报导,但是,亲赴南沙,越是看到南沙的美丽壮阔,叶楠的心情就越是低迷。他毫不隐讳地写道:"从70年代以来,南沙遭到周边国家的侵占和掠夺,马蹄所到,就宣布占领,竞相插旗,树主权碑,立油气井,肆无忌惮,野蛮行径令人发指。如果你要在海图上画下来这些国家近年来自己宣布的拥有主权区,竟是重叠的,也就是说,我国有些海域竟被多国占有。在历史上,列强分割中国领土,我们是经历过的。现在又遭受'列不甚强'的国家,对我领土分割。在当今世界上,任何主权国家都不会承受这种奇耻大辱,政府和国民会寝不安枕食不甘味!"这种悲怆的心态,抒写得淋漓尽致。回想郑和下西洋时的庞大舰队的如林风帆,耳聆越南占领者为自己壮胆的炮声,怎不令人感慨万千!因此,在长文的结尾,出现这样的句子——"我企盼着往昔灌满九桅巨舸九面船帆的劲风","我期待着震撼南中国海的雷霆",就不能不感到其中包含的巨大悲情和耿耿期待了。

作为新中国第一批潜艇舰员,叶楠是当代海军作家里的领航者,无论是风平浪静还是惊涛骇浪,始终风雨兼程地航行。他的作品中"海洋"是十分重要的关键词,叶楠对这个命题大有"欲罢不能"之意。他心系着海军的前世今生,他心目中构思很久的描写百年烽烟间中国海军兴衰起伏的宏大题材的长篇小说,未能写出来。而在他已完成的海军题材作品中,充盈着一代人的思考和丰沛的

历史文化信息。然迄今为止,对这位有着深刻使命感、独特艺术个性的军旅作家的研究成果寥寥。关注叶楠的创作,深入阅读叶楠海军题材的作品,发掘和研究其创作中对海洋命题的深度思考,对军旅文学在题材和精神主题方面的研究,将会有着积极的补充和促进作用。

原载《解放军艺术学院学报》2011 年第 2 期

作品年表

叶楠作品年表

1931 年，1 岁

1 月 8 日，即庚午年冬月（1930 年 11 月）20 日夜，叶楠、白桦孪生兄弟出生于豫南小城信阳的鲍氏街。

1935 年，5 岁

兄弟俩同时进入河南省立第二女师附属小学幼稚园。

1936 年，6 岁

兄弟俩进入省立第二女师附属小学部读书。

1939 年，9 岁

兄弟俩就学于伯父创办的私塾，学习儒学典籍，阅读了古典文学名著和历史演义小说，剑侠和公案小说，以及唐诗、宋词、元曲。在私塾一直读至 1941 年冬季，为识读古文打下基础。

夜间为邻舍妇女诵读有佛教色彩的唱本，如《目连救母》、《鹦哥记》、《奇冤报》、《观音大士度众生》、《韩湘子得道》等。

1942 年，12 岁

春，兄弟俩考入省立潢川中学初中部公费班，开始阅读"五四"以后的新文学作品和一些外国文学书籍。

1945 年，15 岁

秋，兄弟俩考入省立信阳师范学校，开始较系统地接受中国现代文学与外国文学的学习。叶楠特别喜欢安徒生、屠格列夫和高尔基等文豪的作品。

1946 年，16 岁

参加了由豫南进步学生组织的"人民文艺社"，开始诗歌、散文写作。

1947年,17岁

春,用假名在上海《新学生报》发文,并担任学校《壁报》总编辑。

秋,用笔名"恋楠"在开封《河南民报》发表短诗《牛》,在上海《青年界》发表短诗《时钟》。

1948年,18岁

4月,参加中原野战军十纵桐柏部队,任参谋,开启军旅生涯。

1949年,19岁

第一次使用笔名"叶楠"在《中原日报》发表散文《我们还是要回来的》。

1954年,24岁

5月,分配至青岛北海舰队潜水艇编队当技术干部,升任机电业务长。

利用业余时间写作散文。

1958年,28岁

改任潜艇基地机电科科长。

受胞弟白桦被划为资产阶级右派所牵连,调离潜水艇编队,重新提笔开始从事业余文艺创作。值国庆10周年在即,北海舰队政治部为创作献礼作品专门成立一个创作办公室,叶楠被临时抽调搞创作。

1959年,29岁

5月,《甲午风云》(第一部电影文学剧本,原名《甲午海战》,与希侬等合作完成,叶楠执笔),《电影文学》第5期。

9月,《银色的天鹅》(散文),《新港》(《天津文学》前身)第9期。

1960年,30岁

1月,《潜艇在领海线上》(短篇小说),《解放军文艺》第1期。

冬,在著名导演沙蒙的"顾问"下,修改《甲午风云》剧本至次年春。

11月,《有颜色的星星》(散文),《山东文学》第11期。

1961年,31岁

2月28日,《朱红色的船底漆》(散文),《人民日报》。

9月,《雾海笛声》《海岸》(散文两篇),《山东文学》第9期。

1962年,32岁

6月22日,《鸥鸟》(散文),《人民日报》。
8月10日,《最初的一课》(散文),《人民日报》。
9月,《林中雾》(散文),《山东文学》第9期。
9月,《水下厨师》(散文),《解放军文艺》第9期。
12月,《白杨》(散文),《山东文学》第12期。

1963年,33岁

5月9日,《岛上看剧》(外一篇,散文),《人民日报》。
11月,《水船上的水》(散文),《解放军文艺》第11期。
11月5日,《一棵苹果树》(散文),《人民日报》。

1964年,34岁

1月,《第十期小报》(散文),《解放军文艺》第1期。
3月,《一封没有地址的信》(散文),《山东文学》第2期。
3月,《月牙岛边》(散文),《中国水产》第3期。
6月,《在蓝色的航道上》(报告文学),《解放军文艺》第6期。
8月4日,《新艇长》(散文),《人民日报》。
9月18日,《向往》(散文),《人民日报》。
10月,《迎亲的喜剧》(散文),《山东文学》第10期。
11月,《"画家"》(短篇小说),《解放军文艺》第11期。
11月2日,《防波堤》(散文),《人民日报》。

1965年,35岁

1月,调至北海舰队文化部任专业创作员。
1月27日,《海滨小饭店》(报告文学),《人民日报》。
6月,被派下乡从事社教,在山东临沂地区工作一年。
8月,《在领海线上》(短篇小说),《山东文学》第8期。
9月,《鹰击长空》(报告文学),《解放军文艺》第9期。

1966 年,36 岁

3 月 21 日,《水库工地上的唢呐声》(散文),《人民日报》。

夏,离开鲁南乡村,调回北海舰队文化部任创作员,刚从事专业创作不久因"文革"中断达十年之久。

1967 年,37 岁

3 月 14 日,《海港上的歌声》(散文),《人民日报》。

3 月 24 日,《及时雨》(散文),《人民日报》。

1973 年,43 岁

7 月,在长春电影制片厂修改剧本《碧波下的哨兵》,工作持续至次年,并开始创作剧本《帕尔娜》(即《傲蕾·一兰》)。

1976 年,46 岁

5 月,完成电影剧本《傲蕾·一兰》。

8 月,《永做"大众中的一个人"》(评论),《工农兵评论》第 8 期。

9 月,从长影回到部队。

1977 年,47 岁

散文《奇异的花朵》,《光明日报》。

应上海电影制片厂邀请创作剧本。

1978 年,48 岁

2 月 2 日,《大兴安岭的玫瑰》(散文),《人民日报》。

2—3 月,《傲蕾·一兰》(上下)(电影文学剧本),《人民电影》第 2—3 期。

春,远赴云南西双版纳与植物学家蔡希陶一起生活长达三个多月,创作电影文学剧本《绿海天涯》,并任影片编剧。

5 月,《傲蕾·一兰》(另含薛寿先《暗礁》、《女交通员》,电影文学剧本集),山东人民出版社。

8 月,《一块什么样的"试金石"》(评论),《工农兵评论》第 8 期。

8 月,《阳光·雨露·花朵·果实》(散文),《文汇报》第 16 期。

任北海舰队政治部创作组副组长。

1979年,49岁

3月,《绿海天涯》(电影文学剧本),《电影新作》第1期。

5月,《傲蕾·一兰》(上、下)(电影文学剧本),中国电影出版社。同名影片由上海电影制片厂摄制完成,并获文化部首届政府奖最佳影片奖,叶楠任编剧。

5月,《石碑、少女、穇子米及其他——〈傲蕾·一兰〉创作札记》(创作谈),《电影新作》第2期。

7月,《巴山夜雨》(电影文学剧本),《十月》第4期。

7月,《从傲鲁古雅去古莲的路上》(散文),《海鸥》第7期。

9月,《一兰永远不变心》(歌词),《电影评介》第9期。

11月中旬,在北京参加了第四次全国文艺工作者代表大会。

12月,《一株四季含笑花——西双版纳的怀念》(散文),《边疆文艺》第12期。

1980年,50岁

1月,李准、梁信、白桦、叶楠、张天民等:《"文艺的社会功能"五人谈》(创作谈),《文艺报》第1期。

2月,《电影作为艺术》(评论),《电影文化》第1期。

3月,《印有金锚的飘带》(短篇小说),《上海文学》第3期。

3月,《我希望着……——关于〈巴山夜雨〉创作的回顾》(创作谈),《十月》第2期。

3月22日,《永不沉没的舰队——西沙纪行》(报告文学),《解放军报》。

5月,《荧光螺》(散文),《人民文学》第5期。

7月,《崂山绛雪》(散文),《山东文学》第7期。

8月,《浪花集》(散文集),河南人民出版社。

9月,《金锚飘带》(电影文学剧本),《电影创作》第9期。

9月20日,《鸟儿归去来》(散文),《人民日报》。

10月,《白桦叶楠孪生兄弟电影剧本选》(含叶楠作品《傲蕾·一兰》、《绿海天涯》、《巴山夜雨》),河南人民出版社。

11月,《一棵带雨珠的玫瑰——看〈玫瑰〉演出想到的》(评论),《文汇报》第21期。

正式调进北京,任海军政治部创作员。

10月26日至11月3日,参加中共中央宣传部在京召开的电影创作座谈会。

12月3日,参加中国艺术研究院电影研究所和中国电影资料馆共同举办的影片《巴山夜雨》座谈会。

12月20日,《巴山夜雨为什么没写坏人》(创作谈),《人民日报》第8版。

1981年,51岁

1月,《杂感——由〈巴山夜雨〉引起》(创作谈),《电影艺术》第1期。

1月,《努力写真实的人》(创作谈),《电影》第1期。

2月,《西窗剪烛话巴山》(创作谈),《电影文化》第1期。

6月,《中国电影走向世界之路》(评论),《八小时以外》第6期。

6月,《我的感受》(创作谈),《电影通讯》第12期。

7月4日,《谒鲁迅绍兴故居》(散文),《人民日报》。

7月22日,《他乡逢故知》(散文),《甘肃日报》。

10月31日,《碧玉般的草原——河西见闻》(散文),《人民日报》。

12月16日,海军政治部党委去年作出决定,给作家叶楠记二等功,表彰他四年来在电影文学创作方面取得的优异成绩。

1982年,52岁

1月,《黄泛区的采茶女》(散文),《解放军文艺》第1期。

1—2月,《在敦煌莫高窟的日子》(上下)(散文),《旅游天地》第1—2期。

3月,《黄沙掩不住的刻痕》(短篇小说),《十月》第2期。

4月,《松鼠》(短篇小说),《小说林》第4期。

4月15日,《玫瑰色的雾》(散文),《光明日报》。

5月,进四川、西藏考察,创作电影文学剧本《雪山上耀眼的晨星》。

6月,《时代要求我们加倍努力》(军事题材文学创作座谈会发言),《解放军文艺》第6期。

8月,《巴山夜雨——从剧本到影片》(资料汇编),中国电影出版社。

10月,《探望》(短篇小说),《长春》第5期。

11月,《绚丽的花朵在我们眼前展现——喜看〈泉水叮咚〉》(评论),《大众电影》第11期。

11月,《我们要思索、鉴别》(创作谈),《电影研究》第11期。

12月,《作出我们应该作出的贡献》(创作谈),《电影艺术》第12期。

1983年,53岁

1月,《迟来的暴风雪》(短篇小说),《上海文学》第1期。

1月,《狭路上的抉择》(短篇小说),《解放军文艺》第1期。

1月,《玫瑰凋谢了》(短篇小说),《文汇月刊》第1期。
1月,《高原上的青杠树》(散文),《电影研究》第1期。
1月,《惊喜之余的一点想法》(创作谈),《电影通讯》第1期。
2月,《一首银幕诗篇——看影片〈城南旧事〉》(评论),《电影研究》第2期。
3月,《优美的民族的银幕的艺术品》(评论),《电影研究》第3期。
3月,《关于〈城南旧事〉的通信》(与吴贻弓)(书信),《大众电影》第3期。
6月,《军事题材影片要着力写人》(评论),《八一电影》第6期。
8月,《祖国大地之歌》(创业者之歌)(诗歌),《新观察》第15期。
11月,《最后一车西瓜》(短篇小说),《十月》第6期。
12月,《雪山上耀眼的晨星》(电影文学剧本),《电影新作》第6期。
12月,《电影与想象》(评论),《电影研究》第12期。

1984年,54岁

1月,《这该是第七柄枫叶了》(短篇小说),《文汇月刊》第1期。
1月,《电影文学和电影的文学性》(创作谈),《电影创作》第1期。
4月,《榴花似火》(短篇小说),《昆仑》第4期。
7月,《一帆风顺,燕鸥!》(短篇小说),《文汇月刊》第7期。
8月,《祝家乡舞台艺术永葆青春》(评论),《河南戏剧》第4期。
10月,《雏儿》(散文),《解放军文艺》第10期。
12月29日至次年1月5日,在北京参加中国作协第四次代表大会,参与"创作自由"放谈,作《电影要与文学比翼齐飞》的发言。

1985年,55岁

1月,《画眉鸟婉丽的鸣声》(短篇小说),《十月》第1期。
2月15日,影片《木棉袈裟》由香港嘉民影业公司、福建电影制片厂摄制上映,任编剧顾问。
4月,《我又回到草绿色的人流中》(散文),《中国文学双月刊》第2期。
5月,《我看影片〈残月〉》(评论),《当代电影》第2期。
5月,《战争与人》(创作谈),《八一电影》第5期。
5月14日,《绿色的希望》(散文),《人民日报》。
6月,《这个日子在逼近:与港台电影创作人员谈中国电影》(创作谈),《上影画报》第6期。
7月,《漫长的春夜》(短篇小说),《山东文学》第7期。
9月,《芝兰和牵牛花》(中篇小说),《十月》第5期。

9月,《象王在朝阳升起时死去》(短篇小说),《文汇月刊》第9期。

12月,《爷们儿》(短篇小说),《昆仑》第6期。

影片《鸽子树》由潇湘电影制片厂摄制完成(未公映),任编剧。

1986年,56岁

5月17日,《重入敦煌梦境》(散文),《人民日报》。

7月,《三声铳响以后》(中篇小说),《天津文学》第7期。

7月,《海上崛露出的一座小岛》(散文),《解放军文艺》第7期。

10月,《大江和高山的回声》(中篇小说),《山东文学》第10期。

11月,《来自得克萨斯的牛仔》(短篇小说),《十月》第6期。

12月,《"文学小工"和"作家"是两回事》(评论),《俄罗斯文艺》第4期。

1987年,57岁

5月,《祝你运气好》(短篇小说),《文汇月刊》第5期。

7月,《伟大的战略转折》(电影文学剧本),《十月》第4期。

7月,《在我们的城市》(电视剧本),《中外电视》第7期。

8月,《砂砾》(短篇小说),《天津文学》第8期。

10月,《往事并不遥远》(电影文学剧本),八一电影制片厂文学部编辑部。

1988年,58岁

3月,《红军轶事》(短篇小说《冬月的大巴山的山巅》、《以后弹着点往上移移》、《风沙敲打着胸膛》),《人民文学》第3期。

4月,《小说三题》(短篇小说《黑雕》、《白云》、《雪点》),《解放军文艺》第4期。

6月,《菲律宾漫笔》(散文),《新观察》第11期。

8月,《琥珀色的酒浆》(短篇小说),《鸭绿江》第8期。

8月24日,《醉在茅台》(散文),《文化报》。

10月,《河滩上》(短篇小说),《天津文学》第10期。

10月5日,《南沙随笔》(散文),《人民日报》。

1989年,59岁

1月25日,《初雪覆盖的野草莓》(散文),《人民日报》。

3月,《苍老的蓝——南沙群岛浮想录》(报告文学),《报告文学》第3期。

3月,《军事文学创作随想与漫笔》(创作谈,与王中才、郭光豹等),《解放军文艺》第 3 期。

5 月,《庐山秋夜趣谈》(散文),《中国电影周报》。

6 月,《李国文印象》(散文),《中国作家》第 3 期。

6 月,《海之屋》(中篇小说),《昆仑》第 3 期。

7 月,《冲锋栖息地》(短篇小说),《小说林》第 7 期。

7 月,《当哭之歌吟》(报告文学),《十月》第 4 期。

8 月,《一帆风顺,燕鸥!》(小说集),解放军出版社。

与李准、鲁彦周、刘征泰、叶丹、孟森辉、斯民三等任 10 集系列影片《三国演义》编剧。

1990 年,60 岁

1 月,《遥远的乡情》(短篇小说),《人民文学》第 1 期。

3 月,《紫菀》(短篇小说),《小说林》第 3 期。

与张弦、曹惠、刘臣中等任 40 集大型历史剧《唐明皇》编剧,叶楠主编后十集。

1991 年,61 岁

3 月,《淹没不了的往事》(中篇小说),《十月》第 2 期。

4 月,《告别夷陵》(诗三首),《电影故事》第 4 期。

8 月,《潜望镜升起来了:读李忠效小说集〈升起潜望镜〉》(评论),《文艺报》第 15 期。

10 月,《海之屋》(小说集),华艺出版社。

11 月 27 日,《海祭——对逝去的第一代潜艇舰员的纪念》(散文),《文汇报》。

12 月 8 日,《骄纵又温柔的海》(散文),《科技日报》。

1992 年,62 岁

1 月,《雪下得好急哟》(短篇小说),《西南军事文学》第 1 期。

1 月,《我之小说观》(创作谈),《西南军事文学》第 1 期。

1 月,《大沟》(短篇小说),《绿叶》第 1 期。

1 月,《怒江峡谷》(散文),《昆仑》第 1 期。

2 月,《岁末街头俄国人多》(散文),《城市人》第 2 期。

3 月,《在京城扎寨的外乡人》(散文),《城市人》第 3 期。

3 月 17 日,《未果的一次深海海葬》(散文),《减灾报》。

4月,《惊鬼》(中篇小说),《钟山》第2期。

4月,《帝王墓葬》(散文),《青春》第4期。

4月11日,《中国西部神韵》(散文),《文汇电影时报》。

4月26日,《小议稀粥》(散文),《文汇报》。

5月,《记忆中父亲最后的面容》(散文),《三月风》第4期。

5月5日,《国色天香——看李静莉饰演王皇后》(评论),《人民日报》。

5月13日,《珍贵的情谊》(散文),《人民日报》。

5月16日,《神鸟关肃霜》(散文),《光明日报》。

5月24日,《北京有了"麦当劳"》(散文),北京《今晚报》。

5—6月,《客旅印象》(1—2)(散文),《城市人》第5—6期。

8月,《蔼蔼繁花》(散文),《解放军文艺》第8期。

9月,《睿智的感悟:读燕燕的小说》(评论),《文艺报》第17期。

11月13日,《一首朴素的水兵之歌——我看电视剧〈一个水兵的往事〉》(评论),《人民日报》。

12月,《珍藏在心底的温馨》(短篇小说),《文友》第11—12期合刊。

12月,《铜雀台 甄妃墓 高陵》(散文),《美文》第3期。

12月22日,《电脑仍然是北京作家的热点》(散文),《今晚报》。

12月24日,《叶乔波和布莱尔》(散文),《今晚报》。

1993年,63岁

2月,参加椰城笔会。

4月,《清河边的故事》(中篇小说),《海峡》第4期。

6月,《火儿》(中篇小说),《时代文学》第3期。

6月,《骚动不安的灵魂》(评论),《文学自由谈》第3期。

8月,《无梦时节》(散文),《随笔》第4期。

10月,《去漫游到荒野》(散文),《中国健康》第10期。

12月,《血红的雪》(小说集),华艺出版社。

1994年,64岁

1月,《卖大力丸的》(散文),《青年博览》第1期。

2月,《期待强力集团》(散文),《艺术家》第2期。

3月,当代小说名家丛书《叶楠卷》(小说集),海峡文艺出版社。

3月,《唱着歌飞翔的鸟群》(散文),《中国残疾人》第3期。

4月,《短篇两题》(短篇小说),《小说家》第2期。

4月,《背弃山野》(短篇小说),《时代文学》第2期。

4月,《物质和精神的搏斗》(散文),《随笔》第2期。

5月,《无声的告别》(中篇小说),《人民文学》第5期。

9月26日,《我们同在祖国的阳光下》(散文),《人民日报》。

10月,《蓝色的梦——纪念甲午战争百年》(散文),《随笔》第5期。

12月,叶楠改编:《西游记》(上下),接力出版社。

1995年,65岁

1月,《苍老的蓝》(散文集),群众出版社。

1月,《珍惜你的天生丽质》(散文),《医学美学美容》第1期。

2月,《泥沼》(短篇小说),《时代文学》第1期。

2月,《无尽的悔恨》(散文),《青年博览》第2期。

2月,《挑着月光的枪刺》(散文),《解放军生活》第2期。

3月,《做生意要先学会做人——匈牙利中国市场一瞥》(散文),《光彩》第3期。

3月,《我心目中的小说》(创作谈),《春风》(小说半月刊)第6期。

3月,《枯萎的花蕾》(短篇小说),《春风》(小说半月刊)第6期。

4月,《孟德褒谷有遗墨——三国故地凭吊之一》(散文),《随笔》第2期。

5月,《花之殇》(长篇小说),《十月》第3期。

5月,《摄影今昔谈》(散文),《中国摄影家》第2期。

7月15日,《军事文学的逾越——读朱秀海的长篇小说新作〈穿越死亡〉》(评论),《文艺报》第15期。

10月,《黄山归来要看岳》(散文),《随笔》1995第5期。

《古吴春秋》(25集历史电视剧本),与叶式生等合作。

12月16—20日,参加中国文联第六次全国代表大会、中国作协第五次全国代表大会。

1996年,66岁

1月,《海洋四季》(散文),《人民文学》第1期。

1月,《我是这样活着的》(散文),《祝您健康》第1期。

1月,《努力去再发现》(创作谈),《解放军文艺》第1期。

2月,《漫游者的思考》(散文),《文学世界》第2期。

8月,《今日"二妹子"陶玉玲》(散文),《当代电视》第8期。

9月,《合浦感怀》(散文),《法律与生活》第9期。

10月,《海祭》(散文集),湖南文艺出版社。
10月,《西部歌王》(12集电视剧本)。
12月,《珠城合浦》(散文),《随笔》第6期。

1997年,67岁

1月,《怒放的旗花之流》(散文),《解放军生活》第1期。
2月,《花之殇》(长篇小说),群众出版社。
4月,《精美的艺术不能重复》(评论),《中国电视戏曲》第2期。
4月,《对母校的回忆》(散文),《河南文史资料》第4期。
6月,《品牌下的乌有》(散文),《随笔》第3期。
7—8月,《我的童年——弥漫硝烟的梦》(散文),《中华少年》第7—8期。
8月,叶楠、朱苏进、李存葆:《军旅散文三家》(散文集),《西南军事文学》第4期。
12月,《不必忧虑——也说"第五代"电影导演》(评论),《随笔》第6期。

1998年,68岁

2月,《大洋守望》(中篇小说),《人民文学》第2期。
2月,《浪花溅上心扉》(散文),《中外期刊文萃》第3期。
6月,《血压升高和序》(评论),《随笔》第3期。
6月,叶楠、王充闾、李存葆合著,周政保选编:《无梦时节》(散文集),海天出版社。
9月4日,《明月·鲜花》(散文),《人民日报》。
9月18日,《一本有趣的书——读〈珊瑚岛历险记〉》(评论),《人民日报》。
10月,《夜过吴家岭》(散文),《中外期刊文萃》第19期。
10月,《布袋鬼》、《双影潭》(短篇小说两篇),《时代文学》第5期。
12月,《"激活"了的潜在活力》(创作谈),《文化月刊》第12期。

1999年,69岁

1月,《奇妙的森林》(散文),《文化月刊》第1期。
2月,《我的老师海军上校萨赫塔》(散文),《中外期刊文萃》第4期。
3月,《电影缘何怪罪文学》(评论),《文学自由谈》第2期。
4月,《花之感悟》(散文),《森林与人类》第4期。
7月,《电影文学无法孤立复兴》(评论),《文艺报》第14期。

2000 年,70 岁

5月15日,《最后一名猎手和最后一头公熊》(短篇小说),《人民文学》第5期。

6月,《关于"宽容"的再思考》(散文),《随笔》第3期。

10月,《一条通向苍穹的路》(散文),《中国作家》第10期。

12月,《关怀人,珍惜生命》(散文),《随笔》第6期。

2001 年,71 岁

1月,《"库尔斯克"的噩梦》(散文),《西南军事文学》第1期。

3月,《沙蒙在风云中》(散文),《人民文学》第3期。

6月,《种田和文学创作》(评论),《随笔》第3期。

6月,《歌手要有动听的歌声》(评论),《热风》第6期。

12月,《大舰之梦》(散文),《中国税务》第12期。

12月,当选作协第六届名誉委员。

2002 年,72 岁

1月,《紫菀》(散文集),远方出版社。

5月15日,《那个幸运的夏天》(散文),《人民文学》第5期。

2003 年,73 岁

4月1日,《叶楠中短篇小说自选集》(小说集),解放军文艺出版社。

4月5日(清明),病逝于北京,享年73岁。

5月,《大沟》(短篇小说)入围首届全国环境文学优秀作品奖。

2006 年

1月,《紫菀》(散文集),远方出版社再版。

2012 年

6月1日,叶楠改编:《西游记》(上下),中国致公出版社。

2013 年

6月1日,叶楠改写:《七侠五义》,中国致公出版社。

此外,令人惋惜的是,叶楠还有部分作品(尤其是散文)已经散佚,而对先生及其文学、影视作品的研究现状更是不尽如人意。故撰此简表,以抛砖引玉。

研究资料索引

叶楠研究资料索引

报纸期刊文章

李健吾:《〈甲午海战〉与历史剧》,《文学评论》1960年12月第6期。

翁睦瑞:《喜迎电影创作新高潮——第一批献礼片观感》,《电影评介》1979年8月第8期。

陈荒煤:《我爱〈巴山夜雨〉——给叶楠同志的一封信》,《十月》1980年3月第2期。

李准:《黄山借笔》,《清明》1980年8月第4期。

夏衍:《一部颇有独特风格的好影片》,《电影通讯》1981年1月第1期。

柯岩:《诗人的眼睛——给〈巴山夜雨〉的作者》,《文艺报》1981年1月第1期。

梅朵:《不灭的火焰——影片〈巴山夜雨〉观后漫笔》,《新观察》1981年1月第1期。

高歌今:《〈巴山夜雨〉的艺术特色》,《红旗》1981年1月第1期。

石方禹、常彦、叶楠、马绍惠、周民震、黄建中:《新春寄语》,《大众电影》1981年2月第2期。

山骥:《却话巴山夜雨时——影片〈巴山夜雨〉漫评》,《电影新作》1981年3月第1期。

孝苛:《生活并不等于艺术》,《语文教学通讯》1981年4月第3期。

梅东伟:《〈巴山夜雨〉的不足之处》,《电影评介》1981年4月第3期。

李军:《永远为人民唱赞歌——访首届"金鸡奖"最佳编剧奖获得者叶楠》,《电影评介》1981年6月第6期。

高歌今:《从潜艇工程师到电影剧作家——记作家叶楠》,《戏剧与电影》1981年第8期。

陈文锦:《作品要有灵魂——访金鸡奖最佳编剧叶楠》,《文化娱乐》1981年8月第8期。

朱润祥、王幅明:《叶楠同志一夕谈》,《河南青年》1981年9月第9期。

李兴叶:《希望它更完美》,《电影通讯》1981年10月第19期。

叶楠、张天民、张暖忻、苏叔阳、谢飞等：《为繁荣电影创作，提高影片质量而努力——部分编剧、导演在电影创作座谈会上的发言》，《电影通讯》1981年12月第12期。

张天民：《到生活中去》，《电影通讯》1981年12月第12期。

张暖忻：《收获和意见》，《电影通讯》1981年12月第12期。

陆其明、王金中：《部队作家叶楠荣获二等功》，《人民日报》1982年1月11日。

陆其明、王金中：《好作品从生活中来——访作家叶楠》，《文学知识》1982年5月第5期。

于胜、丛杨、国成等：《中国电影剧作家笔名探源》，《电影评介》1982年5月第4期。

翁睦瑞：《甲午风云气壮　巴山夜雨意深——叶楠电影剧作的艺术特色》，《电影研究》1982年9月第9期。

丁达明、于蓝、马林、王苹、王炎、王人美、王好为、王启民、王林谷、王愿坚、韦连城、田华、叶楠、石晓华、石梅音、包同等：《电影工作者怎样为开创社会主义现代化建设新局面而作贡献——电影界人士学习十二大精神座谈会发言选登》，《电影通讯》1982年10月第10期。

陈诗信：《新春访叶楠》，《羊城晚报》1982年第31期。

孙永春：《"要激发人们热爱党和祖国"——访叶楠》，《文学报》1983年1月第6期。

闪永旭：《〈姐姐〉在河西走廊拍摄》，《电影评介》1983年7月第7期。

孟昭：《忆吴老，赞英雄——写在〈雪山上耀眼的晨星〉发表之时》，《电影新作》1984年3月第1期。

伍悦：《乐于自找苦吃的人——访吴贻弓》，《电影评介》1984年3月第2期。

张仲春：《白桦叶楠剧作艺术风格比较》，《深圳大学学报》1984年4月（创刊号）。

许世玮：《加强艺术交流　增进国际友谊——国际电影研讨会小记》，《电影艺术》1984年6月第6期。

张跃中：《独具一格的意境美——故事片〈姐姐〉观后》，《电影评介》1985年2月第2期。

黄德佃：《这是一次失误——简评影片〈姐姐〉》，《电影评介》1985年3月第2期。

翁睦瑞：《评〈巴山夜雨〉的艺术魅力》，《当代电影》1985年6月第6期。

刘耘：《银屏短波》，《电影评介》1985年6月第6期。

宝光:《军事题材影片座谈会侧记》,《电影艺术》1985年8月第8期。

张辛欣等:《作家谈电影》,《当代电影》1985年10月第5期。

峰:《战争与人》,《电影文学》1985年10月第10期。

王炳根:《对近年战争描写的思考》,《小说评论》1986年6月第3期。

罗强烈:《交响乐韵律与艺术形象的独到选择——读〈大江和高山的回声〉》,《山东文学》1986年10月第10期。

《遵义卷烟厂委托〈人民文学〉举办的首届"银杉"文学奖评奖揭晓》,《人民文学》1988年8月第8期。

《贵州茅台酒厂委托〈人民文学〉举办的首届"茅台"文学奖评奖揭晓》,《人民文学》1988年8月第8期。

杨令勋:《"三国梦"将变成现实——张瑞芳等在川访古迹》,《电影评介》1991年1月第1期。

刘二钧:《从〈甲午风云〉到〈三国梦〉——陪著名作家叶楠洛阳"寻梦"》,《电影评介》1991年3月第2期。

韩小蕙:《叶楠:影、视、文三栖》,《文化月刊》1993年3月第3期。

马尔巡:《电视艺术片〈三国梦〉拍摄完成》,《电影评介》1993年11月第11期。

罗毅:《作家评议三明公司"作家写作系统"》,《信息与电脑》1994年1月第1期。

李元君:《向青少年普及古典名著——〈红楼梦〉、〈三国演义〉、〈水浒〉、〈西游记〉缩写本问世前后》,《出版广角》1995年3月第3期。

倪宗武:《当代史剧创作简论》,《福建师范大学学报》1995年4月第2期。

曲实强:《海军的叶楠》,《当代海军》1995年6月第3期。

王效中:《拼凑词语二例》,《语文知识》1995年11月第11期。

李忠效:《叶楠:常青一棵树》,《名人》1996年11月第11期。

王蒙、李国文、叶楠、莫言、刘震云、周大新、何镇邦、雷达、戴锦华、季红真、陈晓明、胡平、牛玉秋、王一川等:《一部世纪末的奇书力作:阎连科新著〈日光流年〉研讨会纪要》,《东方艺》1999年3月第2期。

李忠效:《从潜艇上走来的叶楠》,《传记文学》1999年4月第4期。

高桦:《难忘野山坡》,《绿叶》2000年4月第4期。

李忠效:《叶楠 从潜艇上走来的作家》,《人民日报》(海外版)2001年5月23日。

柳萌:《作家要有自己的作品》,《文艺报》2001年7月21日(又见于《传媒》2001年6月第6期)。

李国文:《茶酒篇》,《中华散文》2002年第5月第5期。

韩小蕙:《著名作家叶楠逝世》,《光明日报》2003年4月8日。

白桦:《我的胞兄叶楠》,《香港文汇报》2003年4月10日。

从维熙:《祭叶楠》,《人民日报》2003年4月17日。

柳萌:《战士自有战士的情怀:追思军旅作家叶楠》,《解放军报》2003年4月17日。

邓友梅:《含泪送叶楠》,《文学自由谈》2003年5月第3期。

《首届全国环境文学优秀作品奖入围作品名单》,《绿叶》2003年5月第5期。

夏廷献:《叶楠的遗憾》,《解放军报》2003年6月23日。

顾艳:《悼叶楠》,《作家》2003年10月第10期。

程树臻:《心香一瓣祭英灵:悼念叶楠》,《文艺报》2003年10月第20期。

黄锦志:《永远的叶楠老师》,《名人传记》2004年2月第2A期。

刘灵:《叶楠初到小白楼》,《电影文学》(《小白楼夜话》专栏)2005年12月第12期。

刘灵:《叶楠永别小白楼》,《电影文学》(《小白楼夜话》专栏)2006年1月第1期。

丁富云:《叶楠电影剧作的诗意特色》,《许昌学院学报》2007年7月第4期。

从维熙:《一纸祭文悼彦周》,《安徽文学》2007年11月第11期。

朱安平:《〈甲午风云〉慨而慷》,《大众电影》2008年4月第8期。

陈菲:《自然悲歌:生态文明的困惑》,《宝鸡文理学院学报》2010年2月第2期。

从维熙:《茅台情话》,《炎黄世界》2011年3月第3期。

卢雁:《叶楠作品中的海洋意识和爱国情怀》,《解放军艺术学院学报》2011年4月第2期。

黄振国:《豫南籍著名作家叶楠访问记》,《河南文史资料》2013年2月第1期。

万以诚:《也留兴安一段情——我记忆中的作家叶楠》,《中国绿色时报》2014年2月24日。

尔文:《走近白桦叶楠》,《信阳日报》2014年9月16日。

雷雨:《信阳两棵树》,《渤海早报》2014年12月11日。

陈清泉:《我给李準、叶楠当编辑》,《上海采风》2015年5月第5期。

樊洛平:《不应遗忘的幕后角色——朱晦生与四十年代中原文坛的交往》,《新文学史料》2015年5月第2期。

陶广学、陈斌:《血海深仇忆钟山——叶楠白桦先生故乡寻踪》,《信阳广播电视报》2015 年 7 月 2 日第 27 期。

著作

叶楠等:《〈巴山夜雨〉——从剧本到电影》,中国电影出版社,1982 年 8 月。

中国电影评论学会、中国电影出版社合编:《电影学:中国电影评论学会首届年会论文选》,中国电影出版社,1984 年。

中国电影家协会等合编:《电影艺术讲座》,中国电影出版社,1986 年 5 月。

朱向前主编:《中国军旅文学 50 年(1949－1999)》,学习出版社,2008 年 2 月。

黄传会:《潜航——海军第一支潜艇部队追踪》,作家出版社,2012 年 6 月。

王充闾、叶楠、李存葆著,周正保选编:《无梦时节》,海天出版社,1998 年 6 月。

陶广学:《白桦研究》,河南大学出版社,2015 年 4 月。

博客

滇中罗:《怀念叶楠》,http://blog.sina.com.cn/s/blog_6f4455be0100n0y7.html。

李寿生:《叶楠的名片》,http://blog.cz001.com.cn/index.php/375/viewspace-36034.html。

编 后 记

2003年4月5日,即癸未年的清明节,叶楠先生与世长辞了。屈指算来,已经整整十二年了。

叶楠先生是《甲午风云》、《傲蕾·一兰》、《巴山夜雨》、《绿海天涯》、《姐姐》、《金锚飘带》、《伟大的战略转折》等优秀影片的编剧。在上个世纪,特别是在八十年代,先生凭借着这些反响强烈的影片而享誉中外。令人遗憾的是,随着这似水流年,先生似乎渐渐地淡出了人们的视线——至今,我们还没有看到先生文集的整理与出版,而关于先生的研究,现状更是不尽人意。

然而,不可否认的是:先生的文学创作与电影艺术,仍然在发散着光与热,温暖着热爱文学、积极追求的民众。

与孪生胞弟白桦先生一样,叶楠先生也是文学创作的多面手。除了他的电影文学创作,他还创作了大量的小说、散文,是位"有独特风格和著作丰硕的影视及文学两栖作家",其文学创作题材广泛,视角独特,在艺术形式上也敢于创新、有所突破。他的著作多部(篇)收入了中国《新文学大系》的电影集、散文集中。

2013年,先生的家乡信阳市平桥区,在浉水南岸的具有"中国最美乡村"之誉的郝堂村建立了"叶楠白桦文学馆",以传薪火,以昌文明。2014年,我有幸与陈斌先生、张健先生合作撰写《馆介》,编写叶楠先生、白桦先生的创作年表。由此大量阅读叶楠先生作品,并深深被他的文学艺术所感染,更为家乡诞生了如此杰出的人物而骄傲。在先生的文学世界中,始终流淌着热烈而深沉的爱国激情,渗透着他的海洋情怀与海防意识,更凝聚着对近代以来中国饱受列强欺凌、侵略历史的痛苦反思,还有对大自然、对生命的爱恋与敬畏。先生的赤子之心与拳拳之意,启人深思,化人心灵,催人奋进。

也是在2014年,信阳师范学院文学院领导为大力推动科研工作、提高科研水平,也为青年教师的学术提升打造平台,整合多学科力量,决定开辟"河南籍作家研究"这一重大课题。工作开展首先由整理研究资料入手,我有幸承担了白桦、叶楠两位先生的研究资料汇编任务。两年多以来,我推掉、暂停手头的科研任务与其他琐事,集中精力翻阅文献,爬罗剔抉,刮垢磨光,加以稽考比勘,深恐出现疏忽或讹误。

本研究资料共分四个部分:一是作家自述·访谈·印象记,先生不仅著作丰富,而且在文艺理论方面有独到见解,其文学思想主要体现于创作谈、评论、演讲与访谈录等中。先生"永远为人民唱赞歌"的主张,呼吁作家为人民创作,强调文学创作要真实地反映现实,写出人民心中的渴望与追求。二是研究论文选辑,令人叹息的是,与先生的卓越成就相比较,学界的研究成果远远不够,而且比较集中于电影方面的评介。本资料编选尽量涵盖其电影文学、小说、散文等多种体裁或多部著作的具有一定代表性的论文。三是作品年表,利用多种途径尽可能地将先生的作品收集入表。年表主要以时间先后顺序排列,截至 2015 年 8 月。由于先生创作长达近六十年,早年的文献或不易收集,或早已散佚,遗漏之处,在所难免。四是研究资料索引,关于先生及作品的学术论文、新闻报道皆列入索引,此外还有部分相关著作,时间亦截至 2015 年 8 月。

最后要说的是,在工作进展期间,幸得文学院吴圣刚教授、沈文慧教授、王雨海教授等资深专家的大力支持与热心指导,在此一并致以深深的感谢。

谨以此向我们的乡贤致以深深敬意!

是为记。

2015 年 12 月于申城